U0782760

国家“985工程”中国特色高等教育体系研究丛书

厦门大学高等教育发展研究中心

丛书主编：潘懋元　刘海峰

丛书副主编：史秋衡　谢作栩

国家社会科学基金（教育学科）国家重点课题——

“高等教育大众化阶段质量保障与评价体系研究（AIA060009-2）”成果

高等教育质量与评估研究丛书

高等教育大众化阶段质量保障与评价体系研究

史秋衡　吴　雪　王爱萍　等著

广东高等教育出版社
Guangdong Higher Education Press

广州

图书在版编目（CIP）数据

高等教育大众化阶段质量保障与评价体系研究/史秋衡，吴雪，王爱萍等著. —广州：广东高等教育出版社，2012. 12

（高等教育质量与评估研究丛书）

ISBN 978 - 7 - 5361 - 4613 - 6

Ⅰ. ①高…　Ⅱ. ①史…　②吴…　③王…　Ⅲ. ①高等教育 - 教育质量 - 研究 - 中国　Ⅳ. ①G643. 0

中国版本图书馆 CIP 数据核字（2012）第 311623 号

出版发行　广东高等教育出版社

地址：广州市天河区林和西横路　　邮政编码：510500

营销电话：（020）87553335

网址：www. gdgjs. com. cn

印　　刷　佛山市浩文彩色印刷有限公司

开　　本　787 mm × 1 092 mm　　1/16

印　　张　13. 25

字　　数　252 千字

版　　次　2012 年 12 月第 1 版

印　　次　2012 年 12 月第 1 次印刷

印　　数　1 ~ 2 000 册

定　　价　27. 00 元

序

当代高等教育的很多问题需要提升到哲学高度来思考、分析和考量。能否把高等教育质量问题提升到哲学高度来考量，是我们能否进一步深入研究高等教育问题，进而寻求解决问题的关键所在。教育与哲学在历史上是合一的，历史上许多哲学家同时也是教育家。后来教育从哲学中分离出来，但哲学作为教育的重要理论基础，仍然深刻地影响着教育的发展和变革。历史上教育的每一次重大变革都可以在哲学上找到思想根源。高等教育在发展的不同历史时期，其质量标准的不同和变化，都与同一时期哲学思维范式的转换有密切关系。

从哲学唯物辩证法的视角来看，任何事物都是发展变化的，高等教育的质量观本身无法逃脱这样的规律，高等教育质量观的发展变化背后具有深厚的哲学意蕴。从根本上说，高等教育质量观是随着哲学视野的转换而变迁的。在近代西方哲学史上，康德区分了理性的两种不同的类型："一种是理论理性或思辨理性，这是人在认识数学或自然科学时运用的理性；另一种是实践理性或规范理性，是人们在建立相互之间的交往关系时所运用的理性。"① 在理论理性限域内，遵循的是"解释"原则；与此不同，在实践理性限域内，遵循的是"建构"原则。概括起来，高等教育质量在认识论思维方式影响下，主要是以理论理性为主导，强调对高深学问的追求，"为知识而知识"；而在哲学范式由认识论向价值论转型时，高等教育质量也开始由仅以关注高深学问为目的转向以实践理性为主导，更加关注高等教育质量利益相关者的价值诉

① 俞吾金. 从康德到马克思：千年之交的哲学沉思［M］. 桂林：广西师范大学出版社，2004：474.

求，从而彰显高等教育的公共价值。

在高等教育精英阶段，高等教育质量的基本价值诉求在于知识传承、学术探究和学问发展。大学自中世纪产生之日起，就以“象牙塔”而自居，知识本位的认识论哲学为高等教育追寻高深学问和普遍学问提供了理论基础，并将探究知识本身作为高等教育唯一的内在价值。与此相适应的是，大学质量保障成为大学自身的“内部事务”，“大学和其他高等教育机构都拥有自己的一套机制确保他们的工作质量。在这套机制中，人的品质和工作的质量直接产生联系：学生要具备必要的资格才能进入高等学府，乃至最终取得学位；教职员工要具备必要的资格才能上岗，乃至获得提升，直至升至教授”①。此时，大学通过学者行会及大学内部的一套标准来保障大学的质量和卓越。这套标准在内容上强调学术性，在形式上倡导精英教育，在价值观上将知识传承与学术发展置于首位。

当高等教育由精英阶段向大众化、普及化阶段发展，大学结构开始从单一走向多维，心态也从封闭走向开放，社会服务职能日益彰显。这一变迁的内在逻辑深受认识论到价值论哲学思维方式的牵引。传统的高等教育质量观必须与时俱进，寻找新的逻辑生长点——转向价值论。当“经世致用”、力求“贡献国家、服务社会、强国富民”的价值论成为主导，并在接受高等教育现实主体多元化的前提下，高等教育质量开始关注利益相关者的需求，大众化阶段高等教育质量诉求呈现多样化趋势。

大众化阶段高等教育质量观转变带来的是质量保障机制的调整，从国际视野来看，高等教育质量保障制度的发展和变化带动的是学术权力、政治权力、市场权力三方的博弈协调，是高等教育在面对市场、政府压力时，从被迫到自觉的制度变革。面对大众化、学生需求和诸多利益相关者的诉求，高等教育本身已经不

① ［美］约翰·布伦南，特拉·沙赫．高等教育质量管理：一个关于高等院校评估和改革的国际性观点［M］．陆爱华，等译．上海：华东师范大学出版社，2005：2.

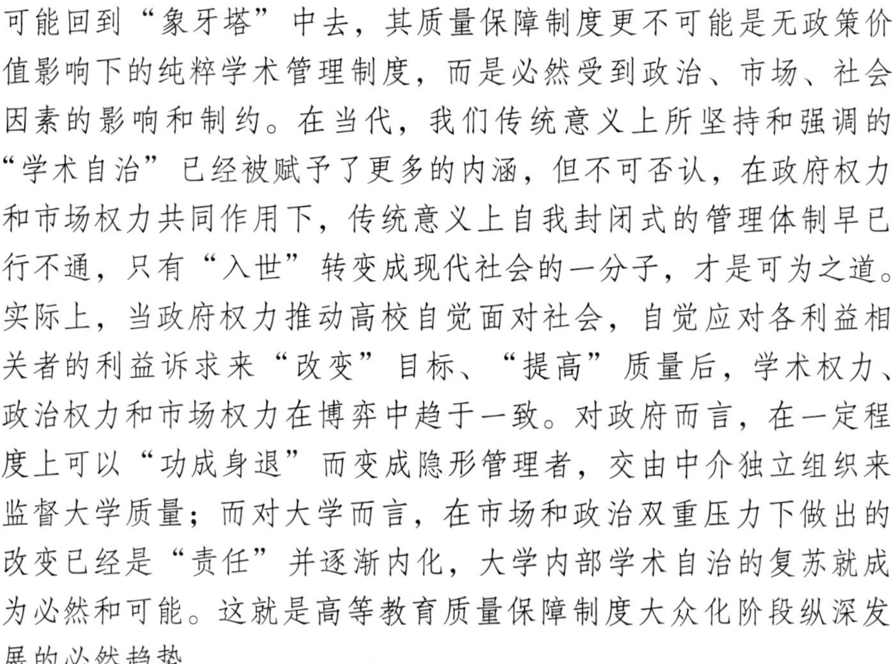

可能回到“象牙塔”中去，其质量保障制度更不可能是无政策价值影响下的纯粹学术管理制度，而是必然受到政治、市场、社会因素的影响和制约。在当代，我们传统意义上所坚持和强调的“学术自治”已经被赋予了更多的内涵，但不可否认，在政府权力和市场权力共同作用下，传统意义上自我封闭式的管理体制早已行不通，只有“入世”转变成现代社会的一分子，才是可为之道。实际上，当政府权力推动高校自觉面对社会，自觉应对各利益相关者的利益诉求来“改变”目标、“提高”质量后，学术权力、政治权力和市场权力在博弈中趋于一致。对政府而言，在一定程度上可以“功成身退”而变成隐形管理者，交由中介独立组织来监督大学质量；而对大学而言，在市场和政治双重压力下做出的改变已经是“责任”并逐渐内化，大学内部学术自治的复苏就成为必然和可能。这就是高等教育质量保障制度大众化阶段纵深发展的必然趋势。

但单就我国高等教育大众化发展情况而言，大众化阶段的高等教育质量观的多元化导致评价主体的多元化和评价对象的多元化。多元化的主体从不同的侧面对高等院校的教育教学、科学研究、管理经营、社会服务等各个方面进行检测、监察，对具体高校的改革与发展提出意见和方策，保障高等教育健康发展。多元化的评价对象使得高等教育评价出现多种类型。如根据评价的对象不同，会产生相对于研究型大学的研究型大学评价、相对于教学研究型大学的教学研究型大学评价、相对于教学型大学的教学型大学评价、相对于新建本科院校的新建本科院校评价、相对于高职高专的高职高专评价。根据评价的领域不同，也会出现相对于培养人才领域的教育教学评价、相对于科学技术研究领域的教育研究评价、相对于直接为社会服务领域的社会服务评价。再如把不同的院系或专业作为评价对象，就会形成更多类型的专业评价。在这些评价之间存在着类型和层次的区别，它们既可以完善高等教育评价系统，也能够使高等教育评价向高度专门化方向发展。此外，由于高等教育发展阶段的不同、高等学校类型和层次的不

同，在满足受教育者个人、国家和社会的需要程度的价值判断上自然也有不同，所以，对其评价的标准也应该是多样的。高等教育评价主体如何制定评价标准，与这个主体判断高等教育价值尺度有关。作为评价的主体必须清楚地把握现阶段的高等教育状况，国家和地区在政治、经济、科技等各个方面对高等教育的需求，并且能够科学地预测高等教育发展的未来，这是制定评价标准的基本前提。评价主体的多元化，使其评价的目的也有差异；评价对象的多元化，使其评价的内容也有所不同。

虽然各级各类高等教育发展有其特殊性，但质量的内涵是一致的。“质量是一个包括高等教育所有主要职责与活动的多层面概念”[①]，在当今时代，高等教育不仅是培养人才，还关涉到发展科学、服务社会多方活动。我们认为，只有依据利益相关者理论，让各利益相关者在高等教育质量保障中共同承担责任，才能保障高等教育质量和高等教育利益相关者获益。因此，我们主张以高等教育质量保障体系为突破口，统领高校的发展与改革，并以其作为学校发展与变革的基石。由单一的学生质量评价体系向多元的全面质量保障体系转移，构筑以多方位、多角度、多层面的全面系统评价为基础的长效性制度保障体系，这既是高等教育的诸多功能和高等学校三大职能使然，也是世界高等教育质量保障的新趋势和新要求，亦是学生质量获得根本保证的必由之路。

当然不同类型院校的质量保障机制应该有其特殊性：新建本科院校、独立学院和民办院校多年发展后开始呈现出交错复杂的关系，尤其是独立学院作为中国特色的院校发展形式，其公制民办的模式与民办高校有着同源本质，但是2008年教育部第26号令的出台，明确要求独立学院必须按照新建本科院校标准接受验收评估，这就又为独立学院和新建本科院校之间的关系架起桥梁。新建本科院校、独立学院和民办院校三者间交错复杂的关系向高等教育大众化阶段质量保障制度的深化发展提出了新的课题和要

① 联合国教科文组织关于高等教育的改革和发展的政策性文件［J］. 教育参考资料，1998（7－8）.

求，从整个高等教育本质出发，就世界范围高等教育发展的情况来看，统一的质量保障制度的存在是可能的。但是从短期来看，新建本科院校、独立学院和民办高校还各自存在问题，如何规范发展成为当务之急，属地化、专业化和市场化是以上三类院校质量保障的重点所在。而从长期来看，可以以外部统一的质量保障制度来规范和监控院校内部质量保障过程，完善的院校内部自评机制成为所有院校质量管理的核心方式，质量保障机制的理念转变为尊重院校对于自我目标的达成。高等学校的自主、自律性的内部评价，即自我评价，不但是保障和提高高校自身质量的一种手段，也是经典大学理念与现代大学经营管理方式的有机结合。它既维护了高校自身的权力，又发展了大学自治的经典大学理念，同时，也是对消费者学生负责任的一种表现。自我评价结果的公开对于完善高等教育信息市场是必不可少的。所以，高等学校的内部评价的产生与发展是必然的，并且会成为高等教育评价的根本和基础。

在高等教育国际化进程不断加快的今天，在高等教育质量被不断诉求和强化的时下，在呼唤建设高等教育强国和创建世界一流大学的风口浪尖，研究者服务社会、贡献国家的研究责任进一步提升。本研究正是秉承国家高等教育发展现实需求和高等教育理论发展科学诉求的双重责任，通过国际视野的梳理和探究大众化阶段高等教育质量保障和评价体系的一般规律和国际模式，继而分析我国高等教育质量保障体系构建和发展的现实困境，并针对我国的实际情况揭示了高等教育大众化阶段质量保障体系在工具理性和价值理性间的最佳和可能的平衡点。

本研究认为在高等教育质量评价过程中建立有效的激励与约束机制势在必行。从大学自身发展来看，随着大学竞争的激化，大学国际化发展趋势要求大众化阶段大学要在对照国际化质量水准的基础上，不断地进行自我评价和改善，努力提高自身的教学、研究和社会服务的质量。从政府发展教育战略来看，则需要在加大教育投入力度的同时注重资源的使用效率，使物尽其用，将教育经费的投入与质量评价结果结合起来。质量建设关系到利益结构的调整，主要通过经济杠杆来实现；质量保障关注教育教学活动过程中行为准则的规范和调整，主要通过相关的质量制度和质量标准来实现。

本书的出版并非为了填补所谓的空白，因为关于高等教育质量或者大众化阶段的质量研究不论在国内还是国际都已经是研究热点和重点所在。作者作为高等教育研究者，怀着对中国高等教育发展的深深担忧和深切责任意识，希冀为我国高等教育发展研究承担一份责任。本书从形而上和形而下两相呼应的角度来梳理和分析大众化阶段高等教育质量保障制度，体现了本研究新的研究思路和分析框架，目的是深化高等教育质量保障问题的研究。

本书主要作者为史秋衡、吴雪、王爱萍。此外，张艳涛、汪雅霜、杨强、闫飞龙、罗丹、王娜、陈蕾、宁斌也为本书的完成提供了帮助。

作者

2012 年 10 月

目　录

绪　论

如何保障与评价高等教育质量是近二三十年世界高等教育改革普遍关注的重大前沿问题之一。强调大学质量评价和质量文化是两次国际高等教育大会的核心议题之一。改革教育质量评价制度也是中国共产党十七大报告关注的焦点之一。在对20世纪中叶以来高等教育大发展的反思中，学术界普遍认为，过分强调数量的发展已经给高等教育带来了质量危机，院校分类不清及测评针对性不强的困境也给高等教育质量保障与评价带来混乱，并一度导致了高等教育的信任危机和生存危机，因此，必须研究和建立强有力的质量保障与分类评价体系。据国际高等教育质量保障机构联合会（INQAAHE）和欧洲教育质量保障机构联合会（ENQA）的文件显示，世界上有越来越多的国家建立起了教育质量保障与评价体系。

就我国高等教育发展情况来看，2002年，我国高等教育毛入学率达到15%，进入了国际上公认的大众化发展阶段。然而在高等教育招生规模扩大的同时，高等院校明显地面临着分层分类发展的压力，教学质量的提高及其多样化也日益成为人们关注的焦点。根据教育部官方网站统计，截至2009年，中国普通高等学校有2 305所。这2 305所普通高等学校的层次、类型复杂多样，有综合性研究型大学、应用性专业型院校、职业性技能型院校，有全国（或省级）重点大学、地方公立院校、民办高等院校，有历史悠久、文化积淀深厚、占有国家优质教育资源的传统大学和刚从中专学校升格的新办院校，还有依靠自身力量艰难创业、滚动发展的民办院校，等等。

高等教育规模扩张和质量提升之间的确存在着如何协调的问题，客观现实要求决定了我们必须在实现高等教育规模扩张的同时强调并强化质量提升。面对层次不同、类型不一的高等学校，显然不能用一把尺子来衡量。可见，在我国高等教育强力实现大众化的现实下，构筑起质量保障与评价体系，为高等教育规模扩张和质量提升保驾护航，就成为大众化阶段高等教育发展亟须解决的关键问题。

第一节　问题的提出：现实需要与理论诉求

当前中国高等教育发展的核心问题是什么呢？毫无疑问是质量。正如联合国教科文组织于 1998 年召开的第一届世界高等教育大会所指出的：“21 世纪将是更加注重质量的世纪，由数量向质量的转移，标志着一个时代的结束和另一个时代的开始。重视质量是一个时代的命题，谁轻视质量谁将为此付出沉重的代价。”2009 年联合国教科文组织又召开第二届世界高等教育大会，再次强调在当代高等教育中应格外关注质量问题：“在当代高等教育中，质量保障无疑起着至关重要的作用，而且必须包括所有利益相关者。质量的实现既要求建立各种质量保障体系，形成多种评价模式，同时更需要在机构内部形成一种质量文化。”①

自 1949 年新中国成立 60 多年来，尤其是改革开放 30 多年来，我国高等教育取得的巨大成就有目共睹，但高等教育质量问题日益凸显，已成为社会关注与忧虑的焦点问题之一。如何提高高等教育质量？高校如何办出自己的特色？中国高等教育如何进一步健康发展？高等教育在国家全局发展中应发挥什么样的作用？如何提高高等教育的办学质量和效益？如何办人民群众满意的高等教育？制约我国高校人才培养和质量提升的主要因素到底是什么？我们应该如何寻求新的突破口？如何有效应对经济社会发展的不同诉求，建设一流大学和特色大学？如何发挥高等教育在区域经济发展中的作用？如何在高等教育发展外延扩张的同时注重内涵提升？这些问题都需要深入研究。

当现实的需求不断被放大和强化时，高等教育自身发展的需要和高等教育理论研究丰富和完善的需要也更加凸显，因此高等教育大众化阶段的质量保障与评价体系问题的提出不仅是国家战略发展的需要或者是大众化高等教育问题研究的需要，同时也是高等教育学科理论完善的诉求之一。

一、建设高等教育强国的战略要求

时代发展和社会进步呼唤高等教育理念的创新，反过来，高等教育理论创新又推动和引领时代发展和社会进步。仔细分析起来，每个国家都有优先发展高等教育的特殊理由，中国自然也不例外。改革开放 30 多年来，我国

---

① 社会变革与高等教育发展新动力：2009 年世界高等教育大会公报［J］. 赵叶珠，等译. 中国高等教育，2009（17）.

高等教育迅速发展，既是综合国力提升的结果，同时也是综合国力进一步提升的动力。如今我国已是一个名副其实的世界高等教育大国，其标志就是我国高等教育规模先后超过俄罗斯、印度和美国，已跃居世界第一。按照高等学校在校人数计算，中国高等教育体系规模在 2001 年已经成为世界最大的。2008 年，全国普通高校招生 607.7 万人，是 1998 年的 6 倍；在校生达到 2 021万人，是 1998 年的 4.5 倍、1949 年的 172 倍。全国各类高等教育在学人数达到 2 900 万人，毛入学率达到 23.3%。全国普通高校共 2 263 所，全国在校学生总数达到 2.6 亿人，各级各类教育专任教师总数 1 463 万人。2008 年在中国留学的外国留学生已经超过了 22 万人，中国出国留学人数近 18 万人。我国高等教育发展实现了从精英教育到大众化教育的转变。在此背景下我国提出了建设高等教育强国的目标，“建设高等教育强国是我国政府富有远见的战略选择”①。当前，中国高等教育强国理念的提出，使中国高等教育既站在了一个历史发展的新起点上，同时也为实施科教兴国、人才强国、可持续发展和建设创新型国家等战略提供了人才支持和智力保障。鉴于人是生产力中最活跃的因素，人力资源是第一资源，因此国家的竞争主要是人才质量的竞争，归根结底是教育质量和国民素质的竞争。以江泽民同志为核心的党的第三代中央领导集体，明确提出“科教兴国”的基本国策，这一实现中华民族伟大复兴的战略抉择，把高等教育事业放在更加突出和重要的位置上。以胡锦涛同志为总书记的党中央，明确提出“建设人力资源强国和创新型国家”的发展战略，这表明在新的发展机遇期，教育优先发展已成为国家发展的重大方针，促进教育公平已成为社会发展的基本政策，办人民满意的教育自然成为教育发展的根本要求，提高教育质量成为教育发展的中心任务。党的十七大明确提出：“优先发展教育，建设人力资源强国。”这标志着中国的发展理念开始从量的增长向质的提升的战略转变，这就要求把握高等教育发展规律、创新高等教育发展理念、转变高等教育发展方式、提高高等教育发展的质量和效益、实现高等教育又好又快发展。正如中共中央政治局常委、国务院总理温家宝在主持召开教育工作座谈会时所强调的，要把教育摆在优先发展的战略地位，普及和巩固义务教育，加快发展职业教育，提高高等教育质量。当前，要着力深化教育改革，提高教学质量，培养德智体美全面发展的各级各类人才。因为一个国家只有拥有一流的教育，才能具有一流的国家实力，也才能真正成为世界上一流的国家。

纵观发达国家经济的快速发展都与高等教育的发展有密切的关系，都是借鉴他国经验、结合本国特色自主创新来建设高等教育强国。美国、德国等

---

① 郭大光．建设高等教育强国的战略意义［J］．教育发展研究，2008（18）．

国家在建设高等教育强国中的经验，可以为我国建设高等教育强国提供参考。美国作为高等教育强国，注重高校积极为社会服务，强调“大学的目标是要把知识的光亮和发展的机会带给全国各地的人民，服务应成为大学的唯一理想”[①]，联邦政府重视高等教育质量，通过立法对高等学校进行资助。德国18世纪末到19世纪初的大学改革，为其成为高等教育强国打下了坚实的基础。德国建设高等教育强国的经验是：先进的大学理念是改革成功的关键；大学渐进式改革比激进式改革更有效果；大学的独立性是相对的；大学要强调“独处”“自由”与“合作”三者的统一；科学研究是将大学教师的教和学生的学统一起来的最佳途径。[②] 德国作为世界高等教育强国，在高等教育机构的分层分类方面也值得我们借鉴。德国高等教育机构分层分类，呈现以下特点：层次清晰，类型简明；层次和类型趋于稳定，鲜有大学的合并和升格；联合科研组织的成立有效加强了各高校之间的紧密联系；各层次高校都注重科研和教学的统一，但侧重点不同；公立高校在高等教育中占主导地位，私立高校是高等教育的有益补充。[③] 日本高等教育的发展自明治时期以来已有100多年的历史，由模仿到自主创新，最终形成具有日本自身特色的高等教育体系。高等教育“从封闭式向开放型发展，从单一化向个性化、多样化发展，从普及大众化向质量提高型发展，从模仿型向独创型发展”[④]。日本高度重视教育，注重教育政策和立法在发展高等教育中的作用，将发展高等教育作为建设强大国家的战略之一。俄罗斯高等教育强国之路始于18世纪初彼得一世的改革，崛起于20世纪50年代后的美苏争霸。俄罗斯高等教育的改革与发展始终是在传统的“大国意识”和“强国精神”的背景下展开的。俄罗斯建设高等教育强国的主要经验有：实行高等教育管理部门所有制，调动部门办学积极性；采取超常规措施，迅速扩大高等教育规模；大力发展研究生教育，建设一流师资队伍；开创专业教育模式，坚持高等教育为经济社会发展服务。[⑤] 法国在建设高等教育强国方面重视以法律的完善推动高等教育的改革、重视科学研究、发展高等职业技术教育的经验也值得我们借鉴。

战略问题具有全局性、先导性和前瞻性。在21世纪，中国把高等教育提升到战略高度来考虑势在必行。因为能否加快高等教育发展，既是能否把

---

① 康健．威斯康星思想与高等教育的社会服务职能［J］．高等教育研究，1989（1）．

② 骆四铭．德国走上高等教育强国的历程及其经验［J］．赣南师范学院学报，2009（2）．

③ 潘黎，刘元芳，霍尔斯特·赫磊．德国建设“高等教育强国”之启示——德国高等教育机构的分层与分类［J］．清华大学教育研究，2008（4）．

④ 许庆豫，葛学敏．国别高等教育制度研究［M］．北京：中国矿业大学出版社，2004：208．

⑤ 周光礼．俄罗斯走上高等教育强国的历程及其经验［J］．赣南师范学院学报，2009（2）．

我国巨大的“人口压力”转化为“人力资源优势”和“人才资源优势”的关键所在，也是我国能否由一个高等教育“大国”顺利向一个高等教育“强国”和人力资源强国迈进的关键所在。不可否认，经过改革开放30多年的快速发展，中国高等教育取得了长足进步，如今中国已成为一个名副其实的高等教育大国。与此同时，中国高等教育也步入发展的关键时期，需要在国际与国内两个维度中审时度势地做出前瞻性的战略决策，需要改变以往的追赶型和模仿型角色，走自主发展和借鉴吸收并重的发展道路。在此境遇下，高等教育强国诉求应运而生。建设高等教育强国是一项极其复杂的系统工程，它关涉一系列理论和实践课题，而且建设高等教育强国是中国在强国之路上的重要一步，必将影响中国未来的发展。全面建设小康社会和基本实现现代化的目标要求建设高等教育强国应该成为国家利益的战略选择。教育兴国、教育立国和教育强国理所当然地成为当下中国的战略诉求。问题是，高等教育如何强国？如何建设高等教育强国？“中国高等教育发展实现了第一次跃升，需要从追赶型战略发展模式转入追踪与自主发展并重的新发展阶段。”① 为此，需要克服“目标依赖”“模式依赖”“心理依赖”与“路径依赖”倾向。中国高等教育强国建设应当在“借鉴—超越”思想的指导下，通过文化自觉与自主创新，努力构建具有中国特色高等教育现代化的“中国模式”。

改革开放以来是中国人思想解放的历程。这一历程通过“思想解放”带动“政治解放”和“人性解放”。反过来，“政治解放”和“人性解放”又对“思想解放”具有巨大的牵引和推动作用。正如有学者所总结的：“30年来中国高等教育改革与发展所取得的每一项成就，都以思想解放为前提。”② 实际上，每一次思想解放都极大地调动和激发了国人的积极性和创造性，释放了蕴藏在国人中的巨大能量，也因此极大地推动了中国经济社会和高等教育的发展。中国社会转型的实质是中国人生存模式的重塑。如今，社会的转型和发展要求高等教育做出积极反应，时代的发展需要高等教育理念创新，国家、社会和民众对教育尤其是高等教育的期望值非常高，希望中国高等教育走“高水平、有特色”的发展道路，这无疑需要在高等教育理念创新的基础上加快高等教育强国建设的步伐，用新一轮高等教育改革推动新一轮高等教育发展，而具有较高质量的高等教育是实现这一战略目标的关键所在。在世界发展潮流中，提高高等教育的质量和水平，越来越成为世界各国提升“软实力”和“国际竞争力”的战略重点。21世纪是中国高等教

① 吴岩．高等教育强国：中国教育的新使命［J］．北京教育（高教），2009（1）．

② 潘懋元，肖海涛．中国高等教育思想发展30年［J］．教育研究．2008（10）．

育发挥更大作用的一个世纪。站在历史的新起点上，中国高等教育必须主动适应全面建设创新型国家的需要，努力推动从高等教育大国向高等教育强国的转变。这是国家和民族的选择，也是高等教育自身的选择。

二、大众化教育阶段的必然抉择

随着中国经济由计划经济向市场经济的转轨，我国高等教育发展的环境与机制均发生了重大变化。高等教育办学体制由国家一元办学发展为由国家、民办、社会多元办学。高等教育管理体制也改变了部门所有制，扩大了学校办学自主权，高校开始面向社会、市场和时代自主办学，逐渐成为独立的法人实体和办学主体，我国高等教育发展正经历着大众化的转型。"教育的转型始终是社会转型的结果与征候，要从社会转型的角度入手来说明教育的转型。"① 随着高等教育的大众化发展，走符合中国国情的高等教育发展之路不仅成为当代中国高等教育发展的理论课题和现实议题，而且已成为当代中国由"人口大国"向"人力资源强国"转变的重要推动力量之一。不可否认，进入高等教育大众化阶段是我国高等教育发展的历史性跨越，但大众化阶段的高等教育质量制约着高等教育的可持续发展。如何在高等教育大众化阶段保障并提升教育质量，既是我国大众化高等教育满足经济社会发展需要的客观吁求，也是高等教育自身发展的内在要求。

2002 年，我国高等教育毛入学率就已达到 15%，这标志着中国高等教育发展进入了国际公认的大众化发展阶段。大众化发展阶段对于中国高等教育而言既是机遇也是挑战。在高等教育招生规模扩大的同时，高等院校明显地面临着分层分类发展的压力，教学质量的提高及其多样化也日益成为人们关注的焦点。如果说高等教育"规模扩张"和"质量提升"之间的确存在着如何协调的问题，而现实要求决定了当代中国必须同时实现高等教育的规模扩张和质量提升，那么如何构筑起大众化阶段的质量保障与评价体系就成为亟须解决的关键问题。高等教育评价对于高等教育的发展及办学效益与教育质量的提高与保障，无疑具有重要的促进作用。它的积极意义体现在教育部的评估方针"以评促改，以评促建，评建结合，重在建设"中。这种促进作用，首先体现在高校的自我评价上，即促使高校了解自身的优势与不足，自觉地按教育规律全面提高办学效益和教育质量；其次才是社会与政府的评价与监督，促使高校和有关方面进行改和建。"谁促谁"的角色摆得不当，"如何促"的机制运行不当，就会带来诸多负面影响。其中之一就是评

① ［法］爱弥尔·涂尔干．教育思想的演进［M］．李康，译．上海：上海人民出版社，2003：231.

价指标体系单一化、不适切，这和大众化高等教育的多样化发展模式以及所提倡的多样化质量观是背道而驰的。

根据我国教育部统计数据，截至 2009 年，中国普通高等学校有 2 305 所。面对参差不齐、类型不一的高等学校，显然不能用一把尺子来衡量，质量保障和评价体系对于大众化高等教育的适切性显得尤为重要。

从我国高等教育评价政策和质量问题研究的针对性来看，自 20 世纪 90 年代中期，中央政府已经在宏观政策上进行了多方位的构建，著名学者已经在理论上、宏观上对高等教育大众化进程中的质量保障与评价体系进行了多视角的研究，取得了不少卓有成效的成绩。

三、政府规范高等教育发展的艰难抉择

我国政府以实际行动应对质量保障与评价的核心诉求，一方面，在启动本科教学工作水平评估的基础上，鉴于过去以传统大学为依据所制定的评价指标体系无法规范大多数新办的高职高专院校，教育主管部门开始允许为高职高专另立指标体系，正在试行与逐步推广中。另一方面，用以公立高校为依据所制定的评价指标体系来规范民办院校，不符合民办院校的现状，也难以起到以评促改、促建的作用。因此，我国大众化阶段质量保障与评价体系建立的关键在于对大众化高等教育的适切性上。

就目前来看，我国大众化阶段的质量保障与评价体系还处于初创和起步阶段，2002 年启动的第一轮本科教学工作水平评估工作到 2008 年接近尾声；高职高专另立的评价体系也不过处于试点阶段；而民办高校的评价指标仍在修订和讨论中。就相对完整开展的本科教学工作水平评估而言，看似如火如荼的评估工作实际上是在一片非议和质疑声中结束它的首次使命。与启动时和发展过程中的轰轰烈烈不同，这项颇受关注的院校评估工作在实施过程中所暴露出来的问题和所遭受的批判之声是主管人员始料未及的。近年来，随着本科教学工作水平评估进程的推进，评估过程中所暴露出的种种“潜规则”遭遇媒体无情披露、“两会”代表犀利批评、部分大学校长激烈抨击，我国高等教育质量评价问题不断成为众矢之的。人们开始质疑教育部的评估方针“以评促改，以评促建，评建结合，重在建设”的意义何在。高等教育质量评价是否有其存在的必要？我国高等教育大众化后的质量保障与评价制度究竟该何去何从？其实，只要我们放眼世界，就很容易发现，高等教育评价对于促进高等教育的发展与提高、保障办学的效益与教育质量所具有的重要意义和地位是毋庸置疑的，只是有必要处理好政府、社会与高校之间“如何促”的问题。

面对我国初步形成又备受质疑的质量保障制度，如何找到适合我国高等

教育大众化发展的质量保障体制，已成为摆在诸多研究者和高等教育管理者面前的难题。一方面，发达国家秉持的大学自治、学术自由传统、传承与我国高等教育文化和背景还有相当的距离；另一方面，我国高等教育大众化是政府为了拉动内需，应付经济危机而临时启动的，相比发达国家水到渠成的高教大众化发展之路，我国高等教育大众化发展之路显得“名不正言不顺”。从历史和现实来看，我国院校分层分类和大众化高等教育质量管理制度无法从发达国家的质量保障体系中寻找到直接可用的公式和模式。作为现代化后发外生型国家，我们已经习惯了在现代化先发内生型国家中寻找某一模式或者经验，这样的学习和借鉴模式是为了更快更好地和世界接轨。所谓“授人以鱼”不如“授人以渔”，当我们在寻寻觅觅尝试诸多模式时，我们接收的不过是“鱼”的内容，却始终忽略了其中“渔”的实质方式。

目前，第一轮的本科教学工作水平评估已经结束，我国高等教育发展走入转型并开始向大众化阶段深化时期，如何在数量扩张中保持和提高质量，如何学习和借鉴发达高等教育国家的质量保障制度和原则，既适应我国高等教育质量保障与评价体系构建的需要，又符合我国目前高等教育质量多元化和院校发展多样化的现实，是关系到科教兴国战略实施成败的重大前沿攻关课题，也是本课题研究的重点和核心所在。

四、高等教育评价理论发展的诉求

教育发展不仅受经济社会发展等外部因素的影响和制约，同时还必须遵循自身的发展规律。教育的基本功能是促进人与社会的发展，通过培养人的教育活动来对社会的发展起作用。高等教育主要是通过它的专门机构——高等学校来实现其功能。高等学校公认的三大职能即人才培养、发展科学和直接为社会服务。这三大职能的重要性与它们产生的顺序是一致的：培养人才是高等教育的基本职能，发展科学是重要职能，直接为社会服务是现代高等学校发展的必要。“高等学校为满足大学生在知识、能力、身心发展方面的需求，利用教育设施、设备、教育技术、信息、资源，为他们提供非实物形态的精神产品的服务活动”，这已明确提出高等教育服务的核心是为学生发展。在经济全球化、信息网络化趋势下，高等教育国际化发展已成为必然趋势。2001 年我国加入世界贸易组织。在 WTO《服务贸易总协定》中，服务贸易的定义为“从一成员境内向任何其他成员境内提供服务”。服务贸易的范围自然包括了教育服务，即“各国间在高等教育、中等教育、初等教育、学前教育、继续教育、特殊教育和其他教育中的服务交往。如互派留学生、访问学者等”[①]。因此，教育必然受到《服务贸易总协定》若干条款的约束，必须承诺 WTO 关于服务贸易自由、公平和开放的基本原则。这表明中国加入 WTO 后必然要逐步向其他成员国开放教育服务市场，允许外国的教育服务进入中国，同时也可以打开和进入别国的教育服务领域。这对我国高等教育的发展来说既是机遇，也是挑战。中国高等教育将参与开放的、公平的全球教育服务贸易市场的竞争，并在竞争中求得更好、更快和更大的发展。无疑，当前中国高等教育发展面临诸多挑战，这些挑战集中在三个方面：一是提高质量，以实现党的十七大提出的“建设人力资源强国”的重要战略任务；二是分类发展，以满足不断发展的社会对人才多样化的需求；三是深化改革，以实现高等教育自身发展的内在要求。总之，加强高等教育质量保障与评价不仅是国家发展的战略要求，也是高等教育自身发展的内在要求，“内推”与“外引”共同作用，把大众化阶段高等教育质量保障与评价体系建设推到发展前台。

在知识经济时代，高等教育具有前所未有的重要地位，同样，高等教育也肩负着更大的社会责任。高等教育“作为构建包容性与多样性的知识型社会和促进研究、创新及创造的主要力量，在历史上从未有任何一个时期像现在这样凸显对高等教育投资的重要性”[②]。纵观世界发展的基本经验和中国发展实际，把“高等教育大国”建设成为“高等教育强国”，是实现我国从“人口大国”向“人力资源强国”和“人才资源强国”迈进的关键。为此，必须超越政府对高等教育投入只是一种公益性、消费性的事业投入的狭隘观念，而从战略高度建立国家对高等教育的投入是一种战略性生产要素的投入和具有高回报、高收益的战略性基础设施投入的现代新理念，紧紧把握“适度超前”的高等教育投入原则，为高等教育发展提供坚实的物质保障。当然，建设高等教育强国除了要给高等教育系统注入大量的资金以外，也要强调投入产出的比率。并不是投了钱就可以建设成为高等教育强国，“怎么投钱”和“投多少钱”同样重要，因为今天的投资结构直接引导、影响着明天的教育结构。

从世界范围来看，高等教育质量保障与评价运动肇始于 20 世纪 80 年代。20 世纪 80 年代中期，美国高校引发了一场以提高本科教育质量为目标的“评价运动”，逐渐受到许多国家和地区的高度重视。特别是 20 世纪 90 年代以来，在世界范围内兴起了高等教育质量保障与评价的高潮，许多国家

---

① 龙永图．世界贸易知识读本［M］．北京：中国对外经济贸易出版社，1999：103．

② 社会变革与高等教育发展新动力：2009 年世界高等教育大会公报［J］．赵叶珠，等译．高等教育研究，2009（17）．

和地区都致力于完善适合自身情况的质量保障与评价体系。随着欧美许多高校纷纷成立学校事务研究与评价办公室，国际性、地区性和全国性院校研究会（AIR）以及各高校内部的事务研究与评价办公室在学校内部微观质量监测与评价方面发挥着越来越重要的作用。

随着高等教育大众化进程的推进，在高等教育质量保障与评价的实践如火如荼进行的同时，高等教育质量保障与评价的理论研究也在不断地发展着，国际高等教育评价理论及质量监测方式已走向多样化，并形成了包容多样化的质量评价体系。在这个领域中最为普遍接受的两大分类图式包括霍华德·加登纳（Gardner）的 1977 年分类和沃森与桑德斯的 1987 年图式。加州高等教育规划对院校分层分类设计的成功，卡内基分类研究的完善，英国质量保障与评价理论与实践的深化都成为高等教育评价发展的理论积淀。

在国际上，近年来富有成效的高等教育质量保障与评价学术研讨会的召开，为高等教育质量保障与评价体系的理论研究提供了新平台，包括在欧美举办的大量高等教育质量保障与评价的国际研讨会以及两次国际高等教育大会对质量评价与质量文化的强调。中国自 1994 年开始开展普通高等学校教学工作试点评估。2003 年，启动了首次五年一轮的本科教学工作水平评估（2003—2007）。截至 2007 年底，在列入评估计划的 592 所高等学校中已经有 502 所接受了评估。到 2008 年，其余 90 所高等学校的评估工作全部结束。对这样一项规模浩大的工作，如何从哲学高度去认识和评价？它取得了怎样的成效和经验？还存在哪些问题和不足？今后如何进一步改进完善？这是关系我国高等教育发展的重大现实问题。可以肯定的是，评价对高等教育质量的保障和提升起到了积极作用。

20 多年来，高等教育质量保障与评价体系也引起了我国学术界和社会各方面的高度关注，并具有两个方面的特点：一是我国高等教育大众化后发外生型特点。相对于发达国家水到渠成的高等教育大众化发展之路，我国院校分层分类分区域发展显得分外紧迫，这促使高等教育质量保障与评价的适切性成为热门话题及关键问题。二是发达国家素有大学自治和学术自由传统，在高校质量自我保障与评价的制度建设上，与我国面临问题的性质完全不同。从教育部近年的工作重点来看，提高教育教学质量已成为工作的重中之重。从学术界来看，在高等教育质量保障与评价研究方面出现了许多新的进展及取得大量的科研成果，但同时也面临着不断出现的、亟须攻关的重大问题。如今，我国正值高等教育转型和向大众化阶段深化的时期，如何在数量扩张中保持和提高质量，既适应高等教育质量保障与评价体系构建的需要，又正确面对高教质量多元化和院校发展多样化的现实，是关系到科教兴国战略实施成败的重大前沿攻关课题。然而，许多对高等教育质量保障的意

见分歧的原因之一就在于人们缺失对高等教育质量保障的使命、目的进行深刻的哲学反思。高等教育的定位，高等教育为谁服务，高等教育的培养目标，高等教育的教学、科研、社会服务等问题日益凸显，时代变迁和高等教育发展都迫切需要对这些基本理论问题进行重新阐释和在哲学层次上予以澄清。

总之，我国在建设高等教育强国的的过程中，一方面要努力破除一些落后观念的阻滞，另一方面则要充分发挥先进理念的牵引作用。当前，有必要强化高等教育发展的“质量意识”“国际意识”和“创新意识”。强化“质量意识”是为了使我国高等教育在21世纪能培养出更高质量的人才，实现“面向现代化”的教育目标；强化“国际意识”是为了使我国高等教育在21世纪能屹立于世界之林，实现“面向世界”的教育目标；强化“创新意识”是为了使我国高等教育在21世纪摆脱思想束缚和路径依赖，开辟中国高等教育新道路，实现“面向未来”的教育目标。世界发展历史轨迹表明，科技文化经济强国与高等教育强国具有时空的同步性和同一性。中国高等教育的发展也应遵循这一规律，即高等教育既要遵循外部规律，培养的人才要与经济社会发展相适应，又要遵循教育的内部规律，符合教育解放人、发展人、完善人的本性。

第二节　理论理性与实践理性之分野：从“解释”到“建构”

就学术研究而言，逻辑起点是研究的理论切入点，它直接关涉研究方向。从逻辑上说，课题研究的逻辑起点自然也是课题所关涉的重大现实问题。重大现实问题不外乎有两方面：其一，“是什么”；其二，“如何成为是”。前者反映的是本质主义思维，后者折射的是功能主义思维。反思“高等教育大众化阶段质量保障与评价体系研究”大多集中在“是什么”的研究上，而对“如何成为是”的研究则稍显缺乏。其实，这两个问题可以从“理论理性”和“实践理性”两个维度限定本课题攻关之域。基于上述认识，本研究努力把教育问题提升到哲学高度来阐释，从国内与国外、纵与横、历时态与共时态等多向度对高等教育质量保障与评价体系进行系统研究。在科教兴国、人才强国和建设创新型国家的现实境域下，如何在高等教育实践中既追求数量又追求卓越，不仅是一个重大的理论问题，更是一个迫切的现实课题。

哲学作为有关世界观和方法论的学说，是关于自然界、社会和人类思维及其发展阶段的最一般规律的学说。教育作为一种社会现象与公共事业，其科学发展、和谐发展与可持续发展都离不开哲学的引导。教育自产生之日起就没有离开过哲学，长期以来与哲学密切结合。哲学是教育学的理论基础，更是教育研究的基本手段。古今中外的教育家们大都以哲学为基础观察教育现象，处理和研究教育问题。可见，教育与哲学的关系源远流长。当代教育的很多问题需要提升到哲学高度来思考、分析和考量。近代西方哲学，特别是康德哲学的一个重要的理论贡献就是区分了理性的两种不同类型：理论理性和实践理性。通常，在实践中，理论理性依赖于实践理性，而在理论中恰好相反。理论理性与实践理性均蕴含在自我（人性）之中，二者既相互区别、相互限制，又相互联系、相互规定。在理论理性范围内，遵循的是“自在”原则，在自我对非我不断的规定中，获得关于世界的认识，自我因此也就局限在表象世界的因果链条之中，永远得不到解脱和自由。与此不同的是，在实践理性范围内，自我遵循“自为”原则，因而能够驾驭表象世界的因果规律，或者把人之目的性嵌入表象世界的因果链条之中，从而超越外在世界的种种限制，获得自由，实现自我价值。可见，在此过程中凸显的是实践的生成性。这一过程是科学原则与价值原则的有机统一。

但是，就具体研究路径的选择来看，研究本身有多种途径，其中最为明显的两种是从实践操作到理论、从文献分析到理论提升。已有的研究成果中，从实践操作到理论的研究者可以分成高校内部参与质量管理工作者（包括大学校长）、教育本科教学工作水平评估专家两个群体。当然，媒体记者对于这个问题的热情也绝对不亚于这个领域的工作者和参与者，但是记者追逐的目的是为了揭示教育现象并进行现象评论，而非进行理论研究。同时由于受到自身理论素养的限制，大部分的研究者只是从工作实践出发，这些研究也大多停留在工作体系、经验总结或者是问题批判上，因此目前的研究更多的是一种经验述说而非理论探究。虽然这些研究不一定全都能登“学术大雅之堂”，但是其切合实际的特性为本研究提供了宝贵的一手资料和鲜活的实践经验。

从文献分析到理论提升的研究途径，从目前高等教育质量保障问题的研究成果来看，更多的是在国际比较研究中有所体现。但是国际比较研究单纯以文献分析的方式进行，不可避免地会在比较研究中出现盲点和误解；就比较高等教育研究而言，国内文献和资料研究量大，但是重复率高，很多文本的分析甚至不是基于一手资料的分析。这就是为什么在大量的比较高等教育研究成果中，鲜有纯粹理论提升出现的根本原因。当目前所有的研究资料变得不是那么确定和确实时，我们能够感受到在高等教育质量保障研究过程中呈现出的仅有介绍性分析而理论匮乏和空洞的尴尬。

因此，在研究开始之前，有必要充分了解本研究相关领域的现状，并从哲学上进行分类梳理，实现科学原则、实践原则和价值原则的统一。

一、理论理性：建构高等教育质量评价指标体系的理论依据

高等教育质量保障与评价指标体系是高等教育健康发展的重要保障。在高等教育研究中，高等教育质量保障与评价指标体系的理论研究具有举足轻重的地位。那么建构高等教育质量评价指标体系的理论依据何在？这一追问需要理论理性给予解答。

所谓理论理性，是指人在科学性认识的基础上所运用的理性。理论理性凸显的是本质主义思维，往往是刨根问底地追寻“是什么”，它关注的是元问题。那么何谓“元”呢？“元”的英文为 Meta。Meta 作为词缀，其意之一是“超越”。元理论借用 Meta 的“超越”之意，也就是超越现有理论，在更高的层次上审视现有理论。由此可见，它是以科学理论作为研究对象，而不是把科学作为研究对象，也就是说，它是“理论的理论”。这对于克服我国高等教育研究过于依附西方的高等教育理论，恢复中国高等教育研究的自信心具有重要意义。反思当下中国高等教育研究领域存在的一个重要问题就是高等教育质量保障理论研究相对滞后。这集中表现在三个方面：第一，认识上以偏概全，如把高等教育质量保障等同于精英质量保障体系或教学质量保障体系；第二，思想和制度上因循守旧，如根深蒂固的应试人才培养模式；第三，操作上停留在经验层面，这在一定程度上造成“修辞学的革命”“新瓶装旧酒”“穿新鞋走老路”等弊端。这一切都严重制约了并将进一步制约着中国高等教育的健康发展。可见，迫切需要加大、加强高等教育质量保障理论研究力度，因为理论上的“差之毫厘”往往导致实践上的“谬以千里”。就此而论，高等教育研究者们任重而道远。

一般而言，“理论在一个国家实现的程度，总是决定于理论满足这个国家的需要的程度”[①]。好的理论不仅具有解释力，更具有实用性。如今，先进理论已成为科学实践的先导。高等教育实践要健康发展，必须重视高等教育基础理论研究，首先从理论上弄清问题的来龙去脉和症结所在。高等教育基础理论研究是对高等教育“元问题”和“元理论”进行研究，它凸显的是理论理性，目的是为建构高等教育质量保障与评价体系提供科学的理论依

① 马克思恩格斯选集：第1卷［M］. 北京：人民出版社，1995：11.

据。无疑，评价是提升质量保障的有效手段。但评价又是非常困难的事情，毕竟评价是一种基于价值的判断，具有较强的主观性。因此，没有绝对客观、公正与科学的评价。在此情况下，评价就更需要科学理论的指导。加强高等教育评价理论的研究，深入探究支撑并建构高等教育评价理论体系的理论基础，对于实现高等教育评价活动的科学化，以及推动高等教育的科学发展具有十分重要的意义。然而明晰评价的理论指导首先需要明确什么是质量，什么是高等教育质量。可以说，高等教育质量保障与评价体系的理论理性将以质量和高等教育质量为切入点展开，了解和明晰这两个核心理论将是构建大众化阶段高等教育质量保障与评价体系的关键所在。

（一）关于质量

对于质量的研究遍及各行各业、各个领域。每个研究领域在各个时期对质量都有自己的定义和内涵。这对于高等教育质量定义的发展和确定有着极为重要的作用，理清在各个领域内质量的定义和内涵是开展高等教育质量研究的前提和基础。不论是哪个领域的研究，“质量和公平一样是很难被定义的”①，这是研究者的共识。综合各个领域质量研究理论来看，关于质量的定义无非是“超越性”和“完美性”②“和规范标准一致”③“合目的性”④，以及“服务性”和“满足消费者需求”。Deming 认为定义质量的重点已经把未来使用者的需求转入测量标准，以至于产品的设计和生产已经转到给予一个消费者可接受的价格上来。⑤ 从实践层面来看，ISO 系列根据质量控制的实践不断从质量目的、需求主体等多方面来丰富“质量”的内涵（如表1所示）。该质量目的与 *Quality without tears* 一书中，Philip Crosby 对质量的定义恰巧吻合：“质量是对要求的顺应。”对管理者而言，“质量”的定义是多维度的，包括“绩效、特质、可靠性、符合性、持久性、有用性、美观”等。

---

① Diana Green. What Is Quality in Higher Education［M］. Buckingham：SRHE and Open University Press.

② Pfeffer N，Coote A. Is Quality Good for You? A Critical Review of Quality Assurance in the Welfare Services［M］. London：Institute of Public Policy Research，1991.

③ Moodie G C. Fit for what? //Standards and Criteria in Higher Education. Guildford，SRHE and HFER/Nelson，1986.

④ Walsh K. Quality and Public Services［J］. Public Administration，1991，69（4）：503－514.

⑤ Deming W E. Out of the Crisis-Quality，Productivity and Competitive Position［M］. Cambridge：Cambridge University Press，1982.

表 1　ISO 系列对质量多维度的阐释

标准代号	质量载体	质量目的	需要主体	需要的内涵	质量的内涵
ISO 8402－86	产品或服务	满足需要	未作说明	明确和隐含的需要	满足需要的能力特征和特征的总和
ISO 8402－94	实体				满足需要的能力特征的总和
ISO 9000：2000 标准草案	产品、体系或过程	满足需求	顾客和其他相关方	明示的、通常隐含的或必须履行的需求和期望	一组固有特性的能力
ISO 9000：2000 正式标准	未作说明				

“质量”定义的来源和指向缘起都是工商业界，是工商业中对产品生产品质优劣和服务水平高低的衡量。但由于质量评价者的不同造成质量定义和认同的不同，一直以来关于质量的探究都是神秘而且困难的，质量更是被冠以难以衡量的神话。但我们认为，多样化的定义标准呈现了“质量”研究学科性和发展性的特征。我们无法简单赞成和批判孰是孰非，也无意从中辨别真假对错，唯一可做的不过是从纷繁复杂和多样性的质量定义内涵中找到最适合高等教育领域的质量定义而已。

（二）关于高等教育质量

相较于工商业界内质量研究在理论和实践上的突破与发展，高等教育领域内“质量”的失语并非说明高等教育中质量的“零问题”，而是一直以来大学以其精英地位，凭借其由“自治”和“自由”装点的知识霸权并主宰人才培养的话语权，从而畅享质量的信任机制。于是乎，“质量”概念很难也无法在高等教育领域内出现，更难引起人们的重视。直到 20 世纪 80 年代，“质量”开始逐渐成为高等教育学术界的热门话题，高等教育质量问题在国际上被联合国教科文组织连续两次大会作为核心关键词和高等教育发展重点在联合公报中突出强调；在国内，重大攻关课题、教育部人文社科重点课题以及越来越多的学者把研究视角投注在高等教育质量方面，都说明了高等教育质量问题不仅成为一种客观存在，更预示着质量话语也在进一步丰富和塑造高等教育质量内涵本身。

就目前研究来看比之“质量”研究，高等教育质量的研究就显得集中而有针对性，具有高等教育更多的特殊性。关于高等教育质量的研究可以分成以下几类。

1. 将高等教育质量和高等教育质量观作为一个总体现象进行综合性评论

这类研究在结构和内容上的相似度较高，基本按照高等教育质量观产生的背景—高等教育质量的分类—树立合适的高等教育质量观这样的逻辑思路进行研究，因此其雷同性和重复性较高。

2. 将高等教育质量进行社会学解读，并对高等教育质量管理路径和方式进行批判性分析

把高等教育质量定义为“权力”，这在高等教育质量研究中并不多见。Louise Morley 则从社会学的角度，通过大量的访谈资料来说明高等教育质量已经成为一种普及化的元叙述（meta-narrative）元素，量化方式的质量定义出现在各个层次。她通过对英国高等教育质量保障的程序和影响的研究，指出英国高等教育机构从学科、机构到部门都已经完全成为分数的附庸，质量检查已经是一种普遍性的真理并成为一种扩张性的统治。① 也就是说，高等教育质量已经成为英国高等教育管理中的核心权力话语体系，正通过它的权威来影响英国高等教育发展。这个观点在部分层面上受到学者们的赞同，如“高等教育质量作为一种话语方式，作为对于高等教育的一种言说方式，会一直扎根在这个世界之上，存在于整个高等教育系统之中，影响着高等教育实践的发展方向”②。虽然他们对于高等教育质量的权力定义并未给予肯定，但对于高等教育质量话语及其影响的赞同却成为权力说有力的支持。

3. 将高等教育质量放在高等教育发展目标下进行研究，符合教育本质的内涵和发展需要

这类研究的核心理念实际上直接援引自工商管理领域的质量管理研究。为质量设定目标和标准，这样的质量才有意义。同样，在教育领域内，应根据教育目的设定规格、标准，离开目的的教育质量是没有意义的。“教育质量是对教育水平高低和效果优劣的评价”，“最终体现在培养对象的质量上”，“衡量标准是教育目的和各级各类学校的培养目标。前者规定受培养者的一般质量要求，亦是教育的根本质量要求，后者规定受培养者的具体质量要求，衡量人才是否合格的质量规格”。这就又回到根本性问题上来：高

① Louise Morley. Quality and Power in Higher Education [M]. Buckingham: SRHE and Open University Press, 2003.

② 王建华. 高等教育质量：话语的视角 [J]. 江苏高教, 2009 (2).

等教育的目标是什么？是适销对路的人才还是以教养为本源的人才？是高深学问纯理论研究还是推动社会科技发展的实用性研究？“人才培养质量、科学研究质量和社会服务质量是高等教育质量的核心组成部分。”① 从历史发展来看，大学经历人才培养、科研和为社会服务三大职能的顺序演变，并随着大学日益走入社会中心而日益强化其科研和为社会服务的职能。因此，从大学职能的提升来看，高等教育目标就是实现优质人才、优质科研和优质社会服务。那么高等教育质量就演变成“适合质量”，或“满足质量”，② 是“高等教育产品和服务所具有的功效性、人文性和调适性在满足社会和学生发展以及高等教育系统自身有序运转方面要求的程度”③。高等教育质量观就相应地出现了内适性质量观、外适性质量观和个适性质量观这三个类别。

但是，就目前来看，高等教育系统本身越来越强调个适性质量观。就高等教育发展整体而言，三大职能质量的实现是高等教育质量的充分体现，但多样化的高等教育质量观伴随大众化高等教育的发展而发展，④ 个体院校发展的多样化现实使得高等质量研究呈现多元并模糊倾向。于是，高等教育质量的个体院校机构目标的契合性变得尤为重要。英国大学校长联合会（Committee of Vice-chancellors and Principals , CVCP）的学术审计组织（Academic Audit Unit，AAU）提出高等教育并没有一个黄金目标，个体大学可以确定它们自己的质量定义和标准，学术审计组织通过它们的监控程序来评价高校内部的质量保障系统是否已经成功达到它们的目标。这个质量的观点在 1991 年英国高等教育白皮书《高等教育：一个新框架》中被确认，在安排教学时应当根据院校个体任务的不同而进行个性化的保障，并需要确定发展指标体系。这种方式最重要的内涵在于对高等教育来说，它扩大了人们关于质量指标在诸如资源使用效率和管理效率等方面的争论的范围。简言之，高等教育质量是要达到高等教育机构的目标效力。

虽然高等教育质量的目标指向已经开始脱离高校自身人才培养的目标，并朝着社会化目标发展，但人才培养始终是最基本的大学职能，在高等教育大众化发展浪潮中逐渐被强化和突出。“高质量的本科教育通过运用文字、数字以及抽象概念来使学生理解他们所处的环境，教会他们如何与环境相

①③ 余小波．高等教育质量概念：内涵与外延［J］．高教发展与评估，2005（11）．

② 邱梅生．大众化高等教育质量研究综述［J］．江苏高教，2002（1）．

④ 潘懋元．高等教育大众化的教育质量观［J］．江苏高教，2000（1）．

处，并对环境施加积极影响。”① “满足需求者的状态和程度”②，“培养有教养的社会公民”③，“提供学生良好的学生经历”④ 等。这些高等教育质量研究本质上是和高等教育目的密切相关的，如有教养的社会公民符合大学人才培养的终极目标；“满足需求者的状态和程度”是高等教育内在质量和外部目标调和的结果；“学生经历”则是教学质量在学生需求上最直接的反馈。目前，高等教育本身因为背负多重社会原则和责任而变得复杂，高等教育质量研究也因多方利益相关者介入而变得多样和复杂。

将高等教育质量和高等教育发展目标相结合进行研究，既符合教育的特殊性和教育的本质内涵，同时又契合了管理学的目标达成理论。虽然高等教育发展目标多样化使得高等教育质量的研究变得困难而且模糊，高等教育质量的解读也变得扑朔迷离，但是高等教育质量研究也因为多样化和复杂性变得更加丰富。

4. 将高等教育质量和产品质量标准结合，探究标准理念在高等教育质量中的应用和可能

将质量等同于标准是高等教育质量管理部门的普遍的认同。也就是说，高等教育质量研究可能是高等教育基准的研究，也可能是卓越高等教育标准的研究。标准（standard）是评价的基准或尺度，规格（specification）可以包括一系列标准。因此，该定义使同类产品、服务具有可比性，能给质量以一定的标示。高等教育领域内的标准可以分为学术标准、能力标准和服务标准。这三者实际上都是为满足学生发展需求而制定的：学术标准强调培养学生满足学术规定的需要；能力标准强调学生专业能力水平的达到；服务标准强调院校提供的服务和设施设备能够满足学生发展需要。⑤

但是，由于不同类别的高校可以有不同的标准，故所有的高校都有机会保证其应有的质量。这样有利于整个高等教育系统的质量保证。牛津大学、剑桥大学和新大学不可能用统一的标准来衡量和比较，卓越杠杆的出现就使得某种产品或服务独具特色，具有其他产品或服务所没有的特征、用途，并因此赋予其拥有者或使用者较高的地位、声望。该质量定义具有排他性、不

① Lewis B Mayhew，Patrick J Ford，Dean L Hubbard. Clark Kerr Quest for Quality：The Challenge for Undergraduate Education in the 1990s［M］. Wiley，John & Sons，Incorporated，1990：8.

② ［美］迈尔克·A. 希特. 布莱克威尔战略管理手册［M］. 闫明，潘晓曦，等译. 上海：东方出版社，2008：25.

③ 林正范，贾群生. 高等教育质量概念探析［J］. 高等教育研究，1999（4）.

④ HEFCE Study：The Student Experince and Study Hours... are They Related?［EB/OL］http：//network. nature. com/groups/ukpolicy/forum/topics/45842009－11－05.

⑤ Harvey L，Knight P. Transforming Higher Education［M］. Buckingham：Open University Press and Society for Research into Higher Education，1996.

可比性。[①] 质量标准统一化会影响高等教育质量管理的科学性，不利于高等学校多样化和办学形式多元化的发展。[②] 高等教育质量研究以标准解读的形式来切入实际上反映了产品质量管理理念模式的渗透。[③]

关于高等教育质量的研究，不论是社会学角度的权力说、管理学角度的标准说，抑或是符合教育特殊性的目标说，都是从特定的学科角度进行研究。社会学从权力和利益的角度提出高等教育质量的权力属性，确实另辟蹊径，但却着重强调高等教育质量权力的政治技术倾向，忽略了高等教育质量自身的学术权力诉求和斗争的存在，有一定的唯理论倾向。管理学从标准的角度进行研究容易使高等教育研究陷入操作主义泥潭。教育特殊性的目标说应当说是最符合高等教育发展本质和特点的，但是其研究结果却常常得出模糊和不确定的结论，使得高等教育质量研究始终无法突破。本研究认为，目前多学科高等教育视角的研究已经成为必然和必须，就高等教育质量研究本身而言，如何在凸显和保证高等教育特征的基础上，借用社会学、管理学的相关理论来更好地为本研究服务是高等教育质量研究的重要课题。

二、实践理性：大众化阶段中国高等教育质量观的哲学审视

理论与实践密不可分。离开理论指导的实践是盲目的，而离开实践指向的理论则是空虚的。“理论所不能解决的那些疑难，实践会给你解决。”[④] 实际上，理论理性的成熟与发展必然要提出实践理性的问题，这既是理论理性的内在要求，也是实现理论价值的关键所在。所谓实践理性，是指在理论理性真理性认识的基础上，根据人的需要与可能进行价值选择，确立目的并规定实现目的的方式和方法的活动。实践理性张扬的是功能主义思维，它追寻的是“如何成为是”。不可否认，高等教育的大众化是客观趋势，高等教育的大众化必然伴随着高等教育结构的多样化、多层次化。这源于时代发展和大众需要的合理诉求：一方面，随着科学技术的发展，生产的现代化、社会生活的现代化必然需要多种多样的人才；另一方面，大学生对学习知识的需求也是多样的，要满足他们多样化的需求，必然要求高等学校多样化。近年

---

① 赵蒙成，周川. 高等教育质量：概念与现实［J］. 江苏高教，2000（2）.

② 高等教育质量评估应走向社会化［EB/OL］. http://www. sciencenet. cn/html news/20085278203876207157. html. 2009 - 11 - 8.

③ Harvey L，Knight P. Transforming Higher Education［M］. Buckingham：Open University Pres-sand Society for Research into Higher Education，1996.

④ 费尔巴哈. 费尔巴哈哲学著作选集：上卷［M］. 荣震华，李金山，等译. 北京：商务印书馆，1984：248.

来，由于实践的需要，高等教育质量保障与评价活动日益活跃。然而，中国相关理论研究的滞后和评价专业人才的匮乏，导致评价效果不理想。从应然角度讲，大众化阶段中国高等教育质量观主要应从效果、效益、影响三个角度来评价，首先要保证评价标准的科学性与合理性，这是高等教育质量保障的“底线”。但归根结底，高等教育能否满足国家、社会和个人的需要是高等教育质量保障的出发点和落脚点，也是高等教育评价的最终旨归。如果说理论理性追问的是“是什么”的问题，那么实践理性追问的则是“如何成为是”的问题。从追问“是什么”到追寻“如何成为是”反映了本质思维与功能思维的分野。近代以来，随着基础主义和本质主义的式微，凸显功能主义的生成论和生存论逐渐走入教育研究者的视野，这与时代、实践和人类思维的发展程度密切相关。时代越往后发展，实践理性的作用越明显。“在当下的教育科学研究中，与追求深刻的理论相比，回归现实显得更加重要，也更有意义。”① 在21世纪，如何从经验研究深入到理论研究，再从理论研究推进到实践研究？如何克服理论与实践“两层皮”的弊端？这两个问题值得深入研究。

（一）关于高等教育质量评价实践的展开

高等教育质量评价的研究在世界范围内兴起是以20世纪80年代中期美国高校引发了一场以提高本科教育质量为目标的“评价运动”为标志的。此后，关于高等教育质量评价的相关研究就成为高等教育管理的热点，许多富有成效的高等教育质量保障与评价学术研讨会相继召开。如1991年美国召开“高等教育质量测定国际研讨会”；1991年6月在中国香港召开“高等教育质量保障”国际研讨会，成立了“国际高等教育质量保障机构联合会（INQAAHE）”；1992年英国伦敦大学教育学院举办“高等教育质量与评价之比较研究”国际研讨会；1993年在加拿大蒙特利尔召开主题为“处于世界性变革中的高等教育质量保障”的国际会议；1993年联合国教科文组织的高等教育欧洲中心在罗马尼亚召开了主题为“质量保障政策与高等教育院校认证”的国际高级专家咨询会议；1996年在中国北京召开了“高等教育评价与质量保障”国际研讨会；1998年联合国教科文组织召开的世界高等教育大会宣言中专门论述了质量问题；1999年在中国南京召开的大学教育思想国际研讨会以“21世纪高等教育的理念和质量”为主题，讨论了21世纪高等教育质量观和质量评价、质量保障等问题；2000年1月，美国高等教育认证委员会（Council for Higher Education Accreditation，CHEA）在首

① 吉标，徐继存．困惑与抉择：当前教学论研究三问［J］．教育理论与实践，2007（2）．

都华盛顿召开了高等教育质量保障国际化研讨会，主要交流了有关国家在高等教育质量保障方面的做法、经验和面临的挑战，研究了不同领域的质量标准，讨论了在质量保障方面的国际交流和合作，特别是由于学生的流动而带来的质量保障和认证问题；2000 年 11 月，在泰国曼谷同时举行了“亚太地区相互承认高等教育学历、文凭和学位公约委员会第六次会议”和“高等教育质量保障：标准、机制与互相承认”国际学术会议；2001 年 3 月，国际高等教育质量保障机构联合会（INQAAHE）在印度班加罗尔召开了第六次世界高等教育质量保证大会；2001 年联合国教科文组织与世界银行、欧盟等联合召开了全球化对高等教育质量影响的国际研讨会；2004 年 10 月 12—14 日，由国家自然基金委员会资助，中德联合举行了 Sino-German Symposium on “Innovation and Management：Science & Technology Indicators-Methods and Practice”；2005 年 1 月 13—15 日欧洲高等教育协会（The European Higher Education Society，EAIR）和美国院校研究会（Association for Institutional Research，AIR）联合在美国迈阿密大学召开“The Quality，Cost，and Access Dilemmain Higher Education” 国际研讨会。2005 年 11 月 18—20 日，在中国重庆召开了“高校发展指标”国际研讨会。

（二）关于高等教育质量评价理论研究

高等教育评价理论研究也呈多样化发展，并形成了包容多样化质量评价体系。在这个领域中最为人们所普遍接受的有两大分类图式：一个是霍华德·加登纳（H. Gardner）的 1977 年分类，其由五种最著名的教育评价模式组成，并为构建教育评价理论框架奠定了基础。该分类至今仍被看作是高等教育评价领域的经典之作。另一个是沃森与桑德斯的 1987 年图式，该图式相对较新，包括教育评价的六大方法。当前，国际上院校分层规划及分类设计的成功，卡内基分类研究的完善，质量保障与评价理论的分化及深入，都为我国高等教育评价理论研究提供了许多宝贵的经验和丰富的理论素材。

（三）关于高等教育质量观研究

就国内研究现状来看，面对高等教育大众化进程中的质量问题，中央政府和教育部坚持把提高教育教学质量作为工作重点，启动了质量工程，通过高校教学质量与改革构筑高等教育生命线，大力推动了高等教育质量保障与评价体系的实践与研究工作。我国潘懋元教授等不少著名学者已经在理论上、宏观上对高等教育大众化进程中的质量保障与评价体系进行了多方位的研究和构建，取得了不少卓有成效的研究成果。潘懋元教授对我国高等教育大众化进程中的高等教育质量问题进行了深入的研究，提出在政府政策启动高等教育大众化之后，我国的高等教育机构出现了定位不清、分类不明、性质混乱的状况，同时在招生规模扩大、大学毕业生结构性失业、高等教育的质量受到质疑的情况下，建立大众化的高等教育质量观势在必行。潘懋元教授指出，大众化时期的高等教育质量应该是“多样化的，而不是降低质量标准。各级各类的学校都要按照各自的培养目标和规格来进行质量管理，而不能搞一刀切”。对于质量保障与评价体系建立的要素层面，潘懋元教授指出高等教育保障最基本的应该是师资队伍和生源质量的双重保障。潘懋元教授是在宏观上为我国高等教育大众化质量问题把脉，并给出较为完整的理论构思。而本课题组的成员也已经从各个侧面对大众化时期的高等教育质量保障与评价体系进行了研究。这些研究有对以往质量保障体系的实践经验的积累，也有理论研发，包括工具、技术层面，方法、问题层面，也有理论、哲学层面，较为清楚地揭示了高等教育质量保障与评价发展的各种典型思想观，以及中国高等教育大众化如何健康发展等问题。以上研究有效地弥补了我国高等教育大众化时期质量保障领域研究的不足与理论概括局限的缺陷，从容解决了大众化时期高等教育领域盲目照搬与低水平重复研究并存的问题，有效防止了高等教育大众化发展所带来的种种不利冲击。史秋衡教授近年来出版的《高等教育评估》、《我国民办高校评估指标体系研究》和《高等教育评估与测量》，对高等教育评价的理论和实践进行了详细的分析阐述，为本研究的开展奠定了理论基础。

韩映雄博士的研究把高等教育质量从质量判断推进到质理形成，从政府、学者、以企业为主的产业界以及学习者四个质量利益相关者的角度来分析，延伸了高等教育质量研究的长度，成为高等教育质量理论分析的一个新探索和新视角。同时，他从利益相关者的视角进一步探讨了不同的利益相关者对高校社会服务的质量观问题，揭示了不同利益相关者在教学活动中的不同质量观问题，进一步推进了高等教育质量的分析深度，使之成为高等教育质量观的重要研究理论和视角。

在大量的高等教育质量保障与评价研究论文中，有很多是对国外高等教育质量保障体制的介绍分析，有一些是对我国目前本科教学工作水平评估成就和问题的分析。正如前面所言，大量的介绍和分析性的文章可以作为本研究的重要素材，以上研究在理论和实践上的分析确实已经实现了一定程度的突破，但是每个研究都只是在一个点上的研究，对于整个质量保障体系的构建和质量保障理论的发展则研究有限。

三、价值理性：中国高等教育质量保障指标体系的上下求索

价值理性是基于价值认识、价值评价基础上的价值判断和价值选择过

程。这一选择过程既是寻求路径的过程，也是达到目标的过程。中国开展高等教育质量保障活动已有20多年的历史。1985年原国家教委颁布了《关于开展高等工程教育评估研究和试点工作的通知》，并在一些省市开始试点，这标志着中国高等教育评估工作的开始。1990年，原国家教委颁布了《普通高等学校教育评估暂行规定》，这是中国第一部关于高等教育评估的法规。1994年初，原国家教委组织实施普通高等学校本科教学工作水平评估。本科教学评估经历了三种形式：合格评估、优秀评估和随机性水平评估。概括起来，20多年来，围绕高等教育质量保障指标体系，中国高等教育研究者大体沿着两条路径“上下求索”：一是在理论理性层面上努力建构有中国特色的质量保障理论体系，就质量保障的对象、内容和主体展开深入探索，并努力走出书斋，眼睛向“下”，以学育人，以对高等教育的基础理论研究带动重大现实问题研究为主旨，影响力不断增强，已成为“显学”；二是在实践理性层面上紧密结合中国现代化进程，尤其是大众化、市场化、国际化与高等教育的关系展开探索，脑袋向“上”，以学资政，对国家的重大决策提供理论支持。这无疑是学术研究的一条合理路向，循此路向，学术研究通达理论理性与实践理性相结合的完美境地。

价值理性的张扬蕴含着高等教育的文化自觉。文化自觉的概念是费孝通首先提出的。所谓文化自觉，意指“生活在既定文化中的人对其文化有自知之明，明白它的来历、形成的过程、所具有的特色和它发展的趋向。自知之明是为了加强对文化转型的自主能力，取得决定适应新环境、新时代文化选择的自主地位”①。借鉴文化自觉的精髓与基本精神，我们尝试提出中国高等教育的文化自觉问题。所谓“中国高等教育的文化自觉，意味着中国高等教育工作者对于中国高等教育的历史有清楚的了解，对于中国高等教育传统有恰当的评价，对于当代中国高等教育在世界高等教育体系中所处位置有客观的分析，对于中国高等教育的前途、改革的方向及其对人类文明的贡献有准确的把握和坚定的信心。同时，通过批判的学习与借鉴，探索高等教育的‘中国模式’”②。建设高等教育强国必须强化科学发展，体现时代性，把握规律性。在高等教育大众化发展阶段，高等教育的分类发展日益凸显，此时再继续沿用“一把尺子量天下”显然是不合适的。要避免高等教育趋同化发展问题，就要强调方法与标准的针对性和多元化，强调用系统和整体的观点建立分类型、分层次的高等教育质量保障体系。

---

① 费孝通．费孝通论文化与文化自觉［M］．北京：群言出版社，2005：出版前言．

② 陈兴德，潘懋元．“依附发展”与“借鉴—超越”：高等教育两种发展道路的比较研究［J］．高等教育研究，2009（7）．

总之，评价的效果取决于评价的针对性。针对性越强，效果越好，效率越高。诚如联合国教科文组织第一届世界高等教育大会《21 世纪的高等教育：展望和行动宣言》所指出的："高等教育质量是一个多层面的概念"，要"考虑多样化和避免用一个统一的尺度来衡量高等教育的质量"。作为后发展国家，我国面临着国际化和本土化的矛盾。西方高等教育强国较早地进行了高等教育质量保障和高等教育评价，因此他们有许多经验值得我们借鉴，更有不少教训值得我们吸取。中国高等教育的问题并不在于是否向西方国家学习，而在于到底"学习什么"和"如何学习"。我们不仅要细致真切地了解西方国家高等教育成功的经验，也要揭示西方国家高等教育步入困境的原因，既要爬梳西方国家崛起的历程，也要洞悉西方国家未来的路向。为此，中国高等教育发展要在"规模、结构、质量、效益"协调发展中保持必要的张力，进而寻求理性的平衡。在价值理性面前，采取自上而下的"政府评价"、水平的"社会评价"、自下而上的"高校自评"相结合的综合评价不失为一个合理选择。因为这既可以最大限度地把握高等教育的总体质量，又可以发挥不同评价主体的积极性和整合力。

在中国高等教育质量评价指标体系研究方面，目前，谢作栩教授的高等教育大众化理论研究是国内基本理论研究的新生长点，并为国际高等教育大众化理论研究提供了中国经验和特例。针对中国高等教育"后发外生型"的国情，潘懋元、谢作栩合作发表了《试论从精英到大众高等教育转变的"过渡阶段"》一文，修正了美国教育家马丁·特罗的"规模扩张带动系统质变"思想的发展观点，即中国高等教育大众化发展道路应"通过改革高等教育系统以促进和带动高等教育规模的扩张"。天野郁夫教授在中国发表了多篇有关高等教育质量评价和高等教育大众化的学术论文，在中日乃至国际上都享有盛名。他主要针对日本在高等教育大众化中的种种问题进行研究，把日本的大众化实践与特罗的大众化理论相对照来看，提出特罗理论有其时空的局限性，并提出日本依靠"私立高等教育"发展起来的大众化模式使日本的大众化进程和速度远远高于欧洲各国。大学的分类是高等教育大众化下评价制度建立的前提，天野郁夫把日本高等教育的分类进行比较研究，并提出新的大学分类方法，为我国高等教育一直无从下手的高等教育分层分类体系提供了经验借鉴。

第一章 研究方法和思路

研究方法的严谨性和可行性是促进研究深入的一个必备条件。因此，采用什么研究方法才能够最切实地反映本研究的过程和结论，是本研究开始前一直在思考和斟酌的问题。一个多世纪以来，社会科学的各种理论、方法与技术蓬勃发展，并陆续引入高等教育研究。暂且撇开高等教育是学科还是研究领域的问题，仅仅专注于研究方法的应用来看，引入其他学科成熟的研究方法为我所用，已成为现代各个学科和研究领域研究的共性。但是，从研究范式本身来看，高等教育研究其实不外乎科学研究范式与人文研究范式，而且其形式上表现为量的研究和质的研究的持续不断的争论：究竟是科学研究范式（包括教育实验、问卷调查、数理分析等研究方法及相应的研究信念和成果形式）适用，还是人文研究范式（突出地表现为思辨、历史文献研究，以及近来兴起的深度访谈、自然观察、实物文本分析、叙事研究等研究方法及相应的研究信念和成果形式）更有意义呢？

本研究无意探究这两种研究范式的适切性，而只能从本研究的目的和问题出发来选择适合的研究方法。在思考研究方法选择时笔者常常困惑：为何当教育研究精确度越高时，研究所反映出来的结论和过程就变得越刻板，这个刻板表现在研究的刚性结论和我们的生活经验与个体体验相去甚远。实际上，“任何社会科学的研究总不能摆脱规范与经验的二元化取向的格局，都是在规范研究与经验研究的张力场中成长的”①。如何在实证研究的基础上，回归到“以价值问题为主题、以人文精神为内涵、以文本为资源依托、以诠释文本为表现方式的学术致思路径”② 是本研究试图解决的问题之一，也是本研究在方法论选择上慎重的原因之一。目前，一方面，比较高等教育研究似乎都在规范研究的理论建构上缺乏相应的理论自觉，这体现为在新文献中，描述性和陈述性的研究占大多数，深入理论分析相对缺乏，这虽然和比较研究的实证参与条件有限相关，但也从另一个侧面反映了我们在比较高等教育研究理论分析上的不足；另一方面，比较高等教育研究似乎沉迷在强调学习和借鉴的思维定式中，缺乏对于学习借鉴可比性和可行性的深入探究，

① 胡伟．在经验与规范之间：合法性理论的二元取向及意义［J］．学术月刊，1999（12）．

② 颜昌武，牛美丽．公共行政学中的规范研究［J］．公共行政评论，2009（1）．

忽视国情，结果导致反思思维和批判精神的不足，导致比较高等教育研究无力承担起指引高等教育改革的使命。

那么，当本研究着重于探究高等教育大众化阶段质量保障与评价体系时，在面对前人浩如烟海的文献时，如何将中国高等教育问题提升到哲学高度来进行阐释，是我们能否进一步深入研究问题进而寻求解决问题的关键所在。在具体论证之前有必要对本研究涉及的核心概念进行厘清，只有如此才不会妨碍后面的阐述与分析，从而减少理解的障碍与困难。不仅如此，在我们看来，只有揭示了概念的科学内涵，才能在此基础上更好地进行理性实践。也正是在这样的基础上，我们才可能跳出文献，实现真正的从“是”到“做”的转变。

第一节 概念界定：研究理论支点

一、质量

从语义学的角度看，“质量”一词的含义是比较清晰的。《汉语大词典》解释为：“事物、产品或工作的优劣程度。”① 《现代汉语词典》解释为“产品或工作的优劣程度。”② 《朗曼现代英语词典》解释为：“grade，degree of excellence”③，意思是“优秀的等级或程度。”这里的“质量”是品质、质素的状态之意，实际上是一个比较判断概念，即对事物、产品或工作的内在资质或价值的评判。

从哲学的角度看，“质量”是一对矛盾的范畴。质是指事物在性质上区别于其他事物的内在规定性；④ 量则是指事物存在的规模、运动的速度、发展的程度等表现为不同数量的规定性。哲学意义上的“量”指的是事物存在的规模和发展的程度，是一种可以用数量来表示的规定性。《辞海》中解释道，一切事物都是质和量的辩证统一，事物的质以一定的量为自己存在的条件，事物的量又受其质的制约。事物之间质的差别，造成了世界的无限多样性。一方面，任何质都是具有一定量的质，没有量就没有质。另一方面，

---

① 汉语大词典编辑委员会. 汉语大词典普及本［Z］. 上海：汉语大词典出版社，2000：1 635.

② 中国社会科学院语言研究所词典编辑室. 现代汉语词典［Z］. 北京：商务印书馆，1991：1 494.

③ LONGMAN MODERN ENGLISH DICTIONARY. 1976：912.

④ 质与本质是既有区别又有联系的不同范畴。通常，本质与现象相对应，本质只能有一个，但现象可以有多种。质则是一事物之所以成为该事物的内在属性。与质相对应的是定性研究，定性研究的主要功能是解释。

质又制约着量，不同质的事物具有不同的量和量的界限。因此，对不同质的判断和对不同量的把握，是认识事物的基本前提。在此，“质量”具有辩证发展的特性，需要在动态中对其进行分析、比较和判断。

从管理学的角度看，“质量是一种与能满足或超过期望的产品、服务、人员、过程和环境相联系的动态的状态”①。也就是说，质量不仅指所提供的产品或服务，也包括提供产品或服务的人员、过程和环境；同时，质量还会随着时间的推移和环境的改变而改变。因此，全面质量管理理论将质量看作是“满足消费者的规定的和潜在的需要”，这彰显了质量的有用性和耐用性。

根据上面对质量的释义，我们不难看出，所谓质量，实质上是对于某一客体是否满足特定主体需要及其程度所作出的肯定性价值判断。如同价值一样，质量概念也属关系范畴。因此判断质量的有无或高低同样取决于客体本身的性状和特定主体的需要两个方面。只是这种判断不是随意性的，而应该建立在某种经验或某种科学分析的基础上。质量概念发展到今天，已紧密地与产品、服务、管理等领域相联系，也许从管理学的角度把握质量的科学内涵是更为恰当的选择。为了对质量有一个统一的、准确的描述，在此我们借鉴 ISO 8402 质量术语标准，对质量概念作如下定义：质量指反映实体满足明确需要或蕴含需要的能力特性的总和。

二、高等教育的大众化

按照美国教育社会学家马丁·特罗的见解，高等教育规模扩大到能为15%适龄青年提供学习机会，高等教育就进入了大众化发展阶段。当高等教育毛入学率低于15%时，是精英高等教育（elite higher education）阶段；介于15% ~50%之间时，是大众高等教育（mass higher education）阶段；高于50%时，是普及高等教育（universal higher education）阶段。值得注意的是，高等教育由精英阶段到大众化阶段不仅是量的增长，而且是质的变化。高等教育的大众化是高等教育发展的重要阶段。

三、质量保证与质量保障

“质量保证”和“质量保障”是当前国内高等教育质量管理研究中比较常用的两个概念，其英文表达都是 quality assurance。质量保证是工业领域中质量管理学的一个重要概念，是指在全面质量管理思想指导下，产品生产全

① 赵中建．高等教育全面质量管理的概念框架［J］．外国教育资料，1997（5）．

过程对有关质量规定的遵守。质量保证包含着一种新的质量管理思想，使产品质量在程序上获得严格的保证，由此来保证产品的最终质量符合顾客需要。

教育质量保障是借鉴工业领域质量管理思想而来的，有以下代表性观点：陈玉琨在其著作中借用艾莉斯（R. Eilis）的观点提出："高等教育质量保障是根据预先制定的一系列质量标准与工作流程，要求高校全体员工发挥每个人的最大潜力与自觉性，认真地实施并不断改进教育教学计划，从而达到或超过预定的教育质量目标，一步步地达到学校总体目标的过程。"① 沈玉顺将高等教育质量保障理解为一种新的质量管理方法，他指出高等教育质量保障是"一套涉及整个高教系统及其管理问题的系统化的思维和行动策略"②。西方学者 Loulse Morley 在其著作《高等教育质量和权力》中引用了另一个观点："质量保障是作为一个生产程序的规范工具被引入高教领域，而不是一个检查产品本身质量的工具。"③ 余晓波认为高等教育质量保障是指"高等教育质量保障的相关主体（这里主要指政府、社会和高校），通过运用质量管理、质量监督、质量控制、质量审计、质量认证和质量评价等手段，所进行的高等教育质量的持续促进活动"④。综上所述，对质量保障的理解，更多地应该是将它看作高等教育质量管理的一种新方式。它有一套自己的核心理念以及在这一理念指导下的一整套行为方式。从这样的理解出发，外部压力是要求高校转变质量管理方式的动力，学校质量内部保障体系的建立与运行才能真正带来教育质量的不断提高，它才是质量保障体系中的核心。⑤ 教育质量的内涵已经不仅仅限于课堂内容的讲授和学习，而是延伸至整体的办学模式、办学思路乃至国家教育体制的变革。通过上述分析我们可以看到，"质量保障"和"质量保证"实际上是一对同源概念，质量保障源自工业领域的质量保证思想。

四、发展

哲学视阈的发展是指新事物的产生和旧事物的灭亡。所谓发展有两层含

---

① 陈玉琨. 高等教育质量保障体系概论［M］. 北京：北京师范大学出版社，2004：8.

② 沈玉顺. 高校教学质量保障的思想与实践［M］. 上海：文汇出版社，2003：7.

③ Louise Morley. Quality and Power in Higher Education［M］. SRHE and Open University Press, 2003：14.

④ 余晓波. 高等教育质量保障活动中三个基本概念的辨析［J］. 长沙理工大学学报：社会科学版，2005（3）.

⑤ 史秋衡，罗丹. 从市场介入的视角辨析高等教育质量保障概念［J］. 大学·研究与评价，2007（9）.

义：广义上的发展泛指进步，狭义上的发展则特指一个社会的现代化过程。从哲学的视角来研究发展问题可以形成一些独特的优势：其一，深化发展观的研究；其二，深化对中国社会发展过程中一些重大现实问题的研究。

五、代价

所谓代价，我们把它理解为人们在其活动中所支付的成本。发展或进步总是会付出一定代价的，并且往往通过付出一定代价和扬弃代价来为自己的发展开辟道路，以寻求发展的再生之路，这是发展的一条基本规律。问题的关键是要把发展的代价限制在最小限度。

六、高等教育质量

高等教育质量是一个多层面的（multi-dimensional）、具有高度复杂性的概念，人们往往从不同的视角对其加以理解与认识，从而形成了不同的关于高等教育质量的观点。教育质量是高等教育发展的核心问题，也是高等教育大众化的生命线。根据《教育大辞典》的解释，教育质量是指“教育水平高低和效果优劣的程度”，“最终体现在培养对象的质量上”。“衡量的标准是教育目的和各级各类学校的培养目标。前者规定受培养者的一般质量要求，亦是教育的根本质量要求；后者规定受培养者的具体质量要求，是衡量人才是否合格的质量规格”①。高等教育质量是一个相对的、多层面的概念，不同的人、不同的组织其观点会有差异，关注的重点也不同。一般而言，高等教育质量是指高等学校围绕人才培养目标和规格，通过一系列教育教学活动作用于受教育者的身心，并由其内化形成的满足社会政治、经济、文化发展和学生自身发展需要的知识、能力、素质等的优劣程度。

七、高等教育评价

评价是基于事实判断的价值判断，主要有两种方法：定量与定性。我们的目标是，通过评价发现问题，改进工作，促进教育的健康发展。高等教育评价是依据一定的高等教育价值，在决策科学化的基础上，对高等教育机构教学活动、教学条件、教学效果进行系统考察和多视角的综合评判，以保障和促进高等教育机构持续改进的过程。我国高等教育评价是政府主导型的评价，而政府评价主要由教育行政部门及其下属机构来承担。高等教育评价的走向是分类评价，主要包括普通学校本科教学工作水平评估、高职高专院校

---

① 《教育大辞典》增订合编本（上）[Z]. 上海：上海教育出版社，1998：798.

人才培养工作水平评估、普通高等学校独立学院教育质量评估、研究生教育质量评估、留学生教学质量评估、成人高等教育办学水平评估、高等学校内部院系教学工作水平评价七种类型。另外需说明的是，考虑到各方面的原因，在本研究中对“评价”与“评估”两词不作严格意义上的区分。

第二节　方法选取：研究范式明晰

本研究是以大众化阶段高等教育质量保障与评价体系为主题，以多学科的视角对高等教育在大众化特殊发展时期，高等教育质量观、各国各层次各类型不同高等教育发展的相关问题进行探讨。概括起来，关于高等教育质量保障的研究在方法论上包括三个层次，而这三个层次也构成了本研究的基本框架和思路。

一、自上而下的哲学方法论

哲学方法论是在一定哲学原理或哲学世界观的指导下，在社会实践中逐步总结出来的关于认识事物和解决问题的根本方法的理论，它是哲学原理在社会实践中的应用，即应用哲学。本研究从历史与逻辑、主体与客体、目的与手段、压力与动力、整体与部分、普遍与特殊六个视角来解读大众化阶段高等教育质量保障与评价体系。

（一）历史与逻辑的交融

高等教育质量保障问题不仅是一个现实问题，而且是一个历史问题。为此，从历史角度爬梳高等教育质量保障发展的轨迹，进而在逻辑上厘清其发展脉络，有助于我们前瞻高等教育质量保障的未来走向。“逻辑方法和历史方法的辩证统一，要求研究者在它完全成熟而具有典型性的发展点上来研究对象。因为只有在这样的发展点上，历史进程已经充分地展示出来，对这个历史进程的把握才能达到全面而准确。”① 历史的观点使人们能够把自己放在一个有将来和过去的时间的顺序以及特定的历史方位上来考量高等教育的问题。从历史的视角看，高等教育强国与经济强国如影随形。正如高等教育的发展蕴含在历史发展中一样，高等教育同样也在满足不同历史时期的不同需要从而获得各自的适切地位。就世界范围而言，自工业革命以后，高等教育一直在自身逻辑和社会逻辑的博弈中前行，受内在发展与外在驱动的双重

① 吕世荣，周宏. 唯物史观的返本开新［M］. 北京：人民出版社，2006：302.

作用，穿梭于“学生本位论”和“社会本位论”、“工具理性”和“价值理性”的矛盾之间。就本质而言，高等教育质量保障本质上是合规律性与合目的性的统一，这无疑是对高等教育质量保障问题进行逻辑提升的结果。本研究努力从“理论研究”和“实践探索”两个向度对我国高等教育质量保障与评价进行系统研究，试图达到历史与逻辑的“视阈交融”。所谓历史与逻辑的“视阈交融”，是指高等教育质量保障既不是自然历史进程的简单演进，也不是纯粹逻辑概念的推演与提炼，而是既有历史进展又有逻辑提炼的统一过程。在此过程中，高等教育实现其社会功能，谋得其应有地位。

（二）主体与客体的澄明

高等教育保障问题涉及诸多主体方面的问题，在此有必要澄明高等教育质量保障主体、评价主体和质量改进等主体。澄明主体与客体的根本目的是明确权利与义务、权力和责任关系，这有助于提升教育质量保障的自主意识，也有助于加强自律与他律。原因就在于，高等教育质量保障不仅需要定期的检查与督促（他律），更需要评价对象的自主与自律。当前，对高等教育质量进行保障，其主要方式是进行高等教育质量评价。值得注意的是，在现有高等教育评价中，学生的利益诉求和教师的作用没有得到应有的重视。学生常常只是作为价值客体受到国家（政府）和就业市场的关注，没有被视为教育评价的价值主体之一而得到应有重视。与此相似，教师往往被阐释为教书育人的工具，没有被视为质量保障的价值主体而得到应有重视，其结果造成高等教育质量保障主体单一。从我国高等学校本科教学质量保障的现状来看，虽然除政府外，高校、市场和社会的力量已逐步参与到质量保障中来，如果中央政府始终掌握着质量保障的绝对影响力，那么其他保障主体能发挥作用的空间必然是有限的，也必然影响其他保障主体和利益相关者的积极性。清晰的评价主体和评价客体是评价工作开展的基础。以自我评价为基础、以第三者评价为核心的多元评价将是高等教育评价发展的主要趋势。既然评价是一种价值判断，那么研究评价就要从人与世界的价值关系出发，从价值客体与价值主体的辩证关系出发。

（三）目的与手段的区分

高等教育质量评价本身不是目的，评价归根结底是要为提高高等教育质量服务，为人才培养服务，为社会进步服务。简言之，提高高等教育质量是中国高等教育发展的首要任务，而高等教育质量保障体系是完成这个任务的主要工具之一。当然，在现阶段，不能抽象地谈论手段和目的，手段与目的是辩证统一的。如果说高等教育评价是手段，那么保障高等教育质量才是目的；如果说高等院校分类是手段，那么高等院校特色发展才是目的；如果说高等教育质量保障是工具，那么提高高等教育质量才是目的；如果说高等教育扩招是手段，那么高等教育大众化或普及化才是目的。在当代中国，由于人性化和理性化水平有待提高，为防止手段“异化”为目的，杜绝“只见物不见人”的落后发展观和评价观，因此特别需要强调实行人性化管理和理性化评价。人性化和理性化不仅是当代中国最需要同时也是最缺乏的先进理念，更是世界未来发展的主导趋向。

（四）压力与动力的辩证

理论研究表明，适当的压力有助于保持发展的动力。高等教育追求的是公共利益，因此高校往往容易缺乏内在发展的动力。反过来，高校又具有相对的垄断性，缺乏充分的市场竞争机制，因此，高等教育自我改进与自我发展的外在动力也相对不足。高等教育作为一个流程，大体可分内部、过程与外部三个环节。如果要切实保障高等教育的质量，就需要从“入口”到“过程”再到“出口”全程保障质量。高校作为被评价的对象，自然面临诸多压力，如何把这些压力转化为科学发展的动力，值得深入研究。一方面，随着扩招的施行，高等教育质量受到公众的质疑；另一方面，高等教育如何为强国富民提供智力支持，这需要由“权力”和“义务”关系转变为“管理”和“责任”关系，充分重视高等教育的社会责任。高校要自主发展、自我负责和自觉改革，只有如此，高等教育才能不断增强生命力。正如赫拉克利特所说：“除了变革之外，没有什么是持久的。”高等教育只有在压力和动力的平衡之中，才能为自己的发展开辟新的道路。

（五）整体与部分的考量

横看成岭侧成峰，远近高低各不同。这启发我们，高等教育质量保障体系建设要有整体观和系统观，即认识到高等教育质量具有若干侧面，需要用多种方式进行考察。因此，应将各种质量保障方式视为一个整体，系统地、有计划地开展各种质量保障活动，同时又需要跳出高等教育本身，从高等教育与国民经济社会发展的视角审视高等教育质量保障问题，这样或许能够看得更清楚、更远一些。“从系统科学的视角看，作为一个相对独立的高等教育系统，高等教育强国不仅蕴含着深刻的数量关系和质量内涵，而且渗透着结构优化和功能耦合的内外部规定性。”① 如果把教育作为一个整体，那么高等教育就是其中的一个部分；如果把整个国民经济发展作为一个整体，那么教育则又成为一个部分。从整体与部分的视角来审视高等教育质量保障问题，有助于破解高等教育区域发展不平衡的问题，有利于深化对高等教育自

① 李枭鹰．系统科学视野中的高等教育强国［J］．复旦教育论坛，2008（6）．

身问题的理解和认识。数量与质量是辩证统一的，“数量是质量的基础，没有数量，质量就无从谈起；质量是关键，没有质量，再多的数量也代替不了质量”①。

（六）普遍与特殊的张力

大众化高等教育的主要特征是多样化。多样化的高等教育应有各自的培养目标和规格，从而也应当有多样化的教育质量标准。多样化的高等教育质量观要求我们在高等教育质量标准的选择和评价的实施上能更自觉地体现共性与个性的统一。因为在世界历史和全球化时代，高等教育领域很多问题的破解需要借助于“全球视野”和“世界知识”，以弥补“狭隘视野”和“地方知识”之不足。如果把高等教育的办学模式放在普遍性和特殊性的辩证统一关系中进行分析，那么就可以认识到，办学趋同趋热的症结是没有处理好普遍与特殊、共性与个性的关系。时下，高校都在争先恐后地追求大而全、小而全的院系设置，没有充分考虑自我发展的现实定位和高等教育发展的必然趋势，一个突出的表现就是盲目照搬国外发展经验。正如邓小平所深刻指出的：“照搬别国经验、别国模式，从来不能得到成功。这方面我们有过不少教训。”② 实际上，国外成功的经验在多大程度上能成为中国发展的借鉴，不仅需要分析，而且需要批判地分析。因为西方高等教育强国发展高等教育的经验，很大程度上与他们的现实情况密切相关。如果忽视这一特殊性，盲目照搬照抄西方高等教育理论，往往会出现“水土不服”的毛病，对中国而言“弊大于利”。当代中国，不仅要根据世界高等教育发展的一般趋势，从未来的视角去研究中国高等教育强国问题，更要立足当代中国历史方位，从现实的视角去研究中国高等教育发展中的重大现实问题。未来中国高等教育中最有可能在国际高等教育舞台上占据重要地位的，也许是面向中国实践与现实问题的、符合高等教育发展规律的、有中国特色的、注重自主创新的高等教育。

二、自下而上的一般科学方法论

一般科学方法论是研究各门具体学科的、带有一定普遍意义、适用于许多有关领域的方法理论。它是哲学方法论和各种具体科学方法技术之间的中介和桥梁，亦是现代科学共同适用的科学方法论。

① 邬大光，李枭鹰．2006 年中国高等教育盘点［J］．高等教育研究，2007（2）．

② 邓小平．邓小平文选：第 3 卷［M］．北京：人民出版社，1993：2－3．

（一）历史文献分析法

要知道现实是怎么发生的，首先就要知道历史发生了什么以及历史是如何发生的。历史文献分析法在本研究中的应用主要是指搜集、鉴别、整理文献，并通过对文献的研究，形成对事实科学认识的方法。这是一种古老而又富有生命力的科学研究方法。对现状的研究不可能全部通过观察与调查进行，它还需要对与现状有关的种种文献做出分析。

文献法是非接触性的研究方法。没有继承和借鉴，科学不能得到迅速的发展，这决定了人们在研究先前的历史事实时需要借助于文献的记载，在发展科学领域时需要继承文献中的优秀成果。现代科学研究不仅需要以人与人之间的协作为条件，同样需要以利用前人的研究劳动成果为基础。利用科学文献是实现利用“前人劳动成果”的重要措施和方法，也是促进和实现“今人的协作”的条件和基础。应用文献法首先要解决的就是文献资料的确定和收集。“文献”的现代定义为“已发表过的或虽未发表但已被整理、报导过的那些记录有知识的一切载体”①。

高等教育大众化阶段质量保障与评价体系的形成和发展离不开高等教育的历史和高等教育发展水平，对现实情况的简单考察无法真正了解体系的实质，只有从历史发展沿革来分析，挖掘质量保障体系背后的“怎么样”和“为什么”。本研究试图在探究我国高等教育大众化阶段质量保障与评价体系的过程中进一步分析质量保障中的政策、模式和制度形成背后的深层动因，包括高等教育大众化阶段质量观的形成、高等教育大众化阶段各级各类不同类型院校的发展等。因此，只有将我国高等教育大众化阶段质量保障与评价看作是我国高等教育质量管理制度发展中的特殊阶段性发展，才可能对今日和未来我国高等教育质量管理制度所展示的特征有更深刻的理解。

（二）比较研究法

如今的高等教育发展已经不可能独善其身。这句话包括两层含义：一是高等教育象牙塔模式已经被打破，大学走入社会中心为社会服务成为大学纵深发展的必然；二是高等教育发展国际化趋势决定了各国高等教育国际合作、交流也是现代高等教育发展的大趋势。

在这样的大趋势下，比较研究法本身是通过对不同国家和地区间的高等教育在发展过程中的共同点和差异进行比较以总结高等教育发展规律的研究方法。从研究结构和思路来看，中国作为后发外生型国家，更需要关注他国尤其是发达国家高等教育发展的情况，所以在研究上采用从基于本土意识的

---

① 黄俊贵．文献著录总则［M］．北京：中国标准出版社，1984.

方式入手，带着本国高等教育质量管理问题意识来对发达国家高等教育质量管理制度进行国别研究的方法。“通过找出各类型的特征所依存的条件，说明各类型，就可以获得支配教育制度进化的各种法则。”① 在传统“中心边缘”发展观让位于“交流合作”时，我们开始不再通过仰视强调比较学习借鉴，而更多的是试图通过国别研究，对某一国家高等教育发展情况进行梳理，并将其放在他国背景下，在强调高等教育发展特殊性的同时抽象出高等教育发展的普遍性规律，通过这个规律来反观我国高等教育发展的状态。

因此本研究的比较法不再是为比较而比较，而是在自主主体意识的前提下，从我国高等教育质量管理制度改革的现状和问题出发，通过国别比较研究，抽象出他国大众化阶段高等教育质量保障与评价体系的实践和理念，以此来为我国所用。理念是本质的，不会因为国别和国情的变化而变化。

（三）个案研究法

个案研究是以特定的事件为观察对象并提出参考性或咨询性意见的研究。个案研究的特点就是观察对象是固定的、有限的。在人文研究范式中，个案研究是比较常用的，因为人文社会科学研究所发生的事情常常是具体的、独特的。所谓具体问题具体分析正是此理。当然，个案研究对案例典型性和代表性的要求是相当高的。本课题组成员有一年英国实地调查的经历，选用了英国不同类型大学作为个案研究，从案例和比较的方式来解读国外不同类型大学在大众化发展阶段的高等教育质量保障与评价体系的模式和特点，为我国高等教育构建质量保障与体系研究分析提供更多的实证材料和借鉴。

本研究在新建本科院校、独立学院、民办高校教育教学质量研究中选取相关案例进行研究。个案研究是本研究中的重要组成部分，作为个案虽然在典型性和代表性上可能会遭受一定的质疑，但本研究所要强调的是，就高等教育大众化阶段质量保障与评价体系研究总课题而言，在经过对国内外不同类型院校的观察访谈后，对某一类院校进行深入观察和个案研究，是为了更有针对性地对高等教育大众化阶段质量保障与评价体系中特殊院校类型进行研究，这样能够保证研究的点面结合，保证研究本身的完整性。

三、以问题研究为核心的具体科学方法论

具体科学方法论是研究某一具体学科、涉及某一具体领域的方法理论。具体方法是特定科学经常使用的研究方法和技术。高等教育研究本身就是一

① Durkheim E. Education and Sociology [M]. New York: Free Press, 1956: 133.

种多学科研究，它的内在特点要求从不同学科开展研究，运用不同的学科方法认识高等教育的功能与价值。泰西勒（Teichler）认为高等教育研究在研究领域、制度环境和研究者组成等方面都是多元的，仅从单学科进行研究绝对难以得出圆满答案。[①] 伯顿·克拉克认为："各门社会科学及其主要的专业所展开的广泛的观点，为我们提供了了解高等教育的基本工具，不管这个学科是历史学、经济学或政治学，还是其他社会科学，都给我们提供了观察世界的方法，我们可以把它应用到高等教育部门。"[②] 潘懋元教授也认为："无论从高等教育系统与社会各个系统的外部关系上，或从高等教育各个专业、各门学科的内部关系上，都有必要从不同的学科观点，运用不同的学科方法认识高等教育功能及价值。"[③]

作为高等教育研究的一部分，高等教育质量保障与评价体系研究同样是一个典型的交叉研究领域。从表面上看，它是高等教育学与管理学、评价学的三项交叉，但实际上它包含了更多学科的内容。且不说高等教育学，单是评价学就是一个涵盖了管理学、统计学、文化学、社会学等诸多学科的综合体。这样看来，高等教育质量保障与评价研究更是一个多项交叉的研究领域。因此，运用多学科的研究方法展开本研究是必然的，更是可能的。

首先，从研究对象上看，随着高等教育质量问题研究的日益深入，高等教育质量研究的对象已经超越了 1998 年世界高等教育大会所提及的对质量评价规范化的"现象"研究，而走向了 2009 年高等教育大会所强调的"质量文化"构建的研究，具有更大的复杂性和开放性，这就决定了高等教育质量保障与评价体系研究更具多学科性。以系统论的观点看，高等教育质量保障与评价体系的研究只是高等教育复杂系统的一个方面或一个片段，并且这些方面和片段在管理学、评价学等其他学科学者的眼中并不是教育现象，而是一个浸渍在复杂社会背景中的社会、文化现象。只有将高等教育看作一个在系统内部各要素之间和系统与外部环境之间存在着相互作用的、复杂的、多层结构的开放系统，才能统合不同学科和视角对高等教育质量的认识。因此，无论从高等教育发展与外部环境发展的关系上，还是高等教育自身发展的逻辑上，都有必要从不同的学科观点出发，运用不同的学科方法来进行研究。

其次，从研究任务上看，高等教育质量保障与评价体系的实然和应然方

① ［德］乌尔里希·泰西勒．高等教育研究——一个多学科研究的案例［J］．叶赋桂，译．清华大学教育研究，2003（1）．

② ［美］伯顿·克拉克．高等教育新论——多学科的研究［M］．王承绪，译．杭州：浙江教育出版社，2001：1－2．

③ 潘懋元．多学科观点的高等教育研究［M］．上海：上海教育出版社，2001：2－3．

面决定了研究方法的多学科性。受实证主义的影响，社会科学在很大程度上倾向于价值中立的“物理”研究，旨在揭示客观现象，使用描述性语言揭示所谓客观事实。但实际上，包括高等教育发展研究在内的社会科学研究都无法回避价值问题，高等教育质量研究更是一种“事理”研究，不仅要说明高等教育发展过程中客观层面的质量“是什么”，还要说明价值层面的质量“应是什么”，更要说明要在实践层面达到质量标准“应该怎么做”。因此高等教育发展质量评价的研究，如前所述，既是实然研究，更是应然研究，又是价值研究。

第三节　思路展开：研究路线确定

研究思路和流程必须服从研究目的和方法设计。本研究探讨的是高等教育大众化阶段的质量保障与评价体系，这就决定了本研究必然是建立在大众化和教育评价等相关理论的基础上。在课题论证和开题时，课题组按照课题投标要求针对高等教育的质量观研究，高等教育质量保障机制的国际视野，我国各级各类高校教育教学质量的现状调查和成因分析，新建本科院校、独立学院、民办高校教育教学质量的案例研究，高等教育的质量评价体系研究，高等教育的质量保障体系研究这六个方面的研究，从理论应用与问题实证、自评与监测制度配套、院校分类研究三个视角切入，梳理和综合形成本课题研究成果。

本研究在切实展开过程中，根据研究的需要和课题设计的要求，把研究问题进一步细化，形成了具体的研究技术路线（如图 1 - 1 所示）。

一、理论应用与问题实证研究

（一）通过“大众化”理论研究构筑本课题研究的理论基础和实证背景

最早提出“高等教育大众化”这一新概念并以其有力的论证得到世界认同的马丁·特罗（Martin Trow），在总结发达国家高等教育大众化进程规律时，就指出量的增长必然要引起质的变化。本课题承担单位厦门大学教育研究院是我国最早开展高等教育大众化理论研究的机构之一，曾做过大量的各级政府行政咨询报告及院校规划报告，理论研究成果及实证分析结果在全国有着重要的学术影响。根据课题组成员以往的研究表明，我国的高等教育大众化进程属后发外生型，先有质变后有量变，其发展特征与发达国家不

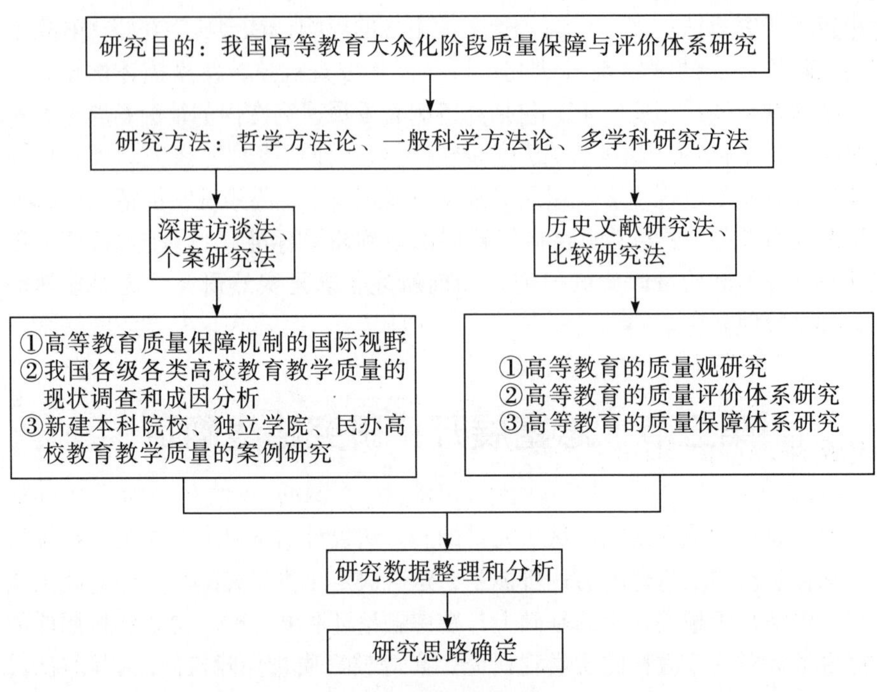

图 1－1　研究技术路线

同，因而院校分类发展、质量评价面临的问题和社会分层的影响都有着自身明显的特点。其实，即使是还未进入大众化阶段，只要是多种形式办学，就不能简单地用原来全日制普通高校本科教育（它是传统精英教育的主体）的准则来规范成人高等教育、高等职业技术教育、高等教育自学考试，不能用学历教育的准则来规范非学历教育及企业培训，必须关注本科院校的分类和多样性问题，不能用课堂教学的准则来规范各种远距离教育，如此等等。多种形式应有多种规格和规范，各具自己的特点，各有其不同的社会适应面，而不是简单地进行条块分割管理或简单地开展行政性外部评价，我国的实践证明这条路是走不通的。《高等教育法》总则第六条规定："国家根据经济建设和社会发展的需要……采取多种形式积极发展高等教育事业。""积极发展"是以"采取多种形式"，也即多种规格、不同特点、不同社会适应面为前提的。

保障教育质量，进行质量监测与评价，是高等教育健康发展的核心问题，也是高等教育大众化的生命线，并成为联合国教科文组织和世界高等教育大会重复强调的关键要素。既不应以学术型的精英教育质量标准作为大众高等教育的标准，也不应以职业型的大众高等教育质量标准冲击精英高等教育的标准。1998 年在巴黎召开的首届世界高等教育会议所通过的《21 世纪高等教育展望和行动宣言》就指出："高等教育的质量是一个多层面的概念"，要"考虑多样性和避免用一个统一的尺度来衡量高等教育质量"。

民办高等教育和高等职业教育，是伴随我国高等教育大众化发展而大量出现的，并将成为我国21世纪高等教育大众化发展的主要途径。这是我国高等教育发展的新问题，也是许多重大问题频繁出现的领域，更是我国高等教育大众化进程中的特有问题，至少是阶段性的特有问题。对于这些所谓的"中国特色问题"，研究者应在国际视野和国际比较中，充分了解世界其他各国高等教育大众化发展进程中的质量保障体系，为解决这些难题做好充分的理论和实践积累。

（二）通过高等教育质量保障的国际比较研究视角开启本课题理论应用和问题实证研究的大门

他山之石，可以攻玉。合理借鉴国外的经验有助于中国高等教育质量保障与评价体系的建构。"高等教育质量保障机制的国际视野"子课题充分发挥国际著名学者的优势，在充分了解和展望主要发达国家高等教育质量保障机制的前提下，进一步研讨我国高等教育应对大众化的质量保障机制。对西方发达国家的高等教育大众化下的质量保障机制研究进行梳理，从全球和国际的视野来分析21世纪高等教育质量保障与评价实践取得的经验，研究当前遇到的重大攻关问题，细化理论应用与问题实证研究方案。此外，课题组充分利用与英国、美国博士生交流和教授互访的机会，深入观察并对英国与美国高等教育大众化后院校内外部的质量保障机制和变迁历程进行研究，丰富和充实了高等教育质量保障的国际视野。

一方面，从精英阶段到大众化阶段直至普及化阶段，高等教育质量的重大问题的解决面临着前所未有的压力，借鉴发达国家高等教育大众化乃至普及化的经验和教训显得尤为重要；另一方面，针对性、质量和国际化是1998年世界高等教育大会倡导的高等教育发展的三大重点工作，由于我国高等教育大众化进程与发达国家存在本质差异，明显表现为后发外生型，量与质在一定程度上仍将维持我国特有的变化关系，国际化背景和针对性问题与发达国家不同，理论应用既有国际共性又有自身特性。了解国外高等教育大众化发展后的质量保障与评价体系的实际运作，为解决我国高等教育质量保障与评价重大攻关问题提出理论应用的可能和必要，成为我国高校质量保障与评价体系研究亟须开展的基础性、针对性工作。

通过以上两种方式，有利于改善我国学术界与国际著名学者合作研究不够深入的缺陷，转变我国传统理论研究与问题解决、实践操作、国际经验脱节的局面，为本研究的顺利开展和我国高等教育大众化阶段评价制度和质量保障体系预期构建提供理论和实践的双重保证。

二、自评与监测配套制度研究

高等教育质量保障与评价的目的是为了调动高校师生教与学的积极主动性，促进高校更好地发展，使以生为本的理念得到更好的落实。为了保证监测与评价的健康开展，消除评价者与被评价者的敌对、防范情绪，鼓励高校进行科学的自我评价，远比外部的政府行政评价与社会舆论评判来得重要。自评与监测相协调及建立配套制度，已成为研究构建高等教育质量监测与评价体系面临的重大攻关课题的核心问题。

自评不是随心所欲、没有条件限制的。揭示教学过程规律和建立重大指标监测配套制度是必不可少的两项基础性工作。本课题组成员已经较好地获得了这两项基础性工作的成效，为本投标课题第二、第三、第五和第六子课题都或多或少地奠定了前期研究基础，为进一步开展攻关研究奠定了重要的研究平台。把握高校教学过程规律是教学管理和质量评价的关键。本课题组成员以问题研究为出发点，研究的核心问题是关于本科生学习过程的规律。在以国内一所“985 工程”高校 1996—2003 级 2 万多名本科生为样本进行的实证研究中，得出三大结论：学习过程类似衰减的马尔可夫（Markov）链式过程，从大学第一学年到第四学年，呈现出相邻学习阶段相关性高、非相邻学习阶段相关性弱的规律性；学年的影响力随着年级升高表现为一个逐渐减弱的过程，但是管理类专业第二、第三学年影响力的减弱趋势不明显；大学第一学年在整个大学生涯中起到了至关重要的作用。课题组成员还得出了学科专业、城乡、性别、地域、高考成绩、保送生等一些相关因素的影响关系。这三大结论及附属研究成果是否适用于所有高校，或者适用于哪些高校，还有待于课题组扩大研究的院校和学生样本数，进一步完善实证方案。从指标监测的研究工作看，本课题组成员受教育部发展规划司（事业计划处）委托，在一年多的时间里，顺利解决了学校办学水平指标更新与设计中的难题，向教育部提交了《修订〈普通高等学校办学条件标准〉研究报告》，该报告被采用并获得好评。为本书提供帮助的美国评价专家宁斌博士精通美国高校认证、质量监测与评价的研究与实践工作，既完成了高等教育评价研究的博士学位论文，在中美两国发表过相关学术论文，也有参加美国各类高校认证的经历。

因此，在这两项基础性工作的成效上，只需按照原有思路进一步扩大实证研究的涉及面和深度，并根据专家意见做出必要的调整和修改。

三、院校分类研究

在历史的发展中，我国各类普通高等院校有着不同的基础、实力和办学

条件，形成了不同的隶属关系，承担着不同的任务。面临大众化教育阶段的挑战和社会主义市场经济建设的需要，政府必须对高等学校实现分类指导，以使不同的高等学校根据自己的定位，努力办出特色，办出水平，培养出多层次、多规格的社会主义现代化建设人才。为此，希望通过高等教育评价推动和引导高等学校的发展，“把一个质量更高、效益更好的高等教育带入21世纪，把一个规划、布局、体制更加合理的高等教育带入21世纪，把教学水平、办学水平更高的高等学校带入21世纪，把符合中国实际的现代化的教育思想带入21世纪”。高等教育评价制度就是在这样的社会改革和高等教育改革大背景中应运而生并逐步发展的。在日常生活中，人们总是以一定的标准评价事物、人物的功效，并做出相应的判断。在以高等学校为研究对象的高等教育评价中，在质量多元化和院校分类发展的背景下，根据高等学校的类型划分，分别以各自不同的评价标准和评价策略进行评价，并做出相应的价值判断，这是高等教育评价中不可缺少的方法论前提。因为教育工作的基本矛盾是学校教育与社会需要之间的矛盾，而教育的价值就在于学校教育适应并满足社会需要的程度。在评价中根据一定的原则对学校类型进行适当的划分，并按不同类型学校制定不同的评价指标，给予分类评价及管理，有利于减少学校间的相互攀比，使各类学校各安其位，开展公平的竞争，而且可以解决当前我国高等教育事业发展中亟待解决的一大难题——多样化的社会需求与单一化的发展目标之间的矛盾。

民办高等教育和高等职业技术教育将成为我国高等教育大众化的重要支撑和发展力量，我国高等院校将面临多样化的现实。面对大众化的质量问题、多样化的高等教育机构现实，各级各类高等教育机构在高等教育大众化中的质量问题和质量标准都成为高等教育质量保障与评价体系的研究重点。与此同时，不同类型的高等院校如何能够稳定在各自的分层分类体系中，是通过高等教育评价制度来稳定其各自的发展层次，还是要通过稳定其各自发展层次来完善高等教育评价机制，都需要深入研究并取得实证检验。这些研究表明，评价指标体系的适切性非常重要。本课题组在此问题上的研究及本投标课题第四子课题的研究已经取得了一些重要的前期研究成果：史秋衡教授在对民办高等教育评价体系的研究中已经发表了《我国民办高校评估指标体系研究》的专著和相关论文数篇，内容涉及独立设置民办高校，也涉及普通高校独立学院。这些研究表明，评价指标体系的适切性非常重要。已有的研究成果将为本研究的进一步开展提供强有力的支持，并将成为本课题的重要理论支柱。

第二章　高等教育的质量观

对象性质决定方法，而方法又影响结论。一般说来，“怎样研究”比“研究什么”更重要。鉴于高等教育大众化阶段质量保障与评价体系问题的复杂性、历史性、普遍性和深远性，要准确捕捉、分析和解决此一问题，在方法论上既需要对中国高等教育发展的历史与现状有比较精准的把握，也需要借鉴国外的经验与教训，同时更主要的则是需要中国人运用自己的理论创新能力探索出解决“中国问题”的方法。这些方法不能完全从“西方问题”和“西方理论”中找寻到，而必须基于“中国问题”本身来建构“中国理论”。概括来说，改革开放以来，中国高等教育研究的基本特点是其研究进程始终紧随我国现代化建设实践并积极反作用于社会实践，其研究进展不仅体现在研究对象（问题域的转换）上，而且还体现在研究方法（方法论的自觉）上。前者涉及高等教育“研究什么”，后者涉及高等教育“怎样研究”，二者背后则是“思维范式”的引导与支撑。

第一节　大众化阶段高等教育质量观的研究起点

高等教育大众化发展阶段规定了大众化阶段质量观不同于精英时代的质量理念。高等教育对社会负责，最大限度地满足和实现各个利益群体对高等教育的需求，并实现需求的平衡，是大众化阶段高等教育质量观的核心所在。从根本上说，这是市场机制运行下的高等教育质量观体现，是大众化阶段高等教育多元化质量观的要求，更是高等教育走入社会中心，在新公共管理理念影响下向社会负责，承担社会责任的表现。

一、时代观决定质量观

在21世纪，知识经济已初露端倪，经济全球化浪潮汹涌澎湃，综合国力的竞争日趋激烈。面对时代的新机遇和新挑战，当代中国高等教育应树立什么样的教育质量观，才能从根本上推动中国社会的发展？21 世纪是知识经济成为经济的主导形式的时代，具有创新能力的人才将会在社会历史发展过程中发挥主导作用。为此，建立创新型人才培养模式自然就成为高等教育的重要任务之一。同时，现代市场经济本质上是能力经济，市场竞争实质上是能力竞争，这就要求高等教育加强人力资源开发和能力建设。在知识经济时代，由于知识价值和学生地位提高，高等教育不仅是一种人才培养活动，也是重要的知识生产活动和教育服务活动，显示出多重性质：既具有公益性也具有私人性，既具有全球性也具有本土性，既具有理想性又具有现实性。当前，很少有从质量观与时代观、评价与管理、“中国问题”与“中国理论”视角研究高等教育大众化阶段质量保障与评价体系的成果，而这些方面的研究对于坚持、发展和创新有中国特色的高等教育质量保障与评价体系又是非常必要的。时代观不同，质量观必然有所不同。从高等教育发展历程来看，先后出现过以下几种影响广泛的质量观：精英质量观、大众质量观、全面质量观。如今质量评价不仅要考察其教学成果和科研成果，更要考察其育人成果和创新成果。如何实现教书与育人、教学与科研的良性互动，值得深入研究。

二、质量观及其导向

质量观具有范导功能，这些范导功能主要包括规律导向、特色导向和区域导向。当前质量观已由产品质量观向服务质量观转向。这对高等教育的启示是教育结构要合理，要办品牌学校、特色学校，只有如此才能具有比较优势与核心竞争力。正如有学者所指出的，合理的高等教育结构必须具备以下几个特征：[①] 一是层次上的有效衔接。高等职业教育、普通本科教育和研究生教育三个层次要比例合理，有效衔接，否则将难以满足经济社会发展对不同层次人才的需求，难以满足人自身的可持续发展对教育的不断需求。二是功能上的差异互补。普通高等教育与各种形式的成人高等教育之间、公办高等教育与民办高等教育之间要实现科学分工与功能互补，否则将难以满足经济社会发展对人才的多样化需求以及人的全面发展的多元需求。三是高等学校布局上的合理。高校合理布局是高等教育发展与改革的重要内容之一，它反映了高校的空间分布、地理位置以及高等教育资源的配置状况。高等教育布局总的原则是，要考虑高校服务面向、所在地区经济布局情况、高校自身的发展规模和空间，以利于相互间的学术交流，否则将难以提高教学质量和

① 张国强．对高等教育可持续发展的认识与思考［J］．内蒙古师范大学学报：教育科学版，2006（3）．

科研水平，难以为地区和社会的可持续发展培养所需的可持续发展人才。四是学科专业结构的协调。高等教育的学科专业结构不合理，将会直接导致高等教育所培养的人才难以适应技术结构的需要。如今，专业设置趋同、热门专业和新增专业的重复性过高、地方特色和专业特色不明显等问题比较突出，一些专业不强不特、趋同趋热问题明显。这些问题的出现既与市场诱导下的盲目竞争有关，更主要的是与质量观和评价观的范导有关。高等教育评价具有导向功能、监督功能、服务功能和激励功能等，但最主要的是导向功能。

三、质量观与评价观

质量是高等教育永恒的研究主题，是一个具有多层面、多维度、多元化性质的概念。一直以来，学者们对高等教育质量观在不同视角下的诸多研究扩展了我们对高等教育质量的认识。但在对质量观的探究过程中，也出现了一些问题引发我们进一步的思考。依据高等教育的系统流程，可将高等教育质量保障分为输入质量保障、过程质量保障和输出质量保障。如前所述，高等教育质量保障的根本目的是提高高校的教学质量，促进学生自由而全面地发展。这一目的的达成的关键是高校内部建立有效的质量保障机制。因此，我国高等教育质量保障体系要将内部评价与外部评价有机结合起来。外部评价的重点不再是直接对高校的质量进行评价，而是增强高校自治，通过对高校内部质量保障体系的评价来达到外部质量保障之目的。无疑，教师和学生是高等教育质量评价的重要组成部分，也可以说是最为直接和有效的力量，应注重师生在评价中的话语权。教师与学生不仅是评价的对象，更应该成为评价的直接参与者，师生的参与能够使评价过程和结果更基于学生发展来促进教育质量的提高。评价者要使师生意识到他们有权利参与到高校质量保障体系的建设当中，并担负着促进学校质量提升的责任。同时，师生自身也要增强参与评价的意识和能力，唯有如此，高校质量保障体系构建才能更科学、更合理。当然，高等教育评价本身也是一把“双刃剑”，它不仅具有多方面的积极作用，同时也具有一些不可忽视的消极影响。此外，鉴于质量观影响评价观，这就更需要我们创新评价、超越评价，揭示高等教育质量评价规律。

四、质量观与管理模式

高等教育评价中要求政府职能从“管制”转变为“服务”，以重塑政府与社会间的权力关系，逐步将权力让渡于社会，强化社会权力和社会自治能

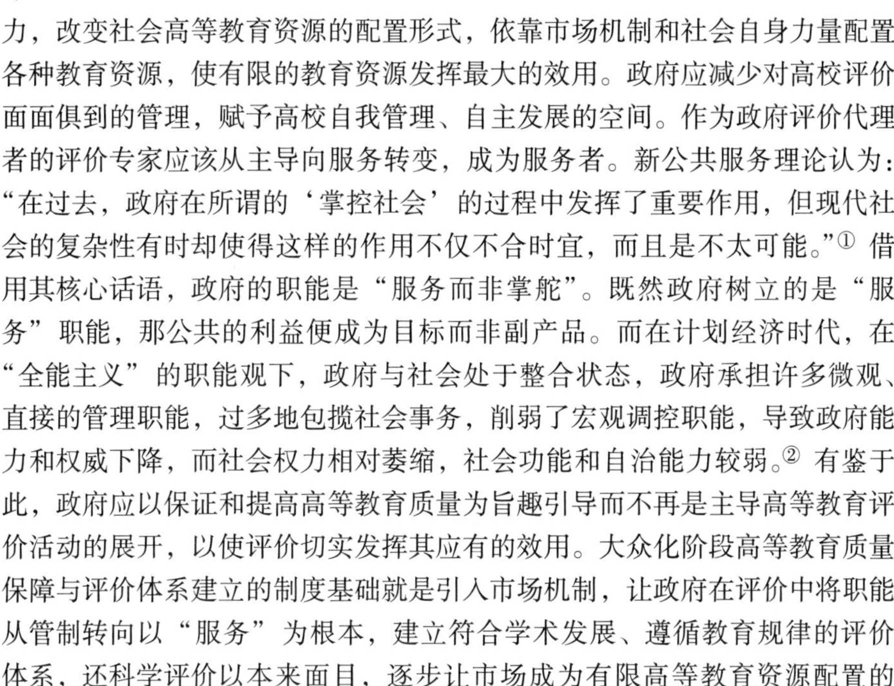

力，改变社会高等教育资源的配置形式，依靠市场机制和社会自身力量配置各种教育资源，使有限的教育资源发挥最大的效用。政府应减少对高校评价面面俱到的管理，赋予高校自我管理、自主发展的空间。作为政府评价代理者的评价专家应该从主导向服务转变，成为服务者。新公共服务理论认为："在过去，政府在所谓的'掌控社会'的过程中发挥了重要作用，但现代社会的复杂性有时却使得这样的作用不仅不合时宜，而且是不太可能。"[①] 借用其核心话语，政府的职能是"服务而非掌舵"。既然政府树立的是"服务"职能，那公共的利益便成为目标而非副产品。而在计划经济时代，在"全能主义"的职能观下，政府与社会处于整合状态，政府承担许多微观、直接的管理职能，过多地包揽社会事务，削弱了宏观调控职能，导致政府能力和权威下降，而社会权力相对萎缩，社会功能和自治能力较弱。[②] 有鉴于此，政府应以保证和提高高等教育质量为旨趣引导而不再是主导高等教育评价活动的展开，以使评价切实发挥其应有的效用。大众化阶段高等教育质量保障与评价体系建立的制度基础就是引入市场机制，让政府在评价中将职能从管制转向以"服务"为根本，建立符合学术发展、遵循教育规律的评价体系，还科学评价以本来面目，逐步让市场成为有限高等教育资源配置的主体。

第二节　大众化阶段高等教育质量观的不同视野

长期以来，高等学校习惯上将财物的保障视为教育质量保障的基础，因此花费相当的气力来抓硬件建设，而对于教育观念、思想、法规、制度、习俗等属于文化范畴的软件建设往往不够重视。研究表明，在高等教育大众化阶段，不论是什么类型的高校都面临四种利益相关者——政府、学者、以企业为主的产业界以及学习者——的质量诉求。因此，大众化时代高等教育质量观变得多样而复杂，"协商性对话机制"[③] 能够使多样而复杂的大众化高等教育质量观变得简单和均衡，并最大限度地满足多方需求。

---

① ［美］罗伯特·B. 丹哈特，珍妮特·V. 丹哈特. 新公共服务：服务而非掌舵［J］. 刘俊生，译. 中国行政管理，2002（10）.

② 李春玲. 论政府教育行政有限职能观［J］. 重庆大学学报：社会科学版，2001（2）.

③ 王洪才. 论均衡的高等教育质量观的建构［J］. 教育与现代化，2002（2）.

高等教育质量观，是人们关于高等教育活动目标及其实现程度的系统看法，是人们对高等教育办学质量高低的系统评判，而非偶发的见解。传统的高等教育质量观是以知识传授为中心的高等教育质量认定方式，它强调和突出了学生掌握了多少书本知识和掌握的知识系统性如何，并不关心这些知识的实际使用价值和学生毕业以后在就业岗位上究竟需要什么样的知识和能力。[①] 如前所述，高等教育质量观是被时代观所决定的，并将决定评价观和管理模式的逻辑关系。在具体实践中，20 世纪 80 年代以来，随着新公共管理理念对质量和效益的强调，以及学生收费制度的普遍推行，传统的以知识为中心的唯一的高等教育质量观已经无法满足大众化时代的要求，无法满足诸多利益相关者的需求。大众化下的高等教育带来多样化的高等教育利益相关者，也带来了多样化的高等教育质量观。

一、政府视野中的高等教育质量观

虽然大众化时代的高等教育发展已经不仅仅是政府单方面的责任，政府在高等教育上的投入有所下降，但政府还是作为高校经费的主要来源者，对高等教育的质量保障产生重要影响。博克曾在 20 世纪 80 年代的研究中指出，美国要求高等学校关注的社会问题即联邦政府对高等教育的需要是：① 大学教育机会和种族不平等问题；② 学生的道德发展问题；③ 学术研究中的技术创新问题；④ 学术研究中的社会责任问题；⑤ 对外技术援助问题。[②] 英国政府强调高等教育的目标在于培养领导者、演说家和高级技术人员等。可见，政府的高等教育质量观带有浓重的政治性和为社会服务性的价值取向。

我们不能说所有的高等院校教学和研究都是围绕政府的需要而进行的，但是高等教育的质量如果不能使各利益相关者满意，就可能遭遇政府削减经费的噩运，这将给原本就经费紧张的高等教育发展雪上加霜。20 世纪 80 年代，英国的高等学校遭到削减经费及严格控制，其主要原因就是没有很好地完成政府交付的任务，这个例子充分说明了高等学校满足政府需要的重要性。当然，各国政府的需要由于文化传统以及国家发展目标等方面的差异并不完全相同。同时，政府的需要也与时代以及环境的变化是紧密联系在一起的。比如，“9・11”事件之后，美国联邦政府就通过设立专门的研究基金引导大学设立有关阿拉伯问题的研究机构和课题。可以说，如果没有这一事

① 王洪才．论均衡的高等教育质量观的建构［J］．教育与现代化，2002（2）．

② ［美］德里克・博克．走出象牙塔——现代大学的社会责任［M］．徐小洲，等译．杭州：浙江教育出版社，2001：译者前言．

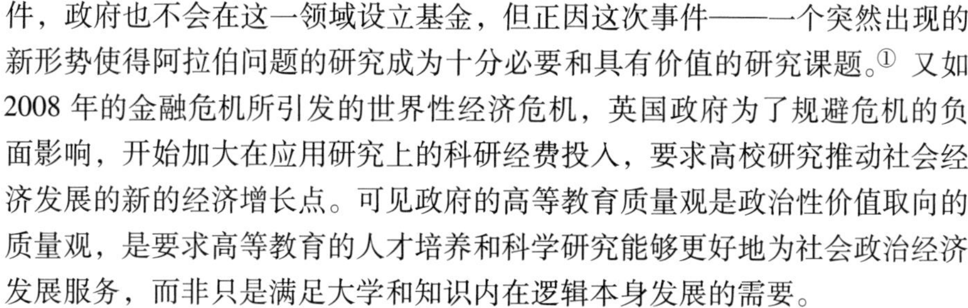

件，政府也不会在这一领域设立基金，但正因这次事件——一个突然出现的新形势使得阿拉伯问题的研究成为十分必要和具有价值的研究课题。[①] 又如2008 年的金融危机所引发的世界性经济危机，英国政府为了规避危机的负面影响，开始加大在应用研究上的科研经费投入，要求高校研究推动社会经济发展的新的经济增长点。可见政府的高等教育质量观是政治性价值取向的质量观，是要求高等教育的人才培养和科学研究能够更好地为社会政治经济发展服务，而非只是满足大学和知识内在逻辑本身发展的需要。

二、雇主视野中的高等教育质量观

雇主是产业界的代表，他强调高等教育质量的实用性和效益最大化。产业和雇主存在的基础是市场经济，而市场经济对人才实用性提出了很高的要求，只有经过实践检验的毕业生才能称为人才，检验的标准就是看他是否胜任工作岗位的要求。具有理论知识，不等于就具有实践能力，而实践能力的培养需要多方面的配合，必须有很强的实践教学环节才能够完成。这样的人才观符合雇主对毕业生质量的要求和对高等教育质量的要求。

一直以来，雇主和高等院校的关系是建立在购买基础上的合作，其目标是需要符合产业发展的人才和科研产品。大学象牙塔式的教学理念尤其是精英大学知识人才培养模式使得人才培养脱离实际而出现“结构性”失业情况，这个问题也只有高等教育自身才能解决。一方面，高等院校可以通过市场分析改变高等教育课程设置方式、内容和教授模式，通过多样化的教学方式和培养模式来调整人才目标，使得毕业生在丰富知识的同时具有相应的技能和良好的合作意识。另一方面，通过和雇主合作的方式，如在课程设置和课程评价中邀请雇主参加，来直接表达雇主对于人才规格的要求；同时通过产学合作的方式，加入实践性的课程，真正给予学生参与实践的机会。这样，雇主和高等教育的合作才能进入一个新的阶段。雇主和高等学校的合作既存在于研究、开发和教学领域，也存在于发明和技术创业领域。契约方式是雇主和高等学校合作最基本和最直接的方式，这既符合产业界的契约原则，又不违背高等院校内部运作的独立性，同时又能很好地保持双方的合作关系。

通过以上分析可以看出，雇主通过契约的方式实现和高等院校的合作，从而实现自己对于高等教育质量的诉求。契约在一定程度上是两者合作的基础和前提。当然，这种契约既有真正意义上的合同形式，如签订产学合作的

① 韩映雄. 高校社会服务中主要利益人及其质量观［J］. 教育发展研究，2006（3）.

实习和实验基地的合同；也有非合同形式的委托邀请的口头契约，如邀请雇主参与课程的设计和评价、对雇主满意度的后续调查等。因此，就这个意义上说，雇主与高等学校之间实际上就是一种契约关系，高等教育质量观实际上就是契约性价值取向的质量观。

三、学生视野中的高等教育质量观

学生是教育的直接参与者之一，其教育参与过程不仅是获得间接知识的过程，更是直接体验教育的过程。因此对于高等教育过程而言，从理论上讲，学生对教育质量的优劣最有发言权。

早在20世纪60年代就有学者指出，教育者们一直以来都忽略了学生的学习体验，“忽略学生作为有生命的人，是一项古老的学术传统”①。代表高等教育质量的指标，往往都是与学校的声誉、资源、学生选择性或者科研能力相关的，而教育最根本的目的，也即学生的学习和发展，却往往被忽略了。② 自20世纪80年代以来，在新公共管理思潮和新自由主义理念的影响下，各国高等教育先后掀起了促进高等教育市场化的浪潮。在这一时期的英国，执政的保守党推行了将公共服务市场化、国有企业私有化的政策，政府对高等教育的生均支出也开始下滑。在1997年，刚赢得选举不久的工党立刻废除了全民免费的高等教育，引入了1 000英镑的学费，并在后来几年进一步减少了对学生的助学补贴。在2006年，工党又将本科生之前的约每年1 000英镑的学费调整为上限3 000英镑。成本分担的一个后果是使大学与学生的关系产生了微妙的变化：大学提供高等教育服务，学生则投入金钱和时间来消费服务，成了高校的顾客，也成了高等教育的“核心利益相关者”③。作为对高等教育投入了大量金钱和精力的参与者，学生越来越希望得到和使用他们的客户权利。高校要维持自身的生存和发展，就必须尊重和充分重视学生的质量认同和学生的学习经历。重视学生需求并满足其需要越来越成为高等教育发展的重要目标，学生体验自然就成为高等教育质量保障系统的潜在参考因素。因此，英国将学生体验纳入全国高等教育质量保障体系，直接体现了学生参与高等教育管理和评价的话语权，满足了学生作为高等教育参与者和利益相关者自身利益的要求。

---

① Rudolph F. Neglect of Students as a Historical Tradition [M] //Dennis L E, Kauffman J F. The College and the Student. Washington DC: American Councilon Education, 1996.

② Harvey L, Green D. Defining Quality [J]. Assessment & Evaluation in Higher Education, 1993, 18 (1).

③ 洪彩真. 学生——高等教育之利益相关者 [J]. 黑龙江高教研究, 2006 (12).

从以上分析可以看出，学生的学习经历和知识的获得过程正是学生体验高等教育质量优劣的过程。获得和经历是学生对高等教育质量的评价的基础。虽然学生评教在实践中还备受质疑，但学生评教的确能够反映出从在读学生的角度观测到的教育质量，而它的可靠性和有效性也得到了相关实证数据的支持。① 因此，学生作为目前重要的利益相关者，其学习经历和学习体验应当作为高等教育质量的不可或缺的因素，而学习的经历性和获得性的价值取向自然也就成为大众化高等教育质量观不可或缺的组成部分。

四、高校视野中的高等教育质量观

外部的诸多利益相关者都对高等教育质量提出各自的要求，但是作为高等教育质量承担者以及作为教育主体的高校自身，在遵从利益相关者的质量诉求的同时，在坚持高等教育内部规律的基础上，也有着对高等教育质量的坚持，这就形成了高校目的满足性价值取向的质量观。

高等教育大众化带来院校发展的多样化，美国社区学院、英国多科技术学院等的出现都是院校多样化的体现，不同类型高校对于各自的质量有着不同的观点。在英国，传统的古典大学坚持强调知识型质量观；以卓越研究代表的罗素大学群体在强调知识型质量观的同时也强调对学生技能的培养，强调对学生学习经历的重视；1994 大学联盟（1994 group university）的一般研究型大学的质量观更侧重于学生学习经历和学生知识技能并重；1992 年以后的新大学则主要强调学生学习经历和技能培养。这样看来似乎不同类型高校有着不同的质量观，但是如果我们把不同类型高校对质量的认同和高校自身的使命和定位联系起来看，我们会发现，在高校不同质量宣言的背后，有着达到各自教学目的和教学使命的目标。

L. Harvey 曾经提出质量的五种定义之一的满足目的型：判断质量产品和服务的质量满足所宣称的目的的需要。这个目的是被顾客所定义来满足要求或者在教育中定义反映学院使命和课程目标。把对高等教育质量的界定回归到院校本身，由高等教育院校自己来确定定位和使命，并且找到最符合自己院校特色的方式来进行质量保障，是高等教育大众化纵深发展的质量观的体现。

英国大学校长联合会的学术审计组织在 20 世纪 90 年代初就提出高等教育并没有一个黄金目标，个体大学可以确定它们自己的质量定义和标准，学

---

① Marsh H W. Students' Evaluations of University Teaching: Research Findings, Methodological Issues, and Directions for Future Research [J]. International Journal of Educational Research, 1987 (11): 253-388.

术审计组织通过它们的监控程序来评价高校内部的质量保障系统是否已经成功达到它们的目标。这个质量的观点在 1991 年英国高等教育白皮书《高等教育：一个新框架》中被确认，在安排教学时应当根据院校个体任务的不同而进行个性化的保障，并需要确定发展指标体系。

以上的分析可以看出，作为高等教育质量的传播者，基于尊重学术自治的前提，高等教育机构对高等教育质量有着自己的认同。虽然访谈中发现不同类型高校对于各自质量的定义的确有所不同，但是这样不同的定义实质上都契合了院校各自的发展目的和发展规划。也就是说，高校自身的质量观的实质是在于对自身发展目的和规划的契合性。对高校而言，高等教育质量是唯一的目的达成。

高等教育、高等院校和社会群体的关系都因为高等教育大众化而变得不同了。对于高等教育本身来说，大众化带来高等教育内涵和外延的变化。学生类别的多样化、终身教育的发展使得高等教育外延无限制扩大。政府、学生、雇主等都因为高等院校走入社会中心，因为对高等教育的投资而成为利益相关者。此外，高等学校也不再是单纯的个体社会化工具，不再是单纯的职业训练场所，而是学术活动、知识传播和建构社会关系的场所。它依靠一种智性的文化氛围来陶冶人格，进行理性思维方式的训练和专业技能的培养。①

因为这些变化，高等教育质量观也变得复杂了。正如英国南安普敦大学教学质量强化办公室主管 Ian Giles 所强调的：

> 我们认为教学质量定义有五种："杰出（exceptional）"、"完美即零缺陷（perceptional）"、"契合目的（fit for purpose）"、"物有所值（value formoney）"、"转变（transformation）"，不同的利益相关者对于大学质量的要求都逃不出这五点。比如政府、拨款委员会以及社会其他的利益相关者会强调"物有所值"，因为他们关注教学结果和他们所投入的经费的等价程度；学生会关注自身的发展和学习经历，所以他们关注的是"转变"；对于 QAA，他们早期关注的是"杰出"，24 分制度是为了强调大学质量卓越发展，但是随着质量保障程序的改变，现在的 QAA 更多强调的是"改进"，这实际上是转变的另一种表述。

实际上，这只是质量观的另一种分法，不论是通过质量定义还是通过利益相关者的价值取向来对大众化高等教育质量观进行分析，都反映了大众化质量观多样性和复杂性的事实。这些价值取向彼此竞争但并不排斥，因为各

① 王洪才. 论均衡的高等教育质量观的建构［J］. 教育与现代化，2002（2）.

个利益相关者主体都不可能脱离彼此而独立存在。没有政府和雇主的人才要求，高校人才培养变得无的放矢；没有学生的学习经历，政府和雇主无法对高校提出进一步的要求，高校也无法直接了解教学的优劣；没有高校自身的唯一目的性的质量观，学生不同的学习经历无法实现，政府、学生和雇主就无法区分高校的不同，无法从不同高校选择不同的人才。所以在统一的高等教育质量文化中，没有相互对质量认同的依托，自身的价值就无法得到实现。当然，相互质量观的强调和博弈体现在课程内容模式和结构的调整上，体现在高校内外部质量管理模式的调整和改革上。当高等教育大众化纵深发展，我们发现，国外高等教育质量管理制度呈现出来的是多样化的质量观在竞争中通过协调机制变得和谐。而和谐机制的关键在于高校自身唯一目的性的质量观核心作用的发挥。如果说，大众化早期高等教育质量观是多样化质量观的话，那么大众化高等教育纵深发展后，各个利益主体参与高等教育质量标准制订是大众化高等教育质量观的实质，高质量高等教育的标准是达到各种利益主体之间的利益均衡的必要条件。① 高等教育质量观实质上是建立在院校唯一目的性的质量观基础上，不同院校通过各自的方式来满足学生、社会、雇主和政府需求，承担社会责任，接受社会质量问责的协调发展质量观。

第三节　大众化阶段高等教育质量观的中国向度

教育质量是教育工作的重要内容，教育质量观是在一定的社会背景下对教育质量的认识与看法。同样，高等教育质量也是高等教育工作的重要内容，甚至可以说是其发展的永恒主题。而高等教育质量观反映的则是人们在其特定背景下对高等教育的不同认识。高等教育大众化以来，我国的高等教育质量备受质疑，人们常常会把中国高等教育质量的下滑归咎为高等教育数量的剧增与规模的过度扩张。习惯性思维认为数量的增加必然导致质量的下滑，质量与数量两者之间的关系不可调和，这样的观点有其合理性但又过于绝对。我国高等教育大众化是在教育资源稀缺的背景下“被动”展开的，资源的短缺在一定程度上影响了教育质量的提高。但从其他国家的高等教育大众化经验来看，数量的增长未必直接导致质量的下降，关键是找到一条适

① 王洪才. 论均衡的高等教育质量观的建构［J］. 教育与现代化，2002（2）.

合本国的行之有效的道路。我国高等教育从传统的精英教育过渡到大众教育，在很多方面都发生了变化，如何看待质量、正确看待大众化就涉及我国高等教育大众化后高等教育质量观的问题。

一、高等教育质量观的知识论基础

大学自产生以来就从未停止过对知识的追求，大学是研究高深学问的场所。“学术金本位”始终在大学发展过程中占据统治地位。大学的教育质量由学者团体自己来控制与管理，其质量标准更多地趋向于对本学科知识的掌握程度。因此“从知识的角度研究高等教育质量，不仅在理论上找到了高等教育质量合法性最坚实的基础，也为高等教育在实践中的发展提供了理论指南”①。知识本位的高等教育质量观，在质量评价标准上更多地强调学术性，模式上强调精英主义教育，价值观上秉承知识的发展逻辑，认为高等教育的基本价值、主要价值在于知识创新、学术探究、促进学问的发展。②“与传授和学习既成知识的中学不同，大学的特征在于常常将学问看作是没有解决的问题不断地进行研究。因此在大学中教师与学生的关系完全不同于中学，即大学的教师并不是因为学生而存在，教师和学生都为学问而存在。”③ 大学的主要任务是“在已经掌握了大量知识的优秀青年的思想里激活科学的理念”，使他们在科学的立场上觉察到事物与事物之间的紧密联系，通过自己的思考自觉地学习科学的根本法则，从而发展各自的研究能力、发现能力与表现能力，“这就是被称作大学的机构之意义所在”。④ 现如今，大学在社会系统中的作用越来越大，除继续履行保存、传授和发展高深学问的职能外，有研究指出“象牙塔”开始担负起直接为社会服务的职能，大学已从社会的边缘步入社会的中心。但由于大学保存、传授和发展高深学问的职能根深蒂固，使得知识本位的高等教育质量观一直影响着人们对高等教育质量的看法与评价。

在我国，知识本位的高等教育质量观一直影响着高等教育的发展，无论在大众化之前还是之后，其一直有着众多的“拥护者”。特别是在我国高等教育大众化初期，由于知识本位的高等教育质量观影响，我国高等教育走上了“内涵式”发展道路，用传统大学的质量标准来评价新兴大学，这使我

---

① 黄启兵．高等教育质量的知识解读［J］．清华大学教育研究，2009（6）：16－22.

② 李国强．认同、冲突与融合：高等教育质量观的哲学反思［J］．高等教育研究，2009（5）：10－15.

③ W. 洪堡．ベルリン高等学問施設の内的ならびに外的組織の理念［M］//J. G. 费希特，等．大学の理念と構想．东京：明治图书出版株式会社，1970：210－211.

④ F. 施莱尔马赫．ドイツ的意味での大学についての随想［M］//F. 施莱尔马赫．国家権力と教育．东京：明治图书出版株式会社，1970：30.

国在高等教育大众化道路上遇到了很多困难与险阻。即使是后来高等教育质量观的及时转变使我国高等教育走上了“外延式”发展道路，但知识本位的高等教育质量观一直占据很大的“市场”。特别是高等教育大众化后，人们更深刻地认识到在一个高等教育系统里精英与大众是可以并存的。“211工程”、“985 工程”等国家重点工程的实施正是知识本位高等教育质量观在高等教育大众化阶段的凸显。

二、高等教育质量观的政治论倾向

知识本位的高等教育质量观强调的是学者团体自己管理自己，大学质量由他们来管控。但正如布鲁贝克所说：“高等教育卷入社会的事务中就越有必要用政治的观点来看待它。就像战争意义太重要，不能完全交给将军们决定一样，高等教育也相当重要，不能完全留给教授们决定。”① 加上“威斯康星思想”的提出，更是让大学成为社会系统中的重要组成部分，高等教育越来越多地参与社会事务，成为社会发展的“动力站”。这样也使得高等教育质量不再只是由学者团体来管控，而添加了一分政治色彩。从政治的视角来看，高等教育质量一发不可收拾，在某种程度上已占据了主导地位。政治论哲学视角更多地强调社会本位的高等教育价值观，高等教育质量标准更多的是考虑其对社会、国家发展所做出的贡献。“权力与资源的重新配置不再完全地由高等学校自身来决定，政府权力的渗透和介入使高等教育存在的合法性具有浓重的政治性。此时，高校所需资源和权力行使也是根据质量来获取的，但这种质量不再纯粹地是以‘高深知识’为衡量标准，而是看是否达到了政府所期望的绩效指标。”②

长期以来，我国高等教育一直实施的是集权管理模式，高等教育价值观更多的是强调社会本位。高等学校的科学研究、专业设置、各类人才的培养更多地倾向于国家的需要。因此，高等教育质量标准也深深地打上了国家需要的烙印。比如，《教育部直属高等学校暂行工作条例》（草案）中规定：“具有爱国主义和国际主义精神，具有共产主义道德品质，拥护共产党的领导，拥护社会主义，愿为社会主义事业服务、为人民服务；通过马克思列宁主义、毛泽东著作的学习，和一定的生产劳动、实际工作的锻炼，逐步树立无产阶级的阶级观点、劳动观点、群众观点、辩证唯物主义观点；掌握本专业所需要的基础理论、专业知识和实际技能，尽可能了解本专业范围内科学的新发展；具有健全的体魄。”《中国教育改革和发展纲要》提出：“高等教

① ［美］约翰·S. 布鲁贝克. 高等教育哲学［M］. 王承绪，等译. 杭州：浙江教育出版社，1987：32.

② 高新柱. 高等教育质量管理的多学科视野分析［D］. 华东师范大学，2010.

育担负着培养高级专门人才、发展科学技术文化和促进现代化建设的重大任务。"诸如此类的规定在我国高等教育管理的各类文件中都可以看到，从这些规定中也可以看出政治论的高等教育质量观对我国高等教育的发展影响深远。

三、高等教育质量观的多样化发展

21 世纪是知识经济的时代，知识在人们的生活中发挥着越来越重要的作用。高等教育在知识的研究、传播与应用中起着不可替代的作用。我国已进入社会转型期，伴随着整个社会的转型，知识生产模式也出现了转型。在论述知识生产模式的著作中，迈克尔·吉本斯（Micharl Gibbons）等人的论述最为出名。吉本斯将传统的知识生产模式命名为"模式Ⅰ"，而将新的知识生产模式命名为"模式Ⅱ"。"模式Ⅱ"有以下五个特征：[①]

（1）知识生产更多地置身于应用的语境中。这意味着研究问题的选择、研究的宗旨、研究成果的传播都受到应用情境的制约。

（2）知识生产以跨学科或超学科的方式进行。跨学科是一个动态演进的知识构建的模式，问题产生于应用的情境中，并根据问题组成临时的研究团队。

（3）知识生产的社会弥散化。知识生产的场所和从业者呈现出"社会弥散"和"异质性"的特征。

（4）问责制与反思性。在模式Ⅰ中，知识和学术被认为是完全自主的，学术研究仅仅服从于真理的要求。而在模式Ⅱ中，学术研究还必须考虑到研究可能带来的社会影响和社会后果，考虑到知识需求者的要求，换言之，必须更加具备"反思性"。

（5）扩展的质量控制系统。对研究质量的关注已经不限于知识（学术）本身，同时要兼顾社会、经济或政治的因素。质量成为综合的、多维度的概念。在模式Ⅰ中，质量控制主要通过由科学精英主导的同行评议来进行。在模式Ⅱ中，政府部门、企业、社会公众等开始介入质量的监控过程。

通过对知识生产模式Ⅱ的解读可以看出，在高等教育质量方面不能再用单一的质量观去看待它，高等教育质量观开始多样化。联合国教科文组织在《关于高等教育的变革与发展的政策性文件》中指出："各国政府和高等院校本身已经或者正在对高等院校的结构与形式以及教学、训练和学习的方法等进行深刻的改革。这样做的直接结果就是，几乎世界各地的高等教育都趋向多样化。"伴随高等教育的多样化发展，高等教育质量观也必然呈现多

① 文东茅. 知识生产的模式Ⅱ与教育研究［J］. 北京大学教育评论，2010：65－74.

样化。

我国已取消免费上大学的制度，大部分学生都需交费上大学。随着免费上大学制度的取消，学生的身份也悄悄地发生了转变。交费上大学出现了高等教育成本分担，高等教育从公共产品变成了准公共产品，学生变成“顾客”，从学生的视角来看高等教育质量成为一种新的发展趋势。最近几年“大学生满意度调查”“大学生学习情况调查”等课题的展开，也从侧面反映出学生在高等教育质量的评价上拥有了一定的话语权。另外，近几年发展势头很旺的各种民间大学排行榜表明社会正在用自己的视角来看待高等教育质量。以前由高校和政府分享的高等教育质量话语权慢慢地与高等教育各利益关系人开始实现共享。多样化的高等教育质量观“是政府、社会、高校共同分享与对话的质量观，是利益相关人博弈的质量观”①。

① 黄启兵. 高等教育质量的知识解读［J］. 清华大学教育研究，2009（6）：16－22.

第三章　高等教育质量保障机制的国际视野

随着我国高等教育向大众化的日益推进，提高人才培养质量的呼声也日益高涨，反映了人们对于高等教育质量的关心。这一方面要求我们不断深化教育改革，强化质量意识；另一方面也需要我们对教育质量在观念上予以重新审视，树立正确的大众化高等教育的质量观。从高等教育内部看，大众化的本意并不只是高等教育规模的扩张，而主要是高等教育从规模、结构、质量和效益等各个方面整合达到的一种均衡状态。这表明大众化阶段高等教育研究的发展趋向主要是：研究对象从“学科建设”到“质量保障”；研究方法从“路径依赖”到“方法论自觉”；研究视阈从“本土眼光”走向“全球视野”。这无疑需要汲取和借鉴西方高等教育强国的经验和教训，不断探索符合中国现实的大众化现实路径。“中国的经验与理论能够多大程度上影响世界，我们在世界上能够获得多大的话语权，取决于我们‘地方性’的经验、知识与理论能够在多大程度上成为‘全球性’的经验、知识与理论。”① 当代中国能否持续繁荣下去？可持续发展的基础和动力归根结底在哪里？关键在人才，根本在教育。教育包括高等教育的可持续发展不仅关系当前而且关系长远，不仅关系经济繁荣而且关系社会进步和国民素质的提高。就此而论，教育的确是百年大计。因此要抓住国际和国内的难得机遇，继续大力深化高等教育改革，为建设自主创新型国家、实现社会主义现代化提供强大的人力资源支撑。

① 张曙光．中国：问题、经验与理论［J］．学术研究，2009（1）．

第一节　大众化阶段高等教育质量保障机制的中外视阈

一、质量保障与质量提升

质量保障与质量提升是同一个问题的两个不同侧面，前者侧重于最低“底线”，后者更强调更高诉求——追求“卓越”。高等教育评价的发展过程，从一定意义上说，就是其质量保障与质量提升的过程。这一过程与高等教育的自身命运息息相关，因为高等教育能否不断地满足国家、社会和学生与日俱增的需要，直接关涉高等教育的发展命运。与 20 世纪高等教育质量保障有所不同，如今高等教育质量的内涵已经不仅仅限于课堂内容的讲授和学习，而是延伸至整体的办学模式、办学思路乃至国家教育体制的变革。“高等教育大众化的前提是多样化，多样化的高等教育要有多样化的培养目标和规格，从而也应有多样化的质量标准。”[①] 仔细分析起来，大众化高等教育与精英高等教育的本质区别不在于量的方面。量的区别仅仅是表象，二者的本质区别是办学层次的多样化、培养目标的多样化及适应多样化的社会需求。从以上分析可以看出，人才培养不是简单的量的增加——人才堆积，而是要以结构变革带动总量持续增长——质量的全面提升。各国在高等教育质量管理方面都给予了高度重视，不仅保障质量，而且更加关注质量的提升。英国政府采取各种策略为高校和教师提高教育质量提供支持，如投入大量资金资助一些教学改革项目，奖励教学优秀的教师，支持学校实施提高教学质量的战略；建立专业人员高等教育教学研究机构，鼓励教师相互交流教学经验；建立教学支持网络，收集各专业的教学信息及案例。[②] 由此可见，英国高等教育质量管理从质量保障转向更加关注质量提升。

需要注意的是，自 2001 年中国加入世界贸易组织后，中国高等教育的质量保障与质量提升面临国内和国际双重压力，这给中国高等教育提出了新的挑战。市场介入后，高等教育质量保障与传统高等教育管理方式之间逐步有所区别。当前高等教育质量保障重点是在借鉴工业领域质量管理思想的基础上，结合高等教育管理自身规律和高校自身特点而形成的高等教育质量管理新模式。它是市场力量介入高等教育的必然要求，是对传统高等教育质量

① 潘懋元. 高等教育大众化的教育质量观［J］. 中国高等教育，2000（1）.

② 唐霞. 英国高等教育质量保障体系发展趋势探析［J］. 世界教育信息，2008（4）.

管理方式的超越。而评价是质量保障的一种重要方法，但它决不是质量保障的全部。当前质量理念已从“质量产生于管理”走向“质量产生于过程”。这给我们的启示是：质量不仅是“管理”出来的，更是“生产”出来的。从应然角度而言，高等教育质量保障的根本目的是提高高校培养人才的质量，进而促进学生的全面发展。实现这一目的的关键是高校内部有效的质量保障机制的建立。因此，我国高等教育质量保障体系要将内部评价与外部评价有机结合起来，充分调动两方面的积极性。

二、质量保障的主体分析

诚然，高等教育质量保障的对象是高等教育质量。在精英教育阶段，高等教育就像封闭的“象牙塔”，根据自己设定的目标为外界培养人才。外界只能被动地接收这些人才，而不能对高等学校提出要求。但是，到了大众化阶段，高等教育与外部环境的结合日益紧密，高等教育的发展越来越受到多方需求的影响。所以不同国家因为历史、文化等原因形成了不同的质量保障体系。西方高等教育质量保障体系是以评价活动为基础的，主要可分为三种模式：大陆模式、英国模式与美国模式。大陆模式即政府对大学进行严格控制，大学的自主权很小，代表国家有荷兰、法国、芬兰、瑞典、德国等。英国模式即大学的质量主要由大学自己负责，具体由学术专家进行评判，政府干预不多。美国模式即评估由各级专门机构与民间组织发起，具有非官方性、权威性。① 美国对高等教育的质量保障主要是通过认证（accreditation）来进行的，并形成一种较为独特的制度，高校唯有通过权威认证机构的认证才能获得联邦政府的资助和学分的跨校互认。目前，美国高等教育认证主要有两类：一是院校认证（institutional accreditation），针对“学校整体的评价，主要是对学校的办学目标、物质条件、经费来源、师资质量和师资队伍建设、教育质量、学生工作、少数民族学生比例、毕业生就业情况、毕业生实际工作能力、办公及体育设施、各级管理水平、总体办学效益、多元化等方面进行评估”②。院校认证分为全国性院校认证和地区性院校认证，由取得认证资格的地区性认证机构（Regional Accrediting Organizations）和全国性认证机构（National Accrediting Organizations）负责。二是专业认证（specialized or programmatic accreditation）。专业认证是指对某一专业的认证，是由专业职业协会会同该专业领域的教育工作者一起进行，为学生进入专门职业工作之前的预备教育提供质量保障。专业认证由取得认证资格的专业性认证

① 陈玉琨．西方高等教育质量保障模式［N］．中国教育报，2005－05－27．

② 万毅平．美国的高校认证与教育评估［J］．江苏大学学报：高教研究版，2003（2）．

机构（Specialized and Professional Accrediting Organizations）负责。[①]

从世界范围和中国高等教育发展的轨迹来看，质量保障的主体大体经历了由单一的高校向高校、政府和市场共同承担的转变。在大众化教育阶段，不同的高等教育形式和层次有不同的质量内涵和标准，需要有多样性的质量观进行指导，进而建构分门别类的质量保障体系，以使不同类型的高等教育各安各位，各尽其能，各得其所，在满足不同层面的社会需求方面办出特色、办出水平。问题的关键在于，我们能否使质量标准和质量意识真正深入人心，坚持办学特色而不随波逐流。坚持高等教育质量的适应性是大众化时代高等教育质量保障多主体的客观要求。

所谓高等教育质量的适应性，就是指高等教育所提供的教育服务满足受教育者个人需要的程度，以及所培养的人才满足国家、社会用人单位需要的程度。[②] 适应性的质量观有以下三层含义：[③]

（1）内适性质量。指教育质量要适应教育内在的需要，即在知识传递过程中，学生某一阶段、课程、学段的学习为后续学习所做准备的充分程度。在知识生产过程中，表现为生产一部分知识对生产另一部分知识的意义，即学术价值。

（2）外适性质量。指高校所培养的学生满足国家、社会以及用人部门需要的程度。其特点是以外部需求界定质量并据此规划教育系统和活动，以外部满足的程度作为衡量教育质量高低的标准。

（3）个适性质量。指教育质量要适应学习者个体需要，即以学生个体的认知、情感、兴趣、特长、意志、品质等个性发展程度作为判断教育质量的依据，强调学生作为个体的人所具有的自由与独特性、整体性、自我指导性。这种质量观代表了一种人文精神，强调学生个体自由发展，学生不是为适应外在目的的被训练的对象，而是在学校和教师的帮助下，完成一定阶段上自我实现的人。

如果说20世纪的质量是产出质量的话，那么21世纪的质量则是适应性质量。有研究者指出："高校也是有目标市场的，不管是教育服务，还是学生产品，如果能够准确适应目标市场的需要，满足目标市场的要求，这样的高校都是高质量。"[④] 在这种质量观的指导下，评价高等教育质量优劣得失

---

① 陈时见，侯静．美国高等教育质量认证的运行模式——以美国南部院校协会（SACS）为例［J］．比较教育研究，2008（12）．

② 刘俊学．高等教育服务质量论［M］．长沙：湖南大学出版社，2002：58．

③ 陈玉琨，沈玉顺．关于高等教育质量本质的探析［M］//胡祖莹，曲恒昌．高等教育质量评估与质量保证：来自五大洲的最新经验和发现．北京：北京师范大学出版社，1998：22．

④ 李学禄．高等教育质量与质量管理新论［J］．山东大学学报，2001（2）．

的主体不再只是高等学校自己，而是扩展到反映广泛社会需求的政府、用人单位、学生、家长等方方面面。可以说，适应性的质量观是高等教育质量的相关主体在开展质量保障活动时选择各自的内容、标准、组织、方法、程序等具体保障要素的出发点，这也正是大众化时代高等教育质量保障与评价体系建立和完善的核心起点。

高等教育如果要在现代市场条件下健康发展，为了获得更多的学费或研究合作收入，质量意识必须增强。基于质量保障的主体，可分为高校、政府和社会组织。但在现阶段，不可否认，教育方针、教育体制、教育布局和教育投入均属于国家行为，理应由国家和政府负责，具体到每个学校如何办好，则应由学校负责，各有特色。这不仅需要政府转变管理方式，从管理走向服务，而且还需要高校弱化行政意识和科层意识，真正成为自主办学的主体。

三、质量保障的价值分析

高等教育质量是如何产生的？价值最初系经济学概念，意指凝结在商品中的一般的、无差别的人类劳动。价值是商品的基本属性之一，不同商品的价值必然不同。商品的价值由生产商品的社会必要劳动时间决定。后来这一概念逐渐泛化到哲学、伦理学、社会学、美学等各学科。哲学视阈中的价值主要体现在主体与客体之间、需要与满足之间的关系，是客体所具有的属性同主体需要之间的一种特定的关系。高等教育质量保障蕴含丰富的价值论思想，深入挖掘这些思想有助于我们加深对质量保障问题的认识。由于中国发展特定的历史方位使得我们同时经历西方发达国家的几个阶段，因此在改革与发展进程中，发展与代价的矛盾日益突出。在风险社会，代价问题是高等教育发展无法回避的现实问题。何谓代价？就其基本含义而言，是指人类为社会进步所做出的付出，以及为实现这种进步所承担的消极后果。可见，代价既与成本直接相关，但又不完全等同于成本。成本主要讲的是“合算不合算”的问题，代价主要讲的是“合理不合理”的问题。只要讲到合理不合理，就不能仅仅用计算来衡量，而是必然涉及一个价值评价。我国的现代化作为“后发外源型”现代化，面临诸多挑战，同时也有不少后发的机遇与相对优势。近 20 年来，我国高等教育经历了由精英教育向大众化教育的深刻转型，中国高等教育的整体格局发生了深刻变化，与此相适应，高等教育质量保障的价值体系也要与时俱进，以适应发展的需要。在世界历史阶段，发展与代价密切相关，作为社会发展整体的有机组成部分，高等教育发展同样表现为“总是要通过付出代价并扬弃代价来为自己开辟道路”。鉴于人类的一切发展在带来收益的同时也付出不小代价，因此依据“以最小代

价换取最大价值”的价值原则，认真选择和设计发展目标和发展模式，主动规避和预防可能付出的代价就成为高等教育发展的现实问题。

李德顺认为：“价值事实的存在是与价值关系的存在相一致的。在客观地存在价值关系及其运动的地方，价值事实就作为它的结果、现实效果而客观地存在。”[①] 高等教育价值事实的体现是通过高等教育发挥其功能来实现的。高等教育的基本功能是社会服务功能和培养人的功能。其实，人的发展与社会的发展具有一致性，这就决定了教育促进人的发展与促进社会发展在本质上是统一的。国内外的高等教育保障与评价活动都是围绕高等教育这一价值事实的体现而进行的。在高等教育大众化阶段，高等教育质量也呈现多元化、多样化的特点，但“应该确保高等教育的基本质量要求。这种基本质量要求除了适应职业、具备职业的知识和能力外，还应当具备较好的整体素质。它包括高尚的思想品德、对社会的责任心、有创新精神和能力、有终身学习的意愿和能力等。这是对任何层次、任何类型学校的学生都应要求的”[②]。由于高等教育是以实现培养人为基本价值的诉求旨归，这就要求高校在发展中要明确教学、科研与服务社会之间的关系，不能本末倒置。

第二节　大众化阶段高等教育质量保障机制的同质模式

高等教育大众化是世界高等教育发展的共同特征和背景，高等教育国际化又加快了各国高等教育大众化的进程。各国高等教育交流的加深和高等教育内在规律的一致性，导致各国高等教育多样化发展的背后带着趋同化和一致性的倾向，这不仅体现在世界各国高等教育质量保障机制上，也体现在同一个国家不同高等院校内部质量保障机制的建立和运行中。

对于世界各国而言，高等教育大众化发生的时间、背景和方式不尽相同，但是高等教育的大众化却给世界各国带来相似的变化。首先，高等教育大众化意味着大学入学人数激增，随之而来的是大学资源紧缺和经费不足；质量下降导致高等教育信任危机抬头，社会问责高等教育质量成为大众化高等教育发展后的共同趋势，这是不以国情和高等教育发展历史为改变的。其次，高等教育大众化带来入学人数激增的同时也带来学生类别的多样化；终身学习的理念深入人心，终身学习理念不仅影响了高等教育理念和教学方

---

① 李德顺. 价值论［M］. 北京：中国人民大学出版社，1987：265－266.

② 潘懋元. 高等教育大众化的教育质量观［J］. 中国高等教育，2000（1）.

式，也对传统的质量理念提出挑战；高等教育质量的多样化和符合多样学生个体的目的契合性也成为世界高等教育大众化后的共同趋势。最后，20 世纪 80—90 年代以来，提供公共部门效益、问责公共部门的管理成效成为世界公共部门管理改革的共同趋势。作为公共部门之一的高等教育面临投入产出效益问责，这并非高等教育大众化带来的变化，但却是在世界高等教育大众化进程中各国高等教育发展面临的普遍性转变和问题。可见，高等教育大众化给世界各国高等教育带来的影响相似，虽然有些变化在部分国家并未十分明显，但从世界范围来看，大众化阶段高等教育在学生入学人数增加、高等教育资源紧缺、学生类别多样化、高等教育质量信任机制瓦解、高等教育质量认同多样化以及强调高等教育的投入产出效益上有着惊人的相似。因此对于大众化后的高等教育质量保障机制，我们一样可以探究到其中共同的普适性规律。这些规律隐藏在各国不同的质量保障形式背后，是不以高等教育发展水平和国情、历史的不同而转变的。

一、各国高等教育质量监控模式的共同特征与趋势

通过对美、英、法三国高等教育质量监控模式的考察与分析，我们不难发现，尽管各国的模式各具特色，在形式上存在着一定的差异，但是仍然可以归纳出其发展的一些共同特征与基本走势。

（一）国家权力、市场和学术权威（院校自治）三股力量日渐均衡

第二次世界大战结束至今，各国高等教育都在不断地变革以适应大众化发展的需要。在高等教育管理体制改革方面，市场主导型管理体制与政府控制型管理体制、中央集权型管理体制与地方分权型管理体制在相互吸取对方的优点，不断走向融合，并寻求在一个新的起点上达成新的平衡。① 相应的，高等教育质量监控模式的发展趋势之一就是高等教育质量监控中的三种力量，即国家权力、市场和学术权威（院校自治）的相互融合与平衡。

首先，原来以国家权力为主导的政府控制型模式开始注重赋予高校更大的自治权，并越来越多地吸收社会力量参与质量监控。从本质上讲，市场调节和国家干预都是现代市场经济体制运行必不可少的。但是，市场始终是第一机制，国家为第二机制，只有市场调节不了或调节不好的才需要国家政府的调控。② 在高等教育领域，要发挥市场主导作用，其前提是必须给高校充分的办学自主权，确立高校的市场主体地位，让院校在市场竞争中获取资

① 陈玉琨，等. 高等教育质量保证体系［M］. 北京：北京师范大学出版社，2004：41.

② 陈列. 市场经济与高等教育——一个世界性的课题［M］. 北京：人民教育出版社，1996：109.

源；其实现途径则是让构成市场的各种社会组织享有对高等教育的监督权，赋予它们社会质量监控主体的角色，通过它们表达市场对高等教育质量的要求。因此，20 世纪 80 年代以来，在许多传统上实行政府控制型模式的欧洲国家，其高等教育改革主要围绕如何通过分权、“松绑”、增强院校自治等方式达成国家与院校之间的平衡：一方面，政府放权，院校自治；另一方面，实行绩效责任制和质量保障制度。例如，中央集权的法国自 20 世纪 70 年代以来，其高等教育改革的议题之一就是大力提倡将市场原则引入高等教育领域，不断扩大高等学校在行政管理、教育、研究和财政上的自主权，体现在高等教育质量监控上，就是加强高等教育评价组织的独立性。在国家与市场力量的博弈上，近年来各国政府顺应时代发展要求所做的改革中，政府不再把自己作为高等教育利益和需求的唯一合理表达者和合法判断者，而是积极引导和保护社会各界，利用他们在高等教育质量监控中的不同优势与潜力，鼓励他们通过各种方式参与到高等教育质量监控活动当中。如英国政府就积极利用类似于大学校长委员会、学术审计组织、商业与技术教育协会等专门职业团体参与高等教育质量监控。

其次，不论是何种模式中的政府，其在教育质量监控中的行为都在向集权和分权的结合过渡，即以一种更为隐蔽、高效的方式加强对高等教育质量的监控。当今一个国家的高等教育质量越来越决定着其国际竞争力和社会发展潜力，而近年来高校科研和教学的质量直接受到公共资金削减、学生人数不断增加的影响。因此，各国政府相继加强了对高等教育质量的监控，以便保证更大的经济效益、成果的质量、学生的入学机会和责任制。① 于是，政府和高等教育之间关系变化的一个共同国际趋势出现了，即“各国政府，在越来越把高等教育的发展、革新和多样化的责任转移到高等院校的同时，保留制定广泛的政策，特别是预算政策的特权”②。一方面，中央集权制的国家在适当放宽对高等教育的控制、增强高校的独立性与自主权的同时，越来越重视通过立法、行政、财政等途径对高等教育质量进行宏观管理，表现为从“严格控制”到“有效管理”，尽量发挥地方、学校和个人的积极性和主动性。以高等教育国家计划性较强的法国为例，这一趋势表现为逐步引入其他机构参与评价，利用拨款调动高校的参评积极性。另一方面，分权制国家开始强化政府在高等教育质量监控中的作用，采取完善法规、加强对评价

---

① 许杰. 对西方国家加强高等教育质量监控的政策分析——新公共管理理论的研究视角［J］. 教育科学，2007（3）.

② ［荷］弗兰斯·F. 范富格特. 国际高等教育政策比较研究［M］. 王承绪，等译. 杭州：浙江教育出版社，2001：1.

机构的监督等手段，表现出从“松散管理”到“加强控制”。如在美国，政府虽然不直接参与高等教育质量监控活动，但它通过民间认证机构和财政杠杆间接调控大学的质量，近年来更是通过增加法律法规条款加强了对高等教育评价的管理。又如一向尊重大学自治传统的英国，从“国家学位授予委员会”到“高等教育拨款委员会”下属的“质量评价委员会”，再到“高等教育质量保证署”，其不断完善的高等教育质量保障体系框架正是政府通过影响高等教育市场规章制度的形成而实施的、以加强高等教育质量“可控性”的方式。由此可见，尽管各国政府在教育质量监控中的职能与该国政体和传统教育管理体制息息相关，但它们却不约而同地呈现出从中央集权和地方分权这“两端”向中间靠拢的一致性倾向。

（二）政府、社会和高校构成质量监控的多元利益共同体

从以上国别分析可以看出，世界各国的高等教育质量监控模式大多经历了或正在经历着从一元控制到多元合作的变革，政府、社会与高校相互分工，相互协调，共同参与高等教育质量监控。

高等教育及其质量关系着国计民生，在高等教育的投入仍有一大部分还是由国家负担的前提下，政府在质量监控中的主体地位不可动摇，其偏好在很大程度上决定了本国高等教育质量监控模式的发展方向。然而，政府的官方性质决定了它的直接介入会使质量监控具有强制性，容易带来整齐划一、生硬僵化、官僚主义和侵犯大学自治等弊端，如何调整其控制的范围和力度便成为关键问题。在“大市场、小而能政府”的新自由主义经济思想与旨在替代传统行政管理模式的新公共管理理念的影响下，政府开始在高等教育管理中引进市场竞争和责任机制，将更多的权力下放给高校，减少直接干预和控制，逐渐从原来的“提供者”转变为“监督者”。一方面，政府施加压力迫使高校走出象牙塔，面向市场，减少了自身的财政责任；另一方面，它尽力帮助高校与市场建立直接的联系，其管理行为主要停留在宏观调控的层面上，用以保障国家的高等教育基本利益并预防市场失灵的出现。

基于这点认识，国际上由政府教育行政部门直接组织实施质量监控活动的情况比较少见，更多的情形是政府通过立法、财政、对评价结果的利用等途径对质量监控活动施加影响。如英国在20世纪80年代以后，为了加强对高等教育质量的保障，公布了一系列文件和法律，包括1985年关于公立院校学术地位认可的报告、1987年《高等教育：迎接挑战》白皮书、1991年《高等教育：一个新框架》白皮书等。又如法国国家评价委员会的报告在很大程度上影响着政府对大学的拨款。美国的高校也只有通过相关认证机构的认证才可以顺利获得联邦政府、州政府、美国科学基金会或企业提供的经费或资助。

随着高等教育从社会边缘走向社会中心，20 世纪 80 年代后期以来，世界性的高等教育成本分担迅速发展，来自民间的资金日渐成为高等教育办学经费的重要来源。高等教育质量与各方面利益关系人的联系越来越密切，因而社会机构和公众也越来越需要有关高等教育质量方面的信息。高等教育质量社会监控的出现就是这样一种需要的体现。社会力量的参与能及时将社会对人才培养的要求、毕业生的就业状况及其他有关质量信息直接反馈给高校，使高校随时了解社会经济部门和社会发展对高等教育提出的要求，保证高等教育沿着社会需要的方向发展。①

社会监控主体的优势在于：一方面可以从多个侧面、多个角度出发，对教育活动进行更全面、更客观、更科学的监督；另一方面各种社会评价组织所特有的专业性和独立性使其开展的评价更加受到公众的信赖，同时对高等学校及其专业的课程与教学也是一种强有力的约束。因此，各国都十分重视利用专业组织、社会团体、行业协会等在质量监控中的有利条件，提高质量监控的规范性和可信度。如在最具代表性的美国，既有社会专门认证机构对院校和专业的认证，又有新闻媒体对大学和学科的排行，还有社会科研机构对研究型博士学科的评价排名等，社会力量以丰富多样的形式参与高等教育质量监控。

在政府控制和高等学校反控制的矛盾运动中，在社会力量日益关注并渗透进高等教育质量监控的情形下，在高等教育规模急剧扩大导致质量滑坡的现实里，高校积极主动地建立自我质量监控机制，是保护学术自由、院校自治，推动政府进一步对高校放权，同时向市场证明其质量与效率的一种有效手段。首先，今天世界几乎所有国家高等教育获得的“自治权”都是有条件的，那就是必须保证质量，否则政府就要介入高等教育的内部管理。其次，高等教育经费来源的多样化，使得高校越来越依赖于非公共资金的经费运行。为了得到社会机构和其他投资者的信任，建立内部高等教育质量监控机制无疑是一种明智的选择。再次，面对政府、社会机构和个人对高等教育质量产生的质疑、要求提供质量信息的需要，对高校来说，自身对质量做出承诺并证明承诺得以实现，这无疑是其得到外界认可和支持的重要途径和措施。②

从西方发达国家高等教育质量监控的实践来看，众多高校都非常关注自我评价和改进，并且这种评价已经成为高校内在的一种迫切的自我需要，促

① 田恩舜．高等教育质量保证模式研究［M］．青岛：中国海洋大学出版社，2007：108.

② 戚业国．论高等教育质量保障的思想、模式与组织体系［J］．青岛农业大学学报：社会科学版，2007（1）.

使高校上下将质量意识纳入日常教育教学管理的思想和行动之中。同时，各国都不约而同地将院校内部质量监控作为外部质量监控的先决条件，各种外部正式评价一般都要求学校提出自评报告。这种总结性的自评，是对学校一定时期内教育教学工作及成效的全面反映，有利于外部评价专家在最短的时间内熟悉情况，有针对性地开展工作，提高效率。例如，在英国，各校均设有内部质量控制机制，特别是在专业的规划、审批、保障和审查等重要环节上把住质量和标准关；外部高等教育质量保障署（QAA）的院校审计也是对院校内部质量保证制度及其运行情况的监督与检查，突出了院校内部自我监控的基础作用。

综上所述，从国外高等教育质量监控模式的发展趋势来看，政府、社会和高校三大主体之间呈现出权力相互博弈、相互制衡，但利益趋向一致的局面。在这一过程中，各个主体相互依赖，彼此进行协商和谈判。政府部门和非政府部门可以在相互尊重对方利益的基础上，通过采取合作行动来实现提高高等教育质量这一共同利益，因而使合作策略进而成为最有力的利己战略。① 按照博弈论的观点，“当博弈各方协调一致去寻找有利于共同营利的战略时，就会出现协同性均衡状态”②。于是，政府、社会、高校三大主体逐渐从“三足鼎立”走向统一阵营，高等教育质量监控多元利益共同体开始形成。

（三）中介机构成为联系质量监控各主体的桥梁

高等教育是一个复杂的大系统，与其发生关系的主体不是单一的，而是多维的、多层次的。正如在第二章论述过的，对高等教育的评价存在价值冲突，不同的评价主体有不同的价值取向，因此需要专业化的评价机构运用专业化的评价理论和评价技术与方法来平衡各社会利益群体的不同评价目标取向。③ 于是，在政府中枢决策范围之外建立相对独立的中介机构对高等教育实施质量监控的做法，已被越来越多的国家所采用。这一共同的趋势是政府既要尊重、保护高等学校对学术自由和办学自主权的特殊需求，又要实现自身对高等学校的宏观控制的结果，这同时也是未来雇主、高校学生、家长及社会大众等多方利益团体共同关注高等教育所决定的。④ 作为整个质量监控

---

① 许杰. 发达国家高等教育质量保障主体发展的新趋势及其启示［J］. 国家教育行政学院学报，2007（5）.

② ［美］保罗·A. 萨缪尔森，威廉·D. 诺德豪斯. 经济学：上册［M］. 北京：北京经济学院出版社，1996：385.

③ 孙锐，等. 浅议高等教育评估机构的社会职能及其实现［J］. 中国高教研究，2001（11）.

④ 董秀华. 政府在高等教育评估中的职能与作用——个案与比较研究［J］. 比较教育研究，1999（1）.

系统的协调者，中介机构的成员一般由代表国家的官员、代表学校的学术、管理人员和代表社会经济集团利益的工商界人士等共同构成，具有比较广泛的代表性，起着联系政府、社会、高校多方利益主体的作用。

在西方国家，教育领域广泛存在着社会中介组织，一般被称为“中介团体”“缓冲组织”或“减压阀”。[①] 从发达国家的经验来看，高等教育评价中介机构建立的方式主要有两种：一种是由学术团体、专业协会等社会组织自下而上自发形成的，它们的专业性、独立性强，有较高的社会声誉，受到社会、政府的信任与支持。例如美国的各类认证机构和高等教育鉴定委员会。另一种是在政府的推动下自上而下建立起来的，它们联系政府与学校，充当政府宏观管理和缓解相互间矛盾与冲突的监控和协调机构。例如英国的高等教育质量保证署、法国的国家评价委员会。[②] 虽然各国教育评价中介机构倾向的利益团体不尽相同，但它们都是具有独立地位的法人实体，其代理机制的性质是一致的。这些机构制定和实施高等教育质量评价的标准和原则，在学校自我评价报告的基础上，组织专家对学校进行实地考察，公布评价的相关结果和信息，为政府有关决策提供依据，从而保障国家高等教育的整体质量水平和办学效率。除此之外，还有一部分中介机构负责元评价，如英国大学校长委员会的学术审计组织（AAU）、美国的高等教育认证委员会（CHEA）。组织协调高等学校评价的各中介机构在元评价机构的监督与指导下开展评价工作。

由于中介机构独立或相对独立于政府，受政府的干扰较小，可以减少政府的直接介入，所以评价的真实性和客观性较强，高校及社会的接受程度和认可程度也比较高。这种第三方介入的机制既有利于增强人们对质量评价、评价和学术审计活动的客观、公正、公平、透明并具有一定权威性的信心，又使政府通过立法、拨款、批准和任命评价机构部分决策组成人员等方式保留自己的主导、监督、奖惩的作用，并摆脱了自己不可能承担也承担不好的一项战略任务。[③]

（四）学生在高等教育质量监控中发挥日益重要的作用

在西方许多大学中，学生参与学校管理早已成为一种制度，这是顺应服务型大学的发展趋势而生的。“服务型大学”源于美国，它是在赠地学院和布什范式大学不能满足社会发展需要的大背景下提出的。在面临激烈竞争、

---

① 盛冰. 教育中介组织：现状、问题及发展前景［J］. 高教探索，2002（3）.

② 田恩舜. 高等教育质量保证模式研究［M］. 青岛：中国海洋大学出版社，2007：203.

③ 王一兵. 高等教育质量保证机制：国外趋势和中国面临的战略选择［J］. 高等教育研究，2002（1）.

传统垄断能力消失的时候，“以学生为中心”的服务型培养模式将成为未来大学的发展方向。在这种培养模式下，学生的发展成为学校教育的主要环节，学生个体的需要成为学校关心的重点。而学校向学生最大限度地提供符合学生需要的服务的最佳方式莫过于让学生亲自参与到与其有重要关系的学校内部管理中，将学生的意愿直接反映到管理中去，从而达到教育服务的直接性、有效性。① 作为一种新的大学模式，服务型大学已逐渐为国际理论界所关注和讨论，各国的大学都在某种程度上以不同方式向服务型大学的方向发展，服务型大学很可能成为全球大学发展的共同趋势。② 而学生参与高校教育质量监控，也很可能成为全球大学的共同特点之一。

在法国，学生以多样的形式参与质量监控。首先，学生在院校评价中发挥作用。许多评价专家组在走访学校时，往往都要与学生座谈，征求学生意见，甚至允许学生参与起草学科自评报告或对自评报告草案进行讨论，对专业学习计划及教师的教学提出意见和建议等。其次，学生积极参与高等教育管理。在院校内部，学生代表占理事会成员的25%、科学委员会成员的12.5%、培训与大学生活委员会内与教学研究人员相当的份额，一些大学甚至设立学生副校长作为大学管理团队的一份子来辅助校长履行职能；在院校外部，代表学生的工会组织有规律地参加诸如国家高等教育与研究委员会（Conseil National de l'Enseignement Supérieur et de la Recherche，CNESER）等政府机构举行的会议。最后，充分调动学生进行教学课程和培训项目评估的理念正逐渐被实行和推广。③

在英国高等教育质量保障署（QAA）的院校审计中，学生也发挥着积极的作用。首先，在前期准备阶段院校提交的审计资料中就包括了学生代表团体单独的书面材料；其次，无论是何种类型的实地调查，与学生面对面交流都是其不可或缺的一部分；最后，高等教育质量保障署有专门人员负责学生事务，并与学生代表团体合作，帮助广大学生了解并参与到质量保障工作中去，甚至在高等教育质量保障署的理事会中也有学生代表一席。而全国学生调查更是把对学生学习经历的调查纳入英国高等教育质量保障框架，专为学生开辟了一条高等教育质量监控渠道，这无疑是英国高等教育发展中的新动向。

在美国，大学学生评价教学的理论研究和实践活动，更是可以追溯到

① 李宁．西方大学学生参与学校管理探析［J］．北京科技大学学报：社会科学版，2002（2）．

② Arild Tjeldvoll. The Idea of the Service University［J］. International Higher Education, 1998, 13.

③ Jean-Marc Monteil, Jean-Pierre Korolitski, Jacques-Philippe Saint-Gérand, et al. Bologna Process: National Reports 2004-2005-France［EB/OL］. http://www. bologna-bergen2005. no/EN/national_ impl/00_ Nat-rep-05/National_ Reports-France_ 050125. pdf, 2007-09-11.

20 世纪 20 年代或更早一些时候。[①] 第一个公开出版的用于收集学生评价教学信息的等级量表是柏杜教学等级评定量表（Purdue Rating Scale of Instruction，1926）。[②] 到了 60 年代，在美国的大学和学院中，学生评价教学已大大增加，并开始出现研究学生对教学效果进行评价的专门机构。进入 80 年代以后，学生评价不但已成为大学教学评价的一个重要组成部分，而且评价的技术也越来越现代化。[③] 目前，系统的、全方位的学生评价教学（Systemical and Multidimensional Students Evaluation）在美国的大学已形成一种制度：对大学教师应聘和提升职称所进行的教学工作表现审查评定，必须征集学生的意见；每门课程结束前或每学期的最后两周都要求学生对该课程及授课教师的教学工作进行评价（包括等级问卷和开放式问卷），以便为进一步改进教学提供反馈信息或作为人事决策的依据。[④]

二、成型中的多元平衡型高等教育质量保障模式趋同化倾向

如前所述，世界高等教育发展表现出更多的共同趋势，以至于我们现在很难区分出绝对的政府控制型、社会主导型或院校自主型体制。各国高等教育质量监控模式的改革虽然起点不同，但都朝着一个大致的方向迈进：国家权力、市场与院校自治三种力量相互牵制、相互补充，在高等教育质量监控中发挥均衡的作用；政府、高校和社会在高等教育质量监控中分工协作，学校自主管理，政府宏观调控，社会参与监督，共同承担高等教育质量监控职责。我们可以称之为多元平衡型模式。

具体而言，在质量监控目的上，多元平衡型模式要求实质性目的和工具性目的的统一，即既要达成质量改进与提升的内在目的，也要实现确定绩效责任、为高等教育用户提供质量信息、为相关决策服务等外在目的。在质量监控内容上，高校内部为了能及时纠正偏差而侧重于过程质量；政府出于对资源利用效率的关注更侧重于输入质量；作为高等教育产品和服务最终用户的社会侧重的则是输出质量。因此，从整体上来说，多元平衡型模式的质量监控内容涵盖由资源、过程与结果构成的完整高等教育活动。在质量监控方

---

① Herbert W Marsh, Michael Bailey. Multidimensional Students' Evaluations of Teaching Effectiveness [J]. The Journal of Higher Education, 1993, 64 (1): 1.

② Kenneth A Feldman. Effective College Teaching from the Students' and Faculty's View: Matched or Mismatched Priorities [J]. Research in Higher Education, 1998, 28 (4): 291.

③ 陈晓端. 美国大学学生评价教学的理论与实践 [J]. 比较教育研究，2001 (2).

④ 陈启能. 美国的思想库和美国社会 [M]. 北京：社会科学文献出版社，1987: 138.

法上，目前欧洲的高等教育评价方式主要是评估、认可、审计、基准等四种，评价对象涉及院校、学科、课程、主题。[①] 这些评价方式、对象排列组合出的多种评价类型可供多元平衡型模式中的多元主体综合运用，全面且有针对性地对高等教育质量进行监控。

多元平衡型模式能有效地协调多元主体的利益需求与价值冲突，并在国家权力、市场逻辑与院校自治之间达成平衡，是一种理想形态的质量监控模式。从世界各国高等教育质量监控的发展来看，有向这一模式靠拢的趋势。但是，模式的选择受到诸多因素的影响，政治、经济、法律制度、文化传统、高等教育管理体制等的不同，都会使高等教育质量监控模式呈现出诸多差异。即使是在整体上都可称为多元平衡的质量保障模式下，其路径选择仍是呈现相对的一致性和趋同化倾向。

（一）大众化后高等教育质量保障机制路径选择经历评价到保障到改进的过程

本科教学工作水平评估的评分制使得大学怨声载道，报纸和广大传媒也是批判之声此起彼伏。仔细研究国际高等教育质量保障路径选择，我们发现实际上大众化高等教育质量保障机制的路径选择都是源于评分制的评价制度，而且这类制度在实行初期都备受质疑，但经过一段时间发展，绝对评分的评价制度被不干预的保障制度所取代是高等教育质量保障制度发展的必然，更是质量保障制度完善的体现，继而从保障走向对高等教育质量发展和改进的强调是大众化阶段质量保障制度纵深发展的重要体现。

“质量评价”强调的是指标和标准体系。评价者为了测量和评价被评者的完成水平，将按照预先设定的与目标息息相关的标准进行评价。这个评价有一定的等级和标准，有分数高低之分。这个阶段一般发生在质量保障制度初期，为了规范高等院校对自身质量负责的行为，并督促高等院校接受社会监督和问责，严格评分制的行为能够在最短的时间内让高校认识到自己的不足和差距，通过院校间分数高低的比较促进院校竞相改进质量和完善内部质量管理。

“质量保障”是强调建立一个持续的、可信赖的不断满足目标并能够进行周期性审查的体系和程序。质量保障强调目标持续性和可信赖的达成。对于高等教育质量保障而言，外部质量保障着重强调检查和审计高校的质量，以及保证高等学校对自身质量的管理。目前，高等教育质量保障理念是英国高等教育质量管理的核心概念。事实上，质量保障的核心是指向督促高校更好地进行自我质量管理，其实质在于院校自身的质量监控意识和自我评价。

① 余源晶，许明．欧洲高等教育质量评估类型、过程及启示［J］．当代教育论坛，2004（9）．

质量保障制度的建立是基于院校已经充分认识到质量评价和质量管理的重要性，并已经把质量管理内化为大学内部管理模式的过程。所以没有质量评价阶段对于质量管理规则的硬性评价和测量，就无法把质量管理的意识深入大学管理中，依赖于院校自身监控为主的质量保障制度就无法在真正意义上建立。

"质量改进"既是质量评价和质量保证的原因，又是质量评价和质量保证的结果。从评分等级的质量评价到检查审计的质量保障，最后将归殊到改进质量和进一步调整质量目标。因此，质量强化是质量管理中的最高阶段，它是通过检查当前质量，设定新的质量目标，执行改进措施，尝试新途径重新检查，重构质量理念，以及重设质量目标。经过严格评价程序才能对院校质量管理进行程序化和制度化的规制。通过质量保障制度，检验和强化院校自身质量监控意识，使质量保障的目标指向质量改进，这是高等教育质量保障制度的终极目标。

英国高等教育大众化实际上起源于 20 世纪 60 年代的《罗宾斯报告》。1985 年贾勒特报告提出要在高等教育中引入绩效管理的理念，用绩效指标来评价高等教育教学质量。拨款委员会成立的教学质量评价委员会（QAC）和 1997 年高等教育质量保障署（QAA）前五年的质量管理工作中，英国高等教育教学质量管理基本上围绕"评价"的主题词展开。虽然评价机构不断调整，但相似的是它们基本上都是通过指标和标准体系直接进行评价，评价有一定的等级和高下之分。2001 年 QAA 的质量管理模式发生很大的变化，废除原先 24 分评分制度，改成院校审计制度。而在当时英国大部分的文章和官方文件中，出现更多的是"保障"这一主题词。2001 年以后，"质量保障单元（quality assurance unit）"在院校内部质量保障体系中广泛出现，形成了这个阶段英国质量管理的"保障特色"。2005 年，QAA 质量管理模式进一步调整，原先的"保障（assurance）"被"改进（enhancement）"所替代。这样的替代同样在院校内部质量管理模式中引发新一轮的调整，质量改进单元或者工作小组（quality enhancement unit/workshop）纷纷建立，而在访谈中谈及质量管理时使用更多的是"改进"。

英国高等教育质量保障机制有着较为明确的质量评价—质量保障—质量改进三个阶段。从世界各国的情况来看，大众化阶段的质量保障制度发展路径虽然并非完全如英国那般清晰，但从评价到保障到改进的原理却是一致的。图 3 - 1 呈现了大众化阶段高等教育质量保障制度纵深发展的过程和模式变迁路径。质量评价是质量保障制度的基础，国外大众化阶段高等教育内外部质量保障制度经验都说明了质量评价在质量保障制度中的基础性作用。质量保障是质量保障制度的核心，没有质量保障对于院校内部质量保障机制的强调，就无法在真正意义上实现高等教育质量保障，质量保障阶段的出现实质上是高等教育质量外部管理尊重大学理念和特性的体现。质量改进是高等教育质量保障制度目标的体现，它建立在质量评价和质量保障基础上，其改进的成果还需要通过质量评价来评定，通过质量保障得到维护和发展，继而进入另一次质量改进。

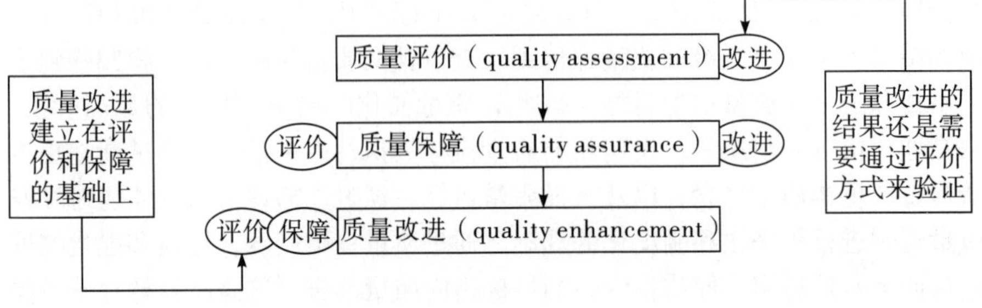

图 3－1　高等教育质量保障制度模式变迁图

大众化高等教育质量保障制度的兴起，是由于出现了高等教育质量信任危机，而大众化高等教育质量保障制度通过质量评价—质量保障—质量改进的推进实现高等教育质量信任机制的重构。但是如前所言，大众化高等教育质量观的多样化和复杂化导致高等教育质量信任机制重构过程变得复杂而艰巨。不同国家根据各自国情和高等教育的发展水平有着不同的重构方式，但不论是何种模式，其理念都是经历评价到保障到改进的过程。

（二）大众化阶段高等教育质量保障机制的发展实质是学术自治的回归

如前所述，大众化阶段质量保障机制路径选择可能经历从评价到保障到改进的阶段性发展。如果说质量评价的出现是大学自治权受到侵蚀的开始①，那么质量保障制度进入质量改进阶段则是学术力量复苏的体现，是学术自治回归的体现。

经过质量评价和质量保障两个阶段后，大众化阶段高等教育机构已经具备了充分的质量管理意识和理念，高等教育质量保障机制不再是为了满足政府、市场和社会对高等教育质量质疑的附加产品，而是在外部信任机制失灵后，高等院校迫于政治和社会压力不得不进行自我质量管理体制的调整。当外部质量保障对内部质量管理有效性和持续性监控到一定阶段，即高等教育能够自觉地关照利益相关者的利益，并由此进行自觉的、持续和有效的改革

① Ted Tapper，Brian Salter. The Politics of Governance in Higher Education：The Case of the Research Assessment Exercises［J］. Oxford Centre for Higher Education Policy Occasional Paper，2002（6）：5.

和调整以保证内部质量的稳步改进和提高时，内部学术权力就开始复苏。所以，质量改进阶段的质量保障制度实际上就是大学学术力量复苏的开始。这体现在：外部管理机构放松对院校监控的力度，政府退场和隐形化趋势加强，质量保障制度从外部管理转向内部自我监控为主的质量保障模式。质量保障不再通过硬性的指标体系来进行评价和管理，而是通过发布一系列的院校准则和指南。如英国 QAA 2006 年以后就发布了指南，包括：① 关于学位资格的说明。要求院校提供清晰的学位质量说明，以帮助学生和雇主们能够了解学位等级的内涵，并方便公众对相同学位学生质量进行监控。② 关于学科基准的说明。院校应当说明学生在本学科学习后所能够达到的成绩以及院校为帮助学生在本学科内成长所能提供的技术和教学支持。③ 课程说明。院校要提供详细的说明，包括知识讲授、技能提升以及其他学生能够成功在市场竞争中获胜所需要的能力，还包括教学方法、教学评价、就业机会以及课程如何满足学位资格的需要。④ 院校内部质量管理的指南。该指南包括研究生课程，合作计划，残疾学生，外部检查，学生反馈机制，学生评价，课程审批、监控和检查，职业生涯规划教育，实践学习（placement learning）和学生入学 10 个部分的内容。院校会根据各自的质量改进网页对这 10 个方面的内容的阐述，向 QAA 和公众说明院校自身在这 10 个方面的措施和保证。⑤ 关于学生个人发展档案管理。院校应该建立学生发展档案来应对终身学习的浪潮，并为学生个人未来发展提供依据。这些指南为高校更好地进行内部质量管理设定框架，高校可以在这个框架内根据各自的使命和特点进行具体的管理。而 QAA 的院校监控也将根据院校发布的使命和目的宣言来进行审计，审查院校为达到目标所进行的管理制度完善与否，至于院校的学科质量等则由院校自行控制，特定专业将由专业委员会控制质量。可以看到的是，英国 QAA 已经从外部质量的评价者逐渐转变为内部质量管理的推动者。

美国质量保障制度以院校认证为主。认证虽然和英国 QAA 的质量保障制度不同，但实际上认证强调基准，只要院校达到认证基准，院校的发展形式、发展模式都将由院校自己决定。虽然美国认证并没有如英国 QAA 那样从外部评价者向内部质量管理推动者转型，但可以确定的是，外部质量保障机构的存在并不会影响和左右内部学术自治，相反，发达国家的大众化高等教育质量保障制度帮助和确保了学术自治的发展。

必须强调的是，这里的“学术自治”已经被赋予更多的内涵，但不可否认，在政府权力和市场权力共同作用下，传统意义上的自我封闭式的管理体制早已行不通，只有“入世”转变成现代社会的一分子，才是可为之道。当政府权力推动高校自觉面对社会，自觉应对各利益相关者的利益诉求来

"改变"目标、"提高"质量后，学术权力、政治权力和市场权力在博弈中趋于一致。对政府而言，在一定程度上可以"功成身退"，变成隐形管理者，交由中介独立组织来监督大学质量。对大学而言，在市场和政治双重压力下做出的改变已经是"责任"并逐渐内化，大学内部学术自治的复苏就成为必然和可能。这就是大众化阶段高等教育质量保障制度纵深发展的必然趋势。

毕竟，高等教育质量保障制度的发展和变化带动的是学术权力、政治权力、市场权力三方的博弈和协调，是高等教育在面对市场、政府压力时，从被迫到自觉的制度变革。面对大众化、学生需求和诸多利益相关者的诉求，高等教育本身已经不可能回到象牙塔中去，其质量保障制度更不可能是无政策价值影响下的纯粹学术管理制度，而是必然受到政治、市场、社会因素的影响和制约。英国高等教育质量保障制度的变迁历程正是制度变迁在社会体制下转变的反映，在一定程度上也代表了高等教育质量保障制度变迁的过程。

第三节 大众化阶段高等教育质量保障机制的世界回应

一、大众化阶段英国高等教育质量保障的新内容：学生体验

2005 年，在英国各地高等教育拨款委员会的委托以及英国全国学生会（National Union of Students）的积极配合下，由英格兰高等教育拨款委员会（HEFCE）负责，并由英国 Ipsos MORI 调查公司具体实施，英国正式开展了全国范围的大学生调查活动，该活动被称作全国学生调查（National Student Survey，NSS）。NSS 每年进行一次，目前英国绝大多数大学都参与了此调查，调查的对象为大学最高年级学生。NSS 调查问卷共包括 22 个问题，涉及课程教学、考试和反馈、学习支持、课程组织和管理、学习资源、个人发展和总体满意度等 7 个方面。该调查的结果向社会公布，用户可以在 NSS 的网站上比较学生对不同学校和不同专业的评价。虽然目前 NSS 本身并不直接以此数据对大学进行排名，但一些民间大学排名已经将 NSS 调查结果纳入它们的指标体系。

NSS 是英国首个带有官方色彩的、在全国范围推行的大学生学习调查。这项新的全国性行动是英国高等教育质量体系调整的重要举措之一。推行

NSS 的主要目的是为了给大学考生提供信息，帮助准备上大学的学生及其家长在申请学校和选择专业时能够做出合适的决定。此外，NSS 也让高校能够了解学生对其教学质量的意见，为改善教学质量提供依据。[①]

（一）学生参与质量保障体现了大众化阶段高等教育质量保障的新要求

虽然将学生看作是高等教育客户的观点已受到普遍关注，但这种观点受到了不少反对和质疑。[②] 作为对高等教育投入了大量金钱和精力的参与者，学生越来越希望得到和使用他们的客户权利。自 20 世纪 80 年代以来，在新公共管理思潮和新自由主义理念的影响下，各国高等教育先后掀起了促进高等教育市场化的浪潮。在这一时期的英国，执政的保守党推行了将公共服务市场化、国有企业私有化的政策，政府对高等教育的生均支出也开始下滑。

1997 年，刚赢得选举不久的工党废除了全民免费的高等教育，引入了 1 000英镑的学费，并在后来几年进一步减少了对学生的助学补贴。2006 年，工党又将本科生之前的每年约 1 000 英镑的学费调整为上限 3 000 英镑。成本分担的一个后果是使大学与学生的关系产生了微妙的变化：大学提供高等教育服务，学生则投入金钱和时间来消费服务，成为高校的顾客，也成为高等教育的“核心利益相关者”[③]。高校要维持自身的生存和发展，就必须和作为重要的利益相关者的学生保持良好的关系。重视学生需求并满足其需要，越来越成为高等教育发展的重要目标，学生体验自然就成为高等教育质量保障系统的潜在参考因素。因此，英国将学生体验纳入全国高等教育质量保障体系，直接体现了学生参与高等教育管理和拥有评价话语权，满足了学生作为高等教育参与者和利益相关者自身利益的要求。

（二）学生参与质量保障完善了大众化阶段高等教育质量保障的多主体机制

长期以来，英国国家层次的高等教育质量保障体系考核的对象包括学校和系的教学与科研能力，而做出评价判断的人员都为专家团体。但在 2004 年，英国改革了高等教育质量保障体系，启动了英国教学质量信息网，随后正式开展了全国学生调查，并将此作为一项正式的保障英国高校教学质量的工具。从其内容来看，基于 NSS 数据产生的教学质量结果的反馈，正好弥补 QAA 质量保障体系中缺失的对学生的教学质量的信息。新的方案以学生

---

① HEFCE. Guidance on the 2008 NSS-for HEIs [M]. Bristol: HEFCE, 2008.

② Johnson R N, Deem R. Talking of Students: Tensions and Contradictions for the Manager-Academic and the University in Contemporary Higher Education [J]. Higher Education, 2003: 46.

③ 洪彩真. 学生——高等教育之利益相关者 [J]. 黑龙江高教研究, 2006 (12).

为主体，更加直接地审计教育质量。

从质量保障的主体来看，英国高等教育质量保障体系传统上一直保持着强大的内部学者治学加外部同行评议的保障模式。通过将学生作为高等教育质量监控和保障的主体，学生体验调查赋予了高等教育质量保障体系一个新的视角，同时从主体构成方面丰富和完善了高等教育质量保障体系。随着调查学生体验的院校的数量不断增加，学生体验调查的影响也在不断扩大，引起了英国各高等教育资助委员会的重视。2001 年，英格兰高等教育拨款委员委托在伯明翰城市大学进行和组织校内满意度测评的哈利教授对各种学生评价方法进行总结和分析。① 在此基础上，英格兰高等教育拨款委员在 2003 年出台了《高等教育质量与标准信息：最终指南》，要求高校提供学生入学资格、学生就业、院校教学情况等数据，并公布在统一的网站上，为学生查询英国各高等院校教学质量提供正式信息，2005 年又展开全国学生调查。英国全国学生调查的问卷设计参考了大量的国外文献和实践，尤其是澳大利亚的课程体验问卷调查（CEQ）。

（三）学生参与质量保障发展了高等教育学生评教多年研究的成果

学生评价的可靠性和有效性得到了文献的支持。在可靠性方面，有大量研究表明，如果问卷设计得当，并且调查的学生数量足够，一个班级内不同学生的评教结果会是高度一致的，同一批学生在不同的时间段所给出的评价也是高度一致的。② 而学生评教的有效性指的是测量结果能够真实地反映教学质量的程度。这一指标测量起来更加困难，因为当前还没有一个公认的教学质量的标准。但可以被证明的是，学生评教与一系列其他的教学成效指标高度相关联，包括学生掌握知识的程度和教师的自评等③，这为学生评教的有效性提供了证明④。

英国学生调查曾在 2003、2004 年对十余所高校进行了小范围的试测，对学生调查的信度和效度进行了检验，并由调查对象、教师、专家等提出咨

---

① Harvey L. Student Feedback：A Report to the Higher Education Funding Council for England [M]. Bristol：Higher Education Funding Council for England，2001.

② Murray H G，Rushton J P，Paunonen S V. Teacher Personality Traits and Student Instructional Ratings in Six Types of University Courses [J]. Journal of Educational Psychology，1990，82 (02)：250 – 261.

③ Theall M，Franklin J. Student Ratings in the Context of Complex Evaluation Systems [M] // Theall M，Franklin J. Student Ratings of Instruction Tissues for Improving Practice. New Directions for Teaching and Learning，No. 43. SanFrancisco：Jossey-Bass，1990.

④ Marsh H W. Students' Evaluations of University Teaching：Research Findings，Methodological Issues，and Directions for Future Research [J]. International Journal of Educational Research，1987 (11)：253 – 388.

询意见，更加切实地保证了学生调查的信度和效度。测试的结果认为，在学校的问卷回收率达到 50% 或以上时，该校的学生调查结果可以被视为可信的。试测调查支持了英国学生评教的信度和效度，也证明了在英国开展学生调查的可行性。正是基于这样的可行性分析，英国全国学生学习体验调查在 2005 年得到全面推行。

大量的理论和实证研究支持了学生评教的可靠性和有效性，而英国全国学生调查在正式开展前的两次试调查也从实践层面上检验了这种评议方式。因此，NSS 应用了多年的学生评教研究和实践成果，而 NSS 本身以及针对 NSS 进行的咨询和研究工作也进一步发展了高等教育学生评教。

二、大众化阶段美国私立院校质量保障的新办法：师资保障

众所周知，私立高等教育在美国以高质量著称。在目前高等教育竞争极其激烈的形势下，“高质量是使私立高校在市场中长久不衰的主要因素”。虽然私立院校的收费是公立院校的一倍至数倍，但由于有了质量这块磁铁，私立高校在美国一直保持着较强的竞争力，占有相当的市场份额。其中“通过教师质量的提高来保障美国私立院校的教育教学质量”是一条重要并可资借鉴的宝贵经验。

（一）聘用合格和高质量的教师

保障高质量的师资力量首先从聘任开始。当学校决定招聘一位教授时，首先要成立一个 3 ~5 人的招聘小组，起草详细的招聘广告，对应聘人资历的要求做出详述，并一般要刊登在全国性的报刊、网站上。如高等教育界最著名的《高教周刊》、网站（www. chionicle. com）等。、应聘人数根据不同院校和专业有所不同，但一般一个空缺的教授职位有数十位应聘者。招聘小组根据应聘者的简历挑选 5 ~8 名应聘者进行电话面试，然后再筛选3 ~5名候选人到校作最后面试。到学校面试者必经的一关是现场课堂教学。在最后 1 名人选确定后，招聘小组还要对其进行背景调查，主要确认候选人学历、经历的真实性。有学校近年就解雇了两名教授，一位是因为学校发现其学历不实，另一位则是在指定的时间内未能出示博士学位证书。私立院校对教授的学历有更高的要求：一般应具有名牌大学的博士学位。除教学水平外，综合性私立大学对教授的科研能力也十分重视。因为私立大学有很大一部分经费来源于教授的科研项目，应聘人员的学历和经历对获得聘任的机会影响极大。学校在招聘过程中深入细致并非“空穴来风”，其原因有几个：第一，聘请具有真正实力的教授是整个教师质量的基本保障；第二，由于招聘过程

本身需要投入大量的人力、物力、财力，因此聘请到高质量的教师也是对学校资源的充分利用；第三，学校十分清楚一旦教师被聘任，校方要想解聘则万分不易，且因为解聘程序十分繁琐，可能由此涉及的冗长的法律诉讼也会让校方头痛不已。

（二）坚持对在职教师进行教学、科研成果的综合评价

对在职教师质量的评价在结构上主要有院系对教师的评价、教师之间的同级评价和学生对教师的评价。评价内容分教学效果、教学量、学术成果、专业服务、业务提高等。每一项内容都有一系列的清单。如学术成果这一项就包括了极为丰富的内容，并且不同专业之间还是有差别的，因为美术专业的学术成果和机电专业的学术成果有天壤之别。评价时间一般在每学期末、任职的第一年末、第5~6学年间的终身教授评定及终身教授评定以后的3年1次的业务再评价。新聘教授头几年内的各种评价结果都是终身教授和级别提升的重要依据。终身教授资格评审可以说是对教授质量的一个全面评判。评审一般在新教师任职后第5年或第6年进行，教学质量、学术水平和科研成果是终身教授资格评定的主要依据。很多新教师（尤其是在硕士和本科院校）未能获得终身教授资格与教学质量有很大关系。

终身教授过去一直是高校教师的一把重要的保护伞，获得终身教授资格原则上相当于得到了“铁饭碗”。但最近也出现了一些力求改变这一现状的新动向，一部分教师在获得终身教授的资格后产生了自满情绪，导致教学效果下降、科研成果和科研量减少等现象；一些过时的和无市场竞争力的专业学生人数迅速减少，但教师由于有终身教授资格的保护而使学校的专业结构不能得到及时调整。基于这些现象，部分高校开始实施对终身教授再评价的制度，要求对已获得终身教授资格的教师每隔2~3年进行一次教学效果和学术成果的再评价。有很少一部分高校，特别是私立院校，干脆取消了终身教授资格评审制度，以便对专业结构和师资队伍做出相应的调整。目前对师资质量的监督已不仅仅来自于学校内部，政府机关、学生组织、民间团体、新闻机构等都加入了高等教育质量监督的行列，因而越来越多的公立高校已实施了这一评价制度，不少私立高校也在步其后尘。以科罗拉多大学的终身教授再评价系统为例。若一名教授在5年中连续两次的再评价结论是“低于期望标准”，则该教授需签订一份教学、科研质量提高协议，并在第二次得到“低于期望标准”结论后立即接受“广度质量监控”。伴随这一“广度质量监控”过程，该教授必须提交一份教学、科研水平全面提高计划。若全面提高计划不能产生预期的结果，校方则可能实施不同程度的处罚，具体包括：调任他职、取消学术休假资格或学术旅行经费、冻结工资增长、降低工资、降低职称，直至取消终身教授资格和解聘。

学生对任课教授的评价也是保障师资质量的一个重要环节。常见的方式有两种：一是对每门任课教授在期末作教学效果和教学内容的评价；二是对专业指导导师的评价。学校将评价结果以匿名的形式反馈给任课教师和指导教授，并存入教师档案。目前在美国，学生对任课教师每学期的教学评价已全面实现了电子化和自动化。学生对教授的评价是教授晋升和评审终身教授的依据之一。

在对教授的综合评价体系中，不同内容在不同类型院校背景下所占的比重是不一样的。在综合性院校，科研成果和学术水平的分量较高，教学成绩的分量相对较低。而在文理、硕士、本科类院校，教学作为办校宗旨因而占有相当的分量，科研的分量则相对较低。这些院校的很多教师终身没有任何科研成果，但教学成果却十分显赫。

（三）不断投入大量人力、物力、财力提高教师业务水平

正确的学术休假制度可谓是教师队伍知识更新换代的一个典型实例。在美国，无论是私立还是公立高校都有较为完善的教授学术休假制度。在不同院校，一名教授每隔 5 ~6 年可享受一次半年或全年的学术休假。学术休假期间的待遇原则上采用半年带全薪或全年带半薪的方式。学术休假已经成为教授知识更新、业务提高、学术“再充电”的重要方式之一。

教师自身积极参与再加上学校在政策和经费上鼓励是实现知识更新的前提。除上面谈到的学术休假以外，教师积极参与主要有以下一系列方式：参加各种专业协会；出席专业协会举行的年会、学术研讨会、进修班；不断寻求新的科研项目，用科研促进知识更新和业务提高；和学生保持沟通，了解学生对学习内容的需求。院系各级也形成了一系列的政策和措施对师资队伍的知识更新加以鼓励。这些政策和措施主要在人力、物力、财力三方面得以体现。校一级人事部门一般有专人负责教职工的业务提高。大中型院校都设置有教师教学培训中心，负责提供在教学方面的咨询和培训等服务。提高师资质量以保障教学和科研水平也是校、院、系三级领导的主要任务之一。每校均设有专门的委员会，定期讨论和规划教职工业务的提高。院校一级每年都要授予不同的奖项，奖励优秀教师和杰出科研人员。

（四）外部监督必不可少

外部监督是师资质量保障的重要环节，主要来自于政府行政或行业的规定、区域或专业性的资格评审认证及新闻媒体。政府行政或行业的规定主要针对专业设置的教授人数和资历以及硬件设施。例如某所大学计划新开办社会工作硕士专业，其基本要求包括至少应拥有 5 名已获博士学位的教授和固定的实习基地，护士学专业也有相似的要求。另一常见的规定就是给本科生

上课的教师至少在相应的专业选修过6门以上研究生课程。

以上规定常常也体现在区域或专业性的资格评审中。最近南部地区的一所学院就是因为在资格评审过程中被查出有两名教师资历不够而被处以2个月的见习资格期。除此之外，区域或专业性的资格评审委员会还就师资质量的保障和提高从以下一些方面重点考查各个院校：① 全校全日教师和兼职教师的比例、全日教授中拥有博士学位人数的百分比、全日教授中已获得终身教授资格人数的百分比；② 学校着眼于未来在师资质量保障上的投入、学校必须展示如何有效地开发其人力资源以迎接未来的挑战；③ 学校必须展示其对高质量教学的重视和支持，这主要通过一些具体内容来确认，如课程内容及教学规划由高质量的教授决定，学校明确支持为提高教学质量而设置的各种教师业务进修活动，教师主动参与各种专业性、学术性组织；④ 各种教学评价的结果须应用于课程设计、教学质量、教师质量、教学资源、学生服务质量的提高上；⑤ 学校各级预算充分突出提高教师质量这一重点；⑥ 学校的长远规划和相应的经费分配突出体现对通过不断学习来提高教师队伍质量的重视。新闻媒体对教师质量也起到一定的监督作用，可以对教师质量上出现的问题进行曝光。

（五）遵从优胜劣汰的自然规律

学校在师资队伍的调整中很大程度上遵循了优胜劣汰的自然规律。私立高校一般实行第一年评价制度，即在新教师任职第一年结束后对其进行综合评价。如果一名教师评价结果不理想，学校极有可能不与其续签下一年的工作合同。终身教授资格评审也是一个优胜劣汰的过程，一名教授若教学效果差，又无学术水平，是很难获得终身教授资格的。在终身教授资格申请被学校拒绝后，申请人须在一年的时间内离开学校。教授职位晋升也在某种程度上体现了优胜劣汰的效应，原则上从助理教授晋升到副教授较为容易，而从副教授晋升到正教授则因对教学质量、学术水平要求很高而极为困难。一些教师由于在副教授职位上长期得不到晋升，只能转到其他低一档次的学校任教。另外一个优胜劣汰的过程是通过专业调整来实现的，部分专业由于结构老化逐渐失去了市场竞争力，没有足够的生源，学校只能通过减少教师人数或专业转向等措施来改变现状。如果情况还不能好转，一些专业只能被终止。

三、大众化阶段区域高等教育质量保障的新思路：分层设计

社区学院是美国高等教育体系中必不可少的重要组成部分，主要有以下

功能：① 培养大专生，授副学士学位；② 承担大学一、二年级的基础课教育，为四年制大学输送合格的转校生；③ 培养初、中级职业技术人员；④ 提供各种继续教育的机会。[①] 美国两年制社区学院可谓是完善高等教育体系的一大创举，其特殊的功用具有不可替代性。

首先，社区学院弥补了传统形成的高中与四年制大学之间的一个空白区域，成为具有促进地方就业与升学双重功用的缓冲机制。在院校分类中，社区学院成为承上启下、稳定高等教育结构的院校类型，其特殊的功用具有不可替代性。

其次，社区学院定位于社区发展需要，与地方生源市场和就业市场良性互动。从全美来看，平均每 10 ~ 20 万居民就有一所社区学院。以俄亥俄州为例，人口 1 100 万，社区学院就有近 60 所。一般而言，位于人口密集地区、大中城市或近郊的社区学院规模较大，人口稀疏或边远地区则规模较小，学生均为走读，离校的距离平均不超过 20 ~ 40 英里。其优异的地方化机制有效克服了曾在不少国家高校中出现的“升格热”弊端。

最后，目前全美各州均已形成了完善的社区学院网，为普及全民高等教育提供了坚实的基础。自从 1901 年美国第一所社区学院成立以来，社区学院近年已发展到 1 100 所以上。全美约有 60% 的在校大学生就读于社区学院，各校在校生规模从数百到数万人不等。

社区学院自出现以来，经历了长期的搏击，才在高等教育体系中获得了稳定的院校定位和社会地位。在早期发展阶段，四年制大学常把社区学院视为中等教育。20 世纪 70 年代末以来，社区学院才逐渐被认同为高等教育的一部分，但仍然常被视作“二等公民”。为此，社区学院系统在提高和保证教学质量方面做出了长期不懈的努力。目前，社区学院已形成了一套较为全面的教学质量保证体系，并得到了四年制大学的认同。据研究发现[②]，由社区学院转入四年制大学继续学习的学生在四年制大学中的成绩等同甚至好于一直就读于四年制大学的学生。社区学院全面教学质量控制体系主要通过内部和外部两方面相结合的监控体系来实施。内部体系侧重于自查、自究、自我提高，外部体系主要进行监督、审计、参与，并制定指定性和指导性的政策；内部体系的一部分建立在外部体系的政策和建议之上，外部体系的方针、政策原则上又是对社区学院体系实践进行综合和总结后的产物。因此，

① Cohen A M, Brawer F B. The American Community College [M]. 3rd ed. San Francisco: Jossey Bass, 1996.

② Bell S. The College-university Linkage: An Examination of the Performance of Transfer Students in the Faculty of Arts at New York University, 198721992 [Z/OL]. ERIC Document Reproduction Service. No. ED404903, 1995.

这是一个内外结合、各有侧重的系统。

(一) 内部教学质量保证系统

在此需要指出，社区学院内部的教学质量保证系统并非是社区学院独有的，而是与四年制大学有异曲同工之处。正如 Banta 等学者[①]于 2004 年指出的，社区学院教学质量保证系统在保持自己特色的同时，正迅速与四年制大学接轨。正是因为这种相似性，才使学生在社区学院的学习成绩得到四年制大学的认同。这种教学质量保证体系可以用一个三维的系统来描述，如图 3－2所示。

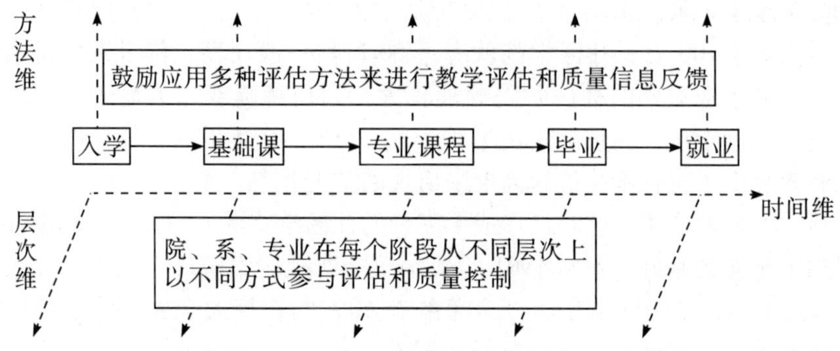

图 3－2　社区学院内部教学质量保证系统

第一维是时间，即从学生入校前到毕业后在其不同时间阶段的质量控制。第二维是层次，即通过院、系、课堂内外三个层次的教学评价活动来进行质量控制。第三维是方法，即采用多种方法来考查学生的学习成绩。以下对这三维的教学质量保证系统进行具体阐述。

(1) 时间维。即在学生入校前到毕业后的不同时间阶段，通过相应阶段的教学评价来进行质量控制与跟踪。一般一名学生的在校期间包括入学、基础课教育、专业课教育、毕业、就业等重要的阶段。对每一阶段的质量控制和保障是建立一个完善的质量监控体系的基础。

(2) 层次维。即在专业、系、院的不同层次进行不同范围和性质的评价。除以上所述的具体的入学评价外，学院一级还时常进行入校新生需求普查，及时了解入校生对教学和服务的需求，调整学校的规划。基础课教育在美国高等教育中的地位十分突出，在具体化和系统化课程设计的同时，强调基础课教育的综合效果。学院一级常常在学生完成基础课学习后，对学生进

---

① Banta T W, Black K E, Kahn S, et al. A Perspective on Good Practice in Community College Assessment [J]. New Directions for Community Colleges, 2004 (126): 5 216.

行综合评价。评价方法一般采用标准考试。标准考试可由学校自行设计，也可以向校外购买。

美国著名的考试公司如 ACT 和 ETS 都有专为基础课综合测试而设计的试卷。自行设计试卷的优点是节约经费；而外购的长处是测试结果更为可靠，并能提供与其他院校进行比较研究的依据和信息。[①] 学院一级参与教学质量控制的措施还体现于一些定期的对在校生、校友甚至雇主的普查上。对在校生的普查主要用于收集学生对学校各种教学及服务设施的满意程度，常见的商业问卷有 Noel - Levitz 等。对校友的调查侧重于收集大学学习对毕业生在事业上的影响。对雇主的调查重点在于了解雇主对毕业生工作态度和技能的满意程度。问卷除自行设计外，还可从 ACT 等公司购买。

（3）方法维。即采用不同的方法尽量客观地综合评价学生的学习成果。社区学院在理论上是开放就读的，但为了让学生水平大致整齐，学生入学时会通过一个定位测试。学院根据其结果将学生安置于不同的大学课程中。若测试结果太差，学生则需先在学院自设的补习班学习。这一步可以说是在正式入学前的前置质量控制。这一灵活的办法既保持了社区学院开放就读的原则，又使进入大学课程中的学生水平不至于极度参差不齐。一些特殊的专业，如艺术、音乐等，也可能有一些特别的定位面试。在基础课学习阶段，课堂评估是主要的教学质量保证。但值得强调的是，课堂教学评估并非只是考试，而是采用花样繁多的评估方式。常见的课堂评估方法就有十余种之多[②]，如课程论文、讲演、集体作业等。传统的考试在理工科评价中仍占有一定的分量，但在社会科学、行为科学和管理科学方面的分量已迅速降低。同时，课堂评价是双向的评价。学生在每门课结束时，都要对课程的内容和教授的教学进行综合评价。除以上谈及的课堂评价办法外，社区学院还常常结合课程实习、毕业生论坛课等措施来鼓励学生在专业课学习阶段与社会实践相结合。考试公司也向学校提供常见的专业课综合考试试卷。

综合而言，社区学院内部教学质量监控系统是一个三维体系，这个体系包含了在不同时间、不同方法、不同层次的系统评价。这一评价体系的目的是明确的，那就是保证学生学习和掌握应有的知识和技能，培养学生在离开社区学院后具有继续深造和就业的能力。与四年制大学相比，这一体系保证了同等的教学水平。

---

① Palomba C A, Banta T W . Assessment Essentials ［M］. San Francisco: Jossey Bass , 1999.

② Middle States Commission on Higher Education. Student Learning Assessment: Options and Resources ［M］. Philadelphia, PA: Author , 2003.

（二）外部教学质量监控系统

校外教学质量监控系统主要由政府规范、综合及专业资格认证、聘请校外顾问参加课程设计、学生课外实践评价等四个部分组成。州政府一般下设高等教育委员会，除主要负责经费分配、全州高等教育规划外，还通过制定规章制度来对各高校的质量进行控制。如前面提到的州立社区学院若出现重大质量或财政问题，州政府有权责成高等教育委员会解散校董会，解聘校长，接管学校。全校综合资格审查由区域性资格认证委员会进行。全美国一共有六个这样的资格认证委员会，覆盖不同区域。一所院校每 10 年进行一次综合资格认证。每个资格认证委员会都有详细的评审标准。

不同认证委员会之间的标准十分相近而又非完全一样，但所有评审标准都突出了两个重点：教学成果评价和学习成果评价。如总部位于芝加哥的中北部认证委员会，辖 19 个州 1 900 所高校。其评审标准有五条，这五条中最重要的是第三条，即学生学习与教学效果，包括四个核心组成部分。其中第一个核心陈述为“学校必须明确每一个专业对其学生学习成果的衡量标准并进行卓有成效的评估”①。一些专业也有专业性的认证委员会，如 MBA、护士、教育等专业。这些专业评审的周期一般是 5 ~7 年。传统的 10 年一次的评审目前也出现了新变革。如中北部认证委员会于 2001 年公布了一种新的评审方案，即“教学质量提高项目（Academic Quality Improvement Project，AQIP）”。这一方案着重于确立各项教学及服务成果目标，提高教学及服务质量。

AQIP 的出台并非代替传统的方案，而是给予各院校一个选择的余地。AQIP 一公布，即受到以社区学院为主的很多高校的欢迎。而中北部认证委员会传统的评审方案从 2005 年起也发生变革，更名为“评价及提高质量项目（Project to Evaluate and Advance Quality，PEAQ）”，评价标准也进一步以审计、提高教学质量为中心。聘请校外顾问参加课程设计是社区学院最有特色的外部教学质量监控措施。例如，计算机应用专业在进行课程设计时，邀请当地工商企业的专业人士与本校教授组成专家组，共同对课程安排进行设计。这一步是保证社区学院的教学教有所用、学有所用的重要步骤。同时，社区学院经常搜集雇主对毕业生质量的反馈，对出现问题的地方通过改进课程设计、改进教学方法的手段来解决。

课外评价也是监控教学质量的一个必不可少的环节。课外评价主要通过课程实习以及学生参加校外活动进行。例如护士专业的学生若想成为正式的

① The Higher Learning Commission. Handbook of Accreditation［M］. 3rd ed. Chicago：Author，2003.

护士，必须先通过临床实习这一关。

（三）社区学院质量保障体系的新思路

首先，社区学院必须保持其学生的学习成果和毕业生的质量优势。社区学院的部分经费来自地方政府拨款，是社区或州纳税人的钱。因此，高等教育最直接的产品——大学毕业生的质量，就成了社区公众十分关注的问题。而要评价学生学习成果和教学质量却又是一个综合的课题，社区学院必须向公众提供充分的证据来表明其毕业生是合格的。正因为这一日益高涨的外界压力，高等院校教学质量监控体系的设计思想正在经历一次重大转变，即由传统的对教学质量的控制转为对学习成果的控制，由以教学评价为中心到以评价学生学习成果为中心的转变。[①] 相对本科院校而言，社区学院的生存压力和质量要求更高，它必须展示几大重要的证据来证明其对学生价值提升的作用，换句话说，要证明学生的学费没白交，时间没白费，质量有保障，升学及就业有优势。这些证据包括：① 大学教育使学生掌握了当前应有的知识和技能，并为今后的继续学习和就业打下了坚实的基础；② 大学教育培养了社会尤其是社区需要和满意的毕业生；③ 根据教学评价的反馈和环境变化，学校切实做到了不断进行教学改革以提高质量。

其次，基础课教学质量监控是社区学院教学工作的重中之重。基础课教育不仅是专业课教育的基石，还将对学生的一生产生深远的影响。基础课教育的质量强调从三个方面来控制：第一是通过校基础课委员会来协调和设置学生最需要的基础课程；第二是通过多种方法对每门课程的学习成果进行评估；第三是对整个基础课教育成果进行综合评估。美国中北部高校资格认证委员会手册[②]中的基础课教育宣言中提到："基础课教育的宗旨是，在教授集体共识的基础之上，传授给学生通常的知识和智能理念，以帮助他们发展和拥有受过高等教育的人才应掌握的技能与修养。"

再次，教学质量监控体系将定量评价与定性评价相结合。教学质量的保障是通过在校生和毕业生的质量来体现的，而在校生和毕业生的质量又是通过教学评价反映出来的。教学评价的目的是证明学生学到了应该学习到的知识和本领；教学评价的重点是展示学习成果，提高教学质量。传统的大考、小考、半期考、期末考的模式注重的是一种定量评价方法。但随着科目设置日益交错，社会对毕业生的要求越来越全面，很多知识和技能的掌握难以用

---

① Banta T W, Black K E, Kahn S, et al . A Perspective on Good Practice in Community College Assessment. New Directions for Community Colleges, 2004 (126): 5 216.

② The Higher Learning Commission. Handbook of Accreditation [M] . 3rd ed. Chicago: Author, 2003.

传统的方法来评价，如集体工作能力、辩证思维能力、语言表达能力、人际关系处理能力、公正与公平的辨别能力、伦理观、人生价值观等。因此，定性评价和定量评价相结合是综合和客观地评价学习成果的必要手段。常见的定性评价方法有集体作业、课堂讲演、社会调查、课程论文等。

美国社区学院能充分发挥升学与就业的双重功用，成为大众与社区欢迎的院校类型，其独特的功能设计及其配套的教学质量监控体系功不可没，这成为美国高等教育体系在国际上最具独特性的标志之一。社区学院内部三维教学质量控制与外部多样化教学质量监测的结合，基础课教育成果的综合评价，教学工作及质量的教授主导，实施评价及提高质量的项目管理，以评价和促进学生学习成果为中心的质量提升手段，学生在学习成绩上的质量优势，聘请校外顾问参加课程设计的特色化措施，学院对社区相关人士的普查及反馈，都是社区学院质量监控体系的重要构成要素。

美国社区学院质量监控体系的独特性设计，是美国走有美国特色的高等教育普及化之路的重要举措。社区学院质量监控体系在处理政府、社区与学校的责任方面，在处理升学功能与就业功能的分类方面，在保持与本科院校质量监控体系共性的同时发挥自身特性方面，在连接社区生源市场与就业市场方面，都有很多成功的经验和配套措施。他山之石，可以攻玉。虽然中国的高等教育发展阶段和社区各方面条件与美国不同，但社区学院质量监控体系在地方化和特色化方面的设计思想，对设计适合中国特色高等教育体系的质量监控体系，具有重要的借鉴意义，仍然可以结合国情洋为中用。

第四章　我国各级各类高校教育教学质量的现状调查和成因分析

培养人才是大学的基本职能。作为人才培养最基本的教学在高等教育质量管理中备受关注是理所当然的。但是教学质量的评价和衡量是一个非常困难和复杂的任务。我们究竟是要控制它的入口（学生招收和人力资源，human and physical resources），或是出口（毕业生），抑或是教学本身的过程呢？答案是多样化的，因为这取决于评价主体和评价目的所在。不同的评价主体和评价目的可能有不同的评价内容，构成不同的教学质量管理模式。虽然教学质量管理内涵和外延的界定因评价主体的不同而可能有所差别，但是从国际的教学评价实践中我们还是可以推演出：从横向上看，教学质量管理无非是在入口、过程和出口三个方面的管理；从纵向上看，教学质量管理包括大学教学管理的所有过程，从学生入学、教师聘用、资源选择到专业课程的发展、教师的发展以及学生学习经历等多方管理支持，再到毕业生就业率和雇主满意度。不同评价主体由于其评价重点的不同而有不同的侧重点，所以有必要从哲学层面先对高等教育质量保障各主体的质量诉求进行明晰和界定，才能进一步明确各级各类高校教学质量的现状。

第一节　教育教学质量现状的哲学分析

发展大众化高等教育是我国社会发展的必然要求，提升质量则是高等教育可持续发展的必然要求。因为质量是教育的生命线，提升高等教育质量已成为世界高等教育的共同主题。对质量问题的诊断和保障不是仅仅依赖于零星的革新，而是需要建立整体的改革图景。不可否认，随着大众化阶段的来临，一定程度上出现了高等教育质量认同危机、专业认同危机和信任危机。布鲁贝克将高等教育哲学概括为认识论的高等教育哲学和政治论的高等教育哲学。前者以“闲逸的好奇”精神追求知识作为目的，后者以“学以致用”的精神寻求教育为国家服务为目的。前者追求“高深学问”，力求“理论简洁、解释有力、概念文雅、逻辑严密”①；后者追求经世致用，力求“贡献国家、服务社会、强国富民”。高等教育无论强调学问还是强调致用，其根本都是在于培养人。康德说：“教育学，即教育科学，或是为了自然的教育，或是为了实践的教育。自然的教育包括生长发育之类，这些在人和动物是共同的。实践的教育，或者说道德的教育，旨在教人如何做人，如何过自由人的生活（凡与自由相关均可称为‘实践的’）。”② 我国高等教育质量观过去更多地从国家（政府）利益、社会发展的角度来考量，过于强调教育为国家和社会服务，现在逐渐开始强调从学生的角度来考量，强调以学生发展为本，挖掘每个学生的潜能，这反映了质量保障理念逐渐从“供给者优位”逐渐转向“需求者优位”。③

依据利益相关者理论，高等教育质量保障需要高等教育质量各利益相关者共同承担责任，才能保障高等教育的质量和高等教育利益相关者的获益。“利益相关者理论”是20世纪60年代左右，美国等西方国家的经济学家在研究公司治理时提出的一种分析框架，如今这一理论已被广泛地应用于研究社会责任问题。在此，我们借鉴“利益相关者理论”对高等教育利益相关者的责任进行分析。按照相关度，高等教育利益相关者又可细分为核心利益相关者与外围利益相关者，最终要实现高校、政府与市场三方良性互动。在政府和市场的双重压力下，高校必须提升教育质量，以有效应对政府要求和市场竞争，这就是高等教育质量保障思想产生和发展的最主要的社会政治经济原因。“质量是一个包括高等教育所有主要职责与活动的多层面概念。”④ 在当今时代，高等教育不仅培养人才，还关涉发展科学、服务社会多方活动。因此，建立高等教育质量保障体系是学校发展与变革的突破口。由单一的学生质量评价体系向多元的全面质量保障体系转移，构筑以多方位、多角度、多层面的全面系统评价为基础的长效性制度保障体系，这既是高等教育的诸多功能和高等学校三大职能使然，也是世界高等教育质量保障发展的新趋势和新要求，亦是学生质量获得根本保证的必由之路。

一、学生的价值诉求：全面发展

学生作为高等教育利益主体，其基本价值诉求就是追求自身的全面发

---

① ［美］约翰·S. 布鲁贝克. 高等教育哲学［M］. 王承绪，等译. 杭州：浙江教育出版社，2002：14.

② 康德. 论教育［M］//世界教育名著通览. 武汉：湖北教育出版社，1994：134.

③ 鲍威. 学生眼中的高等院校教学质量：高校学生教学评价的分析［J］. 现代大学教育，2007（4）.

④ 联合国教科文组织关于高等教育的改革和发展的政策性文件［J］. 教育参考资料，1998（7－8）.

展。大学教育的目的不在于训练“人力”，而在于培育“人之独立性”和培养“开放的心灵”。正如英国学者 M. 富雷哲（Malcolm Frazer）所认为的：“高等教育质量是一个复杂的思想，人们可以从各自的角度对其做出不同的理解。但有一点是肯定的，高等教育质量首先是指学生发展质量即学生在整个学习历程中所学的‘东西’（所知、所能做的及其态度）。学生在认知、技能、态度等方面的收益是衡量教学质量的核心标准。”① 基于此，高等教育应注重学生的利益诉求和价值取向，关注学生发展，注重以学生的学习效果为导向的高等教育质量评价取向。这是人本理念在高等教育质量观上的体现。

满意度是一个逐渐被认知、被应用的概念。在过去的 30 年里，满意度研究发展经历了从萌芽到开花结果的快速发展。这不仅是因为满意度研究本身切合了时代的潮流、人们的心声，更主要的是在于它的确可以在各个层面起到无可取代的作用和影响。众所周知，评价高等教育质量，学生满意度是比较有说服力的一个方面。其原因在于“消费者掌握着平衡杠杆，而计划者却没有；消费者不仅可以选择进入哪所院校，而且可以随意退出，从一所院校转到另一所院校。由于存在着如此广泛的入学选择权和以后的退学权、转学权，因此，各学院和大学的生存依赖于满足用户的需要，或者依赖于以自己大学的优秀质量来吸引用户”②。大学生求学满意度是由大学生在高校的消费经历中产生对各项服务的质量和价值的感知，并将这种感受同消费前的期望值和自身需要进行比较而得到的感受和体验所决定的。大学生求学满意度测评的结果表达了学生对他们所使用或购买的产品和服务的评价。我国高等教育进入大众化阶段以来，政府、高校、用人单位、学生及家长都开始关注高等教育质量保障问题。从学生角度看，由于高等教育的“大众化”与“市场化”内在关联，服务与消费关系日益凸显，学生家庭负担一定的费用，家庭成为高等教育成本分担的一份子，于是学生及家长自然要追求所获得教育服务的质量，希望自己高等教育投入的回报能够“物有所值”，这迫使全社会理性地审视高等院校及其教育质量保障问题。在大众化阶段，学生不仅要获得接受高等教育的机会，高等教育更要满足个人个性发展和今后进入社会持续发展的要求，为个人提供良好的就业和生活前景，为个人自由而全面的发展奠定基础。要提高大学生求学的总体满意度，高校必须增加对大学生求学满意度的认识，维护大学生对求学满意度的知情权和诉求权，建

① 陈玉琨，等. 高等教育质量保障体系概论［M］. 北京：北京师范大学出版社，2004：59.

② ［加］范德格拉夫. 学术权力——七国高等教育管理体制比较［M］. 王承绪，译. 杭州：浙江教育出版社，2001：125.

立求学满意度评价中介组织，规范大学生求学满意度调查工作体系。

其实，社会本位教育价值观与个人本位教育价值观不是截然对立的。在健全的社会中，二者是统一的，学生的诉求在一定程度上也反映了时代的发展和社会的诉求。对教学质量的评价也要关注学生的学习效果评价。学生思维方式的训练、能力的培养是在与教师的教学活动中互动而生的，正如美国教育学家克罗韦尔指出的："教育所面临的最大挑战，不是技术，不是资源，不是责任感，而是与我们的学生一起去发现新的思维方式。这种探索不仅仅需要各种不同的信息，而且更需要一种全新的认识世界的方式。"① 基于此，高等教育应注重学生的利益诉求和价值取向，关注学生的发展，注重以学生的学习效果为导向的高等教育质量评价取向。质量意识觉醒背后凸显出权利主体意识的自觉。学生作为高等教育服务的主体，自然是质量保障最直接的利益相关者。尤其在大众化教育阶段和市场经济条件下，教育成为服务性产业，学生作为消费者和顾客，其主体地位自然不能忽视。因此，高等教育质量保障与评价必须考虑学生的因素。然而在目前我国各项高等教育评价中，学生的主体地位并没有得到很好的体现。在价值论视阈，学生的合理利益诉求应该在高等教育质量保障中得以体现。

二、教师的价值诉求：事业发展

教师作为高等教育利益主体，其基本价值诉求就是追求事业发展，这也是认识论向价值论转变的传承与发展的核心动力源。这种事业发展可以解读为自我发展和自我价值的实现。教师是确保高等教育质量的关键，因为教师作为教育质量保障的最直接、最前沿的工作者，对高等教育质量最有发言权。高等教育大众化对高校教师素质和职责提出了新的要求，提升高校教师素质、注重高校教师发展成为保障高等教育质量的重要因素。

人人都需要成就感，否则就失去了生存的价值。所谓成就感，是指一个人做完一件事情或者做一件事情时，为自己所做的事情感到愉悦或成功的感觉。马斯洛理论把需求分成生理需求、安全需求、社交需求、尊重需求和自我实现需求五类，依次由较低层次到较高层次。人的成就感属于高层次的需求，尤其对于以传授、创新知识为主要工作职责的高校教师来说，更为重要。高校教师的特点可以用美国著名的管理学家彼得·德鲁克（Peter Drucker）对知识工作者（knowledge worker）的定义来概括，即知识工作者一方面能充分利用现代科学知识提高工作的效率；另一方面其本身具备较强

① ［美］克罗韦尔．思维的新方式：未来的挑战［M］//瞿葆奎，施良方，等．教育学文集·国际教育展望．北京：人民教育出版社，1993：330.

的学习知识和创新知识的能力，知识创新能力是知识工作者的主要特点。彼得·德鲁克还提出，管理在21世纪要做的贡献是提高知识工作者的生产率。工作满意度是高校教师质量认同的重要方面。研究发现，来自同一学校的教师感受到的压力程度并不相同，这除了跟教师本人的专业素养、应对能力有关外，也与教师对工作满意的程度有关。有的教师虽然工作辛苦，却乐在其中，其原因就在于他满意教师工作，有着强烈的专业成就感和很高的职业认同感。然而，目前很多教师仅把工作视为一种谋生的手段，对学校管理与教学改进的话语权十分有限，工作和忙碌只是源于外在的职业要求，一旦得不到应有的报酬、职称、荣誉，就显得动力不足。我国高校教师评价存在价值取向功利化、评价内容重科研轻教学、评价方式单一化、评价程序行政化等方面的问题。如何充分调动教师的积极性，使“教师不是抱着投机的态度敷衍了事，而是全身心地投入其中，为人的生成——一个稳定而持续不断的工作而服务”①，值得深入研究。

知识管理专家玛汉·坦姆仆经过大量实证研究后认为：影响知识工作者的前四个因素依次为个体成长、工作自主、业务成就和金钱财富。高校教师成就感的实现需要管理者提供宽松的学术氛围和环境，“如果一个组织之中，许多能够增值的知识都是缄默的，那么，在知识管理和职业教育中就应当要求人们把这种缄默的知识作为一种心理学和社会学的现象进行深入的理解”②；需要学术共同体的构建，当然“共同体的浮现不是通过简单而硬性的设计，而是通过交往来实现的。凭借成员同代间和代际间的多种结构性互动，学习共同体获得了其丰富性、复杂性和学习的机会”③。高校教师是以学术为志业的知识工作者，这就需要在管理和质量保障中针对高校教师职业的特点实施有效的管理策略和激励措施，使教师能够不断自我反思教学效果，提升教育质量水平。保障教学质量的关键是教师的教学观和知识观，以及教师自我专业发展的意识，“正是教师的自我专业发展意识所扮演的对教师自身专业发展路线的调节、监控角色，才使得教师专业发展构成一个动态发展的循环，促使它朝着积极的方向不断发展”④。

---

① ［德］雅斯贝尔斯．什么是教育［M］．邹进，译．北京：生活·读书·新知三联书店，1991：44.

② Horvath J A. Tacit Knowledge in the Professions ［M］ // Sternberg R J, et al. Tacit Knowledge in Professional Practice. London：Lawrence Erlbaum Associates Inc，1999：8.

③ 郑葳．学习共同体——文化生态学习环境的理想架构［M］．北京：教育科学出版社，2007：67.

④ 叶澜，等．教师角色与教师专业发展新探［M］．北京：教育科学出版社，2001：241.

三、高校的价值诉求：发展力

高校作为高等教育利益主体，其基本价值诉求就是追求发展力。高校发展力即高校可持续发展的能力和态势。高等教育质量的高低与优劣关乎高校的前途与命运。置身于知识经济时代和市场大潮中的高校，唯有准确定位，避免趋同化，积极谋求自身的特色发展、协调发展和可持续发展，才能提升高等教育质量。原因在于："高等教育大众化的发展前提是多样化，多样化的高等教育应有各自的培养目标和规格，从而也应当有多样化的教育质量标准。"[①] 唯有树立质量多样化的观念，才能引导高校科学发展。

学校发展力在不同的时期定义也有不同。学校的发展靠学校自身所固有的发展力，发展力是根本，是发展的源泉。这种发展力是教育理想变为教育现实过程的长年累月的理性培育与积聚。由于各个学校硬件和软件、资源和校风的不同，在同等水平上学校的发展力是不同的。因而，衡量一所学校的发展水平，应全面评价学校的发展力，才能得出正确的结论。我们常说"发展是硬道理"，但是发展了不一定能持续发展。以人为本的科学发展观就是对发展是硬道理的修正与完善。高校谋求什么？当然是发展，这一内在要求增强高校自身的发展力，实现高校可持续发展。"大学（高校——笔者注）必须按大学发展的规律办学，按人才成长的规律教学，按科学管理的规律治校。"[②] 需要将科学发展观内化为办学观。在如今，高等教育步入大众化阶段，高校数量和规模都在快速增长，高等教育规模要与社会经济发展相适应，就必然要根据社会所需及高校自身发展的需求对高校的发展进行定位、分类。唯有如此，才能使高校自身得到很好的发展，也才能使高校更好地服务于社会经济发展的需求。近些年来我国高校发展存在的最突出的问题就是定位不清，高校发展趋同化现象严重，"原来的单科性学院 20 世纪 80 年代以来，纷纷改为'学科齐全'的多科性高等学校，并且追求成为学术性研究型大学；许多专科学校以及其后新办的高等职业学校，则以'专升本'为努力目标。一经被批准升为学院，也就沿着前者的思路，追求成为学科齐全的学术性研究型大学"[③]。高校的定位不当、缺乏特色、单一化发展，进一步影响了高校的发展。高等教育大众化要求高校多样化发展，唯有多样化发展，才能更好地实现高等教育大众化。在高等教育大众化阶段，高等教育质量也是多样化的，不能用精英教育质量标准作为唯一的衡量标准。

① 潘懋元. 高等教育大众化的教育质量观［J］. 江苏高教，2000（1）.
② 眭依凡. 科学发展观与大学按规律办学［J］. 新华文摘，2009（4）.
③ 潘懋元，吴玫. 高等学校分类与定位问题［J］. 复旦教育论坛，2003（3）.

唯有树立质量多样化的观念，才能引导高校科学发展。因为有什么样的质量观，就会有什么样的发展观。新的质量观必然引出新的发展观，这需要一系列的理念创新：第一，特色发展。如果要形成高校的核心发展力，就必须在“特色”上重点用力，形成主流特色，有特色才能彰显发展力。高校办学特色主要集中体现在高校文化、教师、专业、课程的建设上，体现在自己独有的行业背景和软实力上，体现在其他高校无法取代的可持续发展的潜质上。高校办学特色必须在与经济社会发展互动中形成，其价值体现在最终为经济社会发展做出的贡献上，这取决于它的不可替代性。为此，在培育高校核心发展力的战略问题上，学校决策者应树立“人无我有，人有我特，人特我高”的办学理念，不求“大”，不求“全”，只求轻易不可取代。高校鲜明的特色体现在：深厚的历史沉淀、社会上得到公认、有物化的成果作支撑、在今后学校发展和人才培养中继续发挥作用。办学特色的凝练，实际上就是一个总结办学历史、进一步明晰办学指导思想和办学思路的问题，也是一个确立学校品牌意识的问题。第二，主体发展。学校是文化主体，这就需要学校在发展特色办学时凸显主体地位。如果学校的主体性矮化，学校成员的主体意识弱化，当然就缺失了学校核心发展力，所谓学校自主的、可持续的发展将无从实现。

高校自主、建立有效的内部质量保障机制是保障高等教育质量的根本。目前，我国高等教育质量保障体系主体是以政府评价为主的高校外部质量保障。不可否认，这种评价具有历史的合理性，但在一定程度上也导致了高等学校自主性及自律性难以发挥。要改变这一现状，高等教育评价就要充分发挥高校评价主体的作用，增进高校评价的主动性和自主性，建立高校内部质量保障与监控机制，使教学质量监控贯穿于教学工作全过程。“在一个按照国家监督模式的质量评估系统中，政府应该避免试图完全驾驭高等院校的活动。政府的任务是必须查明各院校将操作一个质量评估系统，在这个操作中，要提到社会的需要、院校回应社会的需求。质量评估系统的实际设计和操作可以留给高等院校本身。”①

四、政府的价值诉求：竞争力

政府作为高等教育利益主体，其基本价值诉求就是追求竞争力。政府竞争力是指在全球化背景下，一国或一行政辖区政府领导本国或本地区经济和社会发展，并参与国际或地区竞争，其创造增加值和国民财富持续增长的能

① ［荷］弗兰斯·F. 范富格特. 国际高等教育政策比较研究［M］. 王承绪，等译. 杭州：浙江教育出版社，2001：431.

力。高校在建设创新型国家中的重要作用更加凸显：提高教育质量，为加快建设创新型国家和人力资源强国贡献力量。在世界新科技革命推动下，知识在经济社会发展中的作用日益突出，国民财富的增长和人类生活的改善越来越有赖于知识的积累和创新。发展中国家与发达国家的差距从表象上看是经济差距，本质上则是科技差距和教育差距，尤其是高等教育之间的差距。知识经济时代，哪个国家在知识和科技创新方面占据优势，哪个国家就能够在发展上掌握主动。2010 年初，我国召开了全国科学技术大会，提出了建设创新型国家的宏伟目标。建设创新型国家的关键是要有一大批拔尖创新人才。我们要进一步提高高等教育质量，增强高校自主创新能力，培养更多高水平创新人才，加强产学研结合，充分发挥高校在国家创新体系中的重要作用，为完成建设创新型国家的重大战略任务做出更大贡献。建设创新型国家还要以人力资源强国为基础。当今世界，人力资源特别是劳动力素质和高素质人才等“软实力”，越来越成为提高国际竞争力的决定性因素和推动经济社会发展的战略性资源。我国转变经济增长方式，走“科技含量高、经济效益好、资源消耗低、环境污染少”的新型工业化道路，必须充分发挥人力资源优势，提高各级各类学校的教育质量，把我国巨大的人口压力转化为人力资源优势，使我国成为人力资源强国。

在全球化进程中，政府的职能是转换了而不是减少了，政府的公共责任不是减轻了而是加重了，所以，政府必须重新进行战略定位和选择，才能在激烈的国际竞争中更好地发挥自己的职能。为此，政府要淡化官本位，强化科层制，提升国际竞争力。竞争力是参与者双方或多方的一种角逐或比较而体现出来的综合能力。它是一种相对指标，必须通过竞争才能表现出来。现代高等教育质量保障理念需要政府的身份的现代转型，即从传统的高等教育提供者转型为监督者，从单纯的管理者转型为公益服务者。国家通过政府把纳税人的钱投给高校，在此过程中政府谋求的是通过高等教育加快人力资源开发的步伐，以增强在综合国力竞争中的分量。发展中国家与发达国家的差距从表象上看是经济差距，本质上则是科技差距和教育差距，尤其是高等教育之间的差距。没有国民（人）的现代化，就没有国家的现代化。仔细分析起来，现代化进程中的失败，都能追溯到低下的国民素质。我们的国民素质远不能适应现代化建设的要求。人的素质是未来发展的关键。我国在人口问题上存在一个误区——长期以来普遍认为人口问题是制约我国发展的一个“瓶颈”，其实并非如此。从人口密度上来说，我国人口问题并不仅仅是人多的问题，更重要的是素质问题。因此要适当控制人口数量，更要努力提高人口质量——国民素质。在“后发型”现代化国家，人的现代化可以先于社会现代化。社会现代化和人的现代化是同一现代化过程的两个侧面，二者

相辅相成。人的现代化必然会促进社会的现代化，反过来，社会的现代化也势必会推动人的现代化。在此意义上，人的现代化既是手段，也是目的。要评价竞争力，需要确定一个比较竞争力的群体，根据目标时间在竞争群体中的表现来评价它。测定和评价竞争力可以采用未来研究方法，但竞争力测定的是对象“现在”中包含的“未来”。

在高等教育大众化进程中，政府的职能只是转换了而不是减少了，政府的公共责任不是削弱了而是加强了。现代高等教育质量保障理念需要政府身份的现代转型，即从传统的高等教育提供者转型为监督者，从单纯的管理者转型为公益服务者。政府对高等教育进行评价是政府对高校实施监督和宏观调控的一种重要手段，也是政府加强对高校问责的重要途径。正如布鲁贝克所言：“高等教育越卷入社会的事务中就越有必要用政治观点来看待它。就像战争意义太重大，不能完全交给将军们决定一样，高等教育也相当重要，不能完全留给教授们决定。”① 随着市场体系的完善和高校自主权的增强，高等教育评价主体逐渐多元化，这客观上促使政府评价职能由最初的直接“做评价”转变为间接“管评价”，通过完善法律法规来规范高等教育评价，从而保障高等教育质量。

五、社会的价值诉求：贡献力

社会作为高等教育利益主体，其基本价值诉求就是追求贡献力。高等教育的本质属性之一就是“公共服务”。高等教育在推动我国经济建设、文化建设、社会建设中的作用越来越重要，这都需要高等教育彰显公共性。高等教育的公共性应体现在：高校不仅要保障和提高自身在培养人才、发展科学、直接为社会服务方面的质量，还要致力于新知识的探索，为社会提供知识、技术、文化等方面的社会服务。在21世纪，高等教育的社会贡献占国民收入的权重不断增大，为此应进一步优化教育资源配置，以提升高等教育的科技贡献、创新贡献、人才贡献、智力贡献等社会综合贡献力，使高等教育担负其社会责任。“责任（accountability）一词正在和高等教育逐渐地联系起来，即公众想要更多地了解大学的运转情况，因为他们并不满意那些关于大学产品质量的宽慰人心的保证。”② 德里克·博克也提出“大学有理由承认自己的义务，应该向公众提供有助于解决重大社会问题的服务，回报于

① ［美］约翰·S. 布鲁贝克. 高等教育哲学［M］. 王承绪，等译. 杭州：浙江教育出版社，2001：32.

② ［美］唐纳德·肯尼迪. 学术责任［M］. 阎凤桥，等译. 北京：新华出版社，2002：5.

社会”①。

贡献力的大小可以通过贡献率来表示。贡献率是分析经济效益的一个指标，它是指有效或有用成果数量与资源消耗及占用量之比，即产出量与投入量之比，或所得量与所费量之比。社会作为高等教育利益相关者之一，它所谋求的是高等教育的社会贡献力。为此，高校不仅要将学生培养成为全球化社会的公民，而且要努力使本国人不仅成为当代的同时代人，更要使其成为思想的同时代人。较高质量的高等教育有助于推动社会的人性化和理性化水平，实现高校经济效益外部化。此外，高校要有效率地使用公共经费，提高教育质量和学术水平，为社会服务。我国高校的公共性不足表现在高等教育的公信度下降、高等教育的公共责任弱化、高等教育的导向市场化等方面。在联合国教科文组织看来，高等教育的本质属性是“公共服务”，其1995年发表的《高等教育变革与发展的政策性文件》中就明确指出“过多地要求高等教育机构开展各种‘商业化’活动”是一种危险，因为“社会要求所有真正的高等教育机构，无论它们属于哪一种‘所有制’形式，都能行使其作为公众服务的主要职能”②。

根据利益相关者与大学的密切程度，可以把大学的利益相关者分为四个层次：第一个层次是核心利益相关者，包括教师学生和管理人员；第二个层次是重要利益相关者，包括校友和财政拨款者；第三个层次是间接利益相关者，包括与学校有契约关系的当事人，如科研经费提供者、产学研合作者、贷款提供者等。第四个层次是边缘利益相关者，包括当地社区和社会公众等。③ 高校要提高其公共性，满足各利益相关者的需求，在社会的诉求方面主要是提高其贡献率。我国社会转型和经济方式转变处于过渡期：一是经济体制主要是从计划经济转变为市场经济；二是经济的增长方式要从粗放型经济转变为集约型经济。景天魁教授立足“二分法”对社会转型概念的内涵做了多角度的规定。他认为：“社会转型是指中国社会从传统社会向现代社会、从农业社会向工业社会、从封闭性社会向开放性社会的社会变迁和发展。”④ 社会转型对高等教育的影响是巨大的，这要求高校更加注重教育资源配置、社会供给、办学质量以及社会贡献率的提高。为此，应进一步强化高校社会贡献率意识。高校办学贡献效益的重要性日趋增强，在社会经济发

---

① ［美］德里克·博克. 走出象牙塔：现代大学的社会责任［M］. 徐小洲，陈军，译. 杭州：浙江教育出版社，2001：73.

② 汪利兵，谢峰. 论UNESCO与WTO在高等教育国际化进程中的不同倾向［J］. 比较教育研究，2004（2）.

③ 李福华. 利益相关者与大学管理体制创新［J］. 教育研究，2007（7）.

④ 景天魁. 社会发展的时空结构［M］. 哈尔滨：黑龙江人民出版社，2002：410.

展中的作用越来越重要。

在现代信息社会，高校与社会之间信息的畅通是保障高等教育质量必不可少的环节。社会通过媒体、网络和专业社会评价中介机构等渠道参与高等教育评价。我国高等教育评价的现状是政府是评价中的权威主体，社会中介机构在评价中的地位和作用有待加强。社会应该从对高等教育评价随意地品头论足转变为基于社会发展需求对高等教育评价进行科学的评价和合理的诉求，即从“论评价”到“评评价”的专业化和规范化转变。

综上所述，高等教育的大众化是客观趋势，其深入发展必然出现高等教育结构和质量标准的多样化、多层次化。因为不同的利益相关者有不同的需要，而不同的需要可以有不同的价值标准及内化方式。在大众化阶段，由于高等教育关涉各方利益，高等教育质量标准必然要由关注知识本身转向关注利益相关者的价值诉求。在当代高等教育发展中，质量保障发挥着至关重要的作用，而且唯有所有利益相关者参与其中，才能真正提升高等教育质量，实现高等教育质量的多元价值取向。

总的来说，高等教育教学质量管理就是指高等教育在人才培养上的质量控制。教与学双方是教学质量管理的关键所在，“教”包括教师、教学内容、教学支持设备；“学”包括学生评价、学生成就以及学生满意度等。

第二节　教育教学质量现状的调查分析

“现代的教学理念已经脱离了过去认为教学质量只是教师教单方面的问题的这种认识，进一步涉及到学生的学，没有学生学习的主动参与，我们就没有最后的教学质量。”① 我们通过对关于教育教学质量的文献进行梳理和研究发现：“对教育教学质量问题，可以有三种视角：一是教育行政领导、教学管理层面的角度，着眼于教育过程的质量控制和流程控制以及教育‘产出’的质量检测、质量评价；二是社会用人单位即‘雇主’的角度，着眼于对大学毕业生的知识、能力与社会需求、职业需求甚至岗位需求的切合程度；三是大学生成长与发展的角度，不仅评析其毕业后就业的比例，而且评价其就业的质量，更进一步衡量其未来可持续发展的能力。就目前而言，从第一、第二个角度切入的研究居多，而鲜见从学生角度出发的研究。”② 本节将从学生的角度出发来对其学习质量进行探讨。另外，由于在高等教育

---

① 吴雪. 英国高等教育质量管理制度变迁研究［D］. 厦门大学教育研究院，2010.

② 龚放. 大一和大四：影响本科教学质量的两个关键阶段［J］. 中国大学教学，2010（6）.

质量中，本科教学质量始终是最核心的部分，也是高等教育质量保障的重要内容，本科教学质量保障的研究和实践受到政府以及社会各界的极大关注，因此，本节中的学生主要是指本科生。

本科生学习质量调查分为两个部分：本科生学习过程规律研究分析和本科生学习过程影响因素研究分析。

一、本科生学习过程规律研究分析

选取三所高校（其中“985 工程”高校、“211 工程”高校以及一般地方高校各一所）的 2002—2005 级共 3 000 名本科生为研究对象，利用其大学四年的各科学习成绩数据进行路径分析，同时对不同层次的高校、不同科类以及不同性别的本科生的学习过程规律的异同进行分析①。本研究的主要发现是：

（一）关于本科生学习过程规律

在我国，本科生是以高考的方式以一定成绩取得进入高校学习的资格，进入高校后从大一到大四，形成一个完整的大学本科阶段的学习过程。通过对本科四年学习过程中不同学习阶段的学习成绩进行路径分析，本研究发现各阶段之间存在影响力②关系，最终反映整个大学本科阶段的学习特点。

1. 本科生学习过程规律会在不同条件下发挥作用

本科生学习过程规律为 $\beta_{21} > \beta_{32} > \beta_{43} > \beta_{42} > \beta_{31}$（注：$\beta_{41}$ 没有达到统计意义上的显著性），这是在对所选取的本科生的学习成绩进行路径分析的基础上得出的。由于种种原因，本研究所能获取的只有三所高校的本科生学习成绩，但是这三所高校分别代表了我国普通本科高校中的三个不同层次。同时在每所高校所选取的五个科类即文史哲类、法学类、管理类、理工类、经济类，在专业上也同样具有代表性。本研究发现，对于不同性别的本科生，这一学习过程规律均适用，这就表明其具有普适性，在不同的情况下，即在不同层次的高校、不同科类、不同性别的本科生的学习过程中都会起作用，虽然在不同的情况下会有某些不一致的方面，但整体上始终遵循着这一规律。

2. 本科各学习阶段的影响力随着间隔时间的拉长而逐渐减弱

（1）相邻学年之间的影响力大于非相邻学年之间的影响力。即第一学

---

① 由于分析过程篇幅很大，在此不一一列出。具体分析情况请见：杨强. 我国普通高校本科生学习过程规律研究［D］. 厦门大学教育研究院，2011.

② 本小节所提及的学年之间的影响力如无特别注明，皆指直接影响力。

年对第二学年、第二学年对第三学年、第三学年对第四学年的影响力都大于第一学年对第三学年、第二学年对第四学年的影响力，同时也大于第一学年对第四学年的影响力，而其中第一学年对第四学年的影响力是最弱的。这表明在本科学习过程中当前学年对其相邻学年的影响力较强，而非相邻学年的影响力则较弱。

（2）相邻学年之间的影响力随着学年的升高而逐渐减弱。即在相邻学年中，第一学年对第二学年的影响力最强，第二学年与第三学年的影响力次之，第三学年与第四学年的影响力最小，这表明本科生的学年影响力会随着学年升高而呈现递减的过程。而在非相邻学年中，第一学年对第三学年的影响力要小于第二学年对第四学年的影响力，呈现出与相邻学年之间的影响变化规律不一致的变化趋势，但是这二者都大于第一学年对第四学年的影响。

3．本科各学习阶段之间的关联与影响

当前学年对与其相邻学年影响力最强，对非相邻学年也存在一定程度的影响力，甚至相隔时间跨度最大的第一学年对第四学年仍存在着影响力。各学习阶段之间在影响力上都存在着统计意义上的显著性（第一学年对第四学年的影响力在大多数情况下不显著），这就表明大学本科各学习阶段之间环环相扣，每一个阶段都在其中发挥其所具有的作用，从而形成一个完整的大学本科学习过程。

4．本科学习阶段的开端在整个大学学习生涯中起着至关重要的作用

在本科学习各阶段中，第一学年是本科生学习生涯的开端，它在很大程度上影响了第二学年的学习成绩，两个学年之间的影响力是所有学年间最强的；第二学年成绩又在相当大的程度上影响了第三学年成绩；第三学年成绩则部分地影响到第四学年成绩。这就表明大学第一学年学习的好坏在很大程度上决定了本科生在整个大学期间的学习情况。

（二）关于不同类别中本科生学习过程子规律的异同

1．不同层次高校的本科生学习过程子规律的异同

A 高校在学年影响力上与本科生学习过程规律变化完全一致；B 高校在学年影响力上与本科生学习过程规律变化部分一致，其中相邻学年的影响力随学年升高逐步减弱，且相邻学年的影响力大于非相邻学年的影响力，与本科生学习过程规律完全一致，但非相邻学年即第一学年对第三学年的影响力与第二学年对第四学年的影响力会发生波动；C 高校在学年影响力上与本科生学习过程规律变化基本一致，但第二学年对第四学年的影响力大于第一学年对第三学年的影响力。

2．不同科类的本科生学习过程子规律的异同

在五个科类中，文史哲类在影响力上呈现出与本科生学习过程规律完全

一致的变化趋势，理工类、法学类、经济类呈现出与本科生学习过程规律基本上一致的变化趋势。但理工类的第一学年对第三学年的影响力大于第二学年对第四学年的影响力；法学类的第一学年对第三学年的影响力大于第三学年对第四学年的影响力；经济类的第二学年对第四学年的影响力较小，没有达到统计意义上的显著性水平，而第一学年对第四学年的影响力较大，达到统计意义上的显著性水平；管理类则呈现出与本科生学习过程规律不完全一致的变化趋势，第二学年对第三学年的影响力大于第一学年对第二学年的影响力。

3. 不同性别的本科生学习过程子规律的异同

在不同性别中，本科男、女生在影响力上都与本科生学习过程规律变化完全一致，在学年之间的影响力上不存在性别差异，但是从影响力系数上看，男生学年之间的影响力系数都略高于女生学年之间的影响力系数，这表明男生学年之间的影响力要强于女生学年之间的影响力。

二、本科生学习过程影响因素研究分析

选取九所高校（其中“985 工程”高校、“211 工程”高校以及一般地方高校各三所，并且按东、中、西部地区分别进行选取）的 2007—2010 级共 4 500 名本科生为研究对象，利用自行编制的问卷进行调查，对调查的有效问卷数据进行频数分析、卡方检验、方差分析、中介效应分析，以此对本科生学习过程的影响因素进行分析，同时对不同层次的高校、不同地区的高校、不同学年以及不同科类的本科生学习过程的影响因素进行分析[①]。本问卷调查研究得出的主要发现是：

（一）关于本科生学习过程的影响因素

根据本科生学习过程模型，可以看到在本科生学习中，学生主体因素、教师主导因素、学习环境因素既对学习成果产生直接影响，同时又通过学习过程的进程阶段（即学习方式）对学习成果产生间接影响。对各影响因素中的每个题目进行频数分析、卡方检验、方差分析，进而进行中介效应分析，以发现各因素的现状及其如何影响学习成果以及影响的程度（效应）。

1. 学生主体因素

（1）在先前知识上。用原先的知识面、原先的基础知识、对现在所学知识的之前了解以及原先的学习成效四个项目考查学生的先前知识。在这四

① 由于分析过程篇幅很大，在此不一一列出。具体分析情况参见：杨强. 我国普通高校本科生学习过程规律研究［D］. 厦门大学教育研究院，2011.

个项目上学生选择“基本符合”和“完全符合”选项的比例都在36%以上，并高于选择“完全不符合”和“基本不符合”选项的比例。在单独考虑八个影响因素[①]中的每个因素对学习成绩的作用时，发现先前知识对学习成绩有极其显著的影响，在八个因素中位列第二。其中先前知识对学习成绩的影响只是部分地通过学习方式起作用，即学习方式的中介效应显著，中介效应占先前知识对学习成绩的总效应的比例为31.3%，先前知识对学习成绩的直接影响在八个影响因素中位列第三。而在考虑八个影响因素共同对学习成绩起作用时，先前知识则在八个因素中位列第二。

（2）在学习能力上。用知识获得与应用能力、学习过程自我监控能力以及学习资源管理与应用能力三个方面共十一个项目考查学生的学习能力，发现学生选择“基本符合”和“完全符合”选项的比例都在40%以上，并高于选择“完全不符合”和“基本不符合”选项的比例。在单独考虑八个影响因素中的每个因素对学习成绩的作用时，发现学习能力对学习成绩有极其显著的影响，在八个因素中位列第一。其中学习能力对学习成绩的影响只是部分地通过学习方式起作用，即学习方式的中介效应显著，中介效应占学习能力对学习成绩的总效应的比例为28.2%，学习能力对学习成绩的直接影响在八个因素中位列第一。而在考虑八个影响因素共同对学习成绩起作用时，学习能力则在八个因素中位列第一。

（3）在学习观念上。用知识建构、知识吸收以及知识应用三个方面共5个项目考查学生的学习观念，发现学生选择“基本符合”和“完全符合”选项的比例都在38%以上，并高于选择“完全不符合”和“基本不符合”选项的比例。在单独考虑八个影响因素中的每个因素对学习成绩的作用时，发现学习观念对学习成绩有极其显著的影响，在八个因素中位列第七。其中学习观念对学习成绩的影响只是部分地通过学习方式起作用，即学习方式的中介效应显著，中介效应占学习观念对学习成绩的总效应的比例为66.9%，学习观念对学习成绩的直接影响在八个因素中位列最后一名。而在考虑八个影响因素共同对学习成绩起作用时，学习观念则在八个因素中位列最后一名。

2. 教师主导因素

（1）在教学上。用教学态度、教学内容以及教学方法与手段三个方面共七个项目考查学生对教师主导因素之一的教学的感受，发现学生选择“基本符合”和“完全符合”选项的比例都在37%以上，并高于选择“完

① 八个影响因素分别是：先前知识、学习能力、学习观念、教学、师生关系、学习设施、学风、学习评价。学习方式是八个影响因素与本科生学习成果之间的中介变量。

全不符合”和“基本不符合”选项的比例。在单独考虑八个影响因素中的每个因素对学习成绩的作用时，发现教学对学习成绩有极其显著的影响，在八个因素中位列第三。其中教学对学习成绩的影响只是部分地通过学习方式起作用，即学习方式的中介效应显著，中介效应占教学对学习成绩的总效应的比例为 26.2%，教学对学习成绩的直接影响在八个因素中位列第二。而在考虑八个影响因素共同对学习成绩起作用时，教学则在八个因素中位列第三。

（2）在师生关系上。用经常性、满意性以及支持性的程度三个方面共三个项目考查学生对教师主导因素之一的师生关系的感受，发现学生选择“基本符合”和“完全符合”选项的比例都在 47% 以上，并高于选择“完全不符合”和“基本不符合”选项的比例。在单独考虑八个影响因素中的每个因素对学习成绩的作用时，发现师生关系对学习成绩有极其显著的影响，在八个因素中位列第五。其中师生关系对学习成绩的影响只是部分地通过学习方式起作用，即学习方式的中介效应显著，中介效应占师生关系对学习成绩的总效应的比例为 50.0%，师生关系对学习成绩的直接影响在八个因素中位列第五。而在考虑八个影响因素共同对学习成绩起作用时，师生关系则在八个因素中位列第五。

3. 学习环境因素

（1）在学习设施上。用高校的图书电子资源、教学设施以及教室三个方面共三个项目考查学生对学习环境因素之一的学习设施的感受，发现学生选择“基本符合”和“完全符合”选项的比例都在 50% 以上，并高于选择“完全不符合”和“基本不符合”选项的比例。在单独考虑八个影响因素中的每个因素对学习成绩的作用时，发现学习设施对学习成绩有极其显著的影响，在八个因素中位列最后一位。其中学习设施对学习成绩的影响只是部分地通过学习方式起作用，即学习方式的中介效应显著，中介效应占学习设施对学习成绩的总效应的比例为 46.7%，学习设施对学习成绩的直接影响在八个因素中位列第七。而在考虑八个影响因素共同对学习成绩起作用时，学习设施则在八个因素中位列第七。

（2）在学风上。用周围同学的学习目标、课堂态度、学习兴趣、课余学习态度、考试态度、相互学习六个方面共六个项目考查学生对学习环境因素之一的学风的感受，发现学生选择“基本符合”和“完全符合”选项的比例都在 28% 以上，并高于选择“完全不符合”和“基本不符合”选项的比例。在单独考虑八个影响因素中的每个因素对学习成绩的作用时，发现学风对学习成绩有极其显著的影响，在八个因素中位列第六。其中学风对学习成绩的影响只是部分地通过学习方式起作用，即学习方式的中介效应显著，中介效应占学风对学习成绩的总效应的比例为 60.1%，学风对学习成绩的直接影响在八个因素中位列第六。而在考虑八个影响因素共同对学习成绩起作用时，学风则在八个因素中位列第六。

（3）在学习评价上。用学习评价的标准、形式、效果、内容以及恰当性五个方面共五个项目考查学生对学习环境因素之一的学习评价的感受，发现学生选择“基本符合”和“完全符合”选项的比例都在 35% 以上，并高于选择“完全不符合”和“基本不符合”选项的比例。在单独考虑八个影响因素中的每个因素对学习成绩的作用时，发现学习评价对学习成绩有极其显著的影响，在八个因素中位列第四。其中学习评价对学习成绩的影响只是部分地通过学习方式起作用，即学习方式的中介效应显著，中介效应占学习评价对学习成绩的总效应的比例为 47.4%，学习评价对学习成绩的直接影响在八个因素中位列第四。而在考虑八个影响因素共同对学习成绩起作用时，学习评价则在八个因素中位列第四。

4. *学习方式*

通过上述研究结果可以看出，在预备阶段影响学习过程的三个基本因素即学生主体因素、教师主导因素以及学习环境因素均部分通过学习方式影响本科生的学习成绩即学习成果，而且学习方式对这三个基本因素所包含的八个构成要素中的任何一个要素所产生的中介效应占其对学习成绩的总效应的比例都在 26% 以上，最高则达到了 66.9%，表明通过学习方式这个中介变量影响本科生的学习成果的作用是异常重要的，其在本科生学习过程中处于不可或缺的地位。

（1）深层学习方式。用十个项目考查学生所具有的深层学习方式，发现学生选择“基本符合”和“完全符合”选项的比例都在 30% 以上，并高于选择“完全不符合”和“基本不符合”选项的比例。

（2）表层学习方式。用十个项目考查学生所具有的表层学习方式，发现学生选择“基本符合”和“完全符合”选项的比例都在 21% 以上，并低于选择“完全不符合”和“基本不符合”选项的比例。

（二）关于不同类别中本科生学习过程的影响因素

1. *不同层次高校本科生学习过程的影响因素*

分析不同层次高校本科生学习过程的八个影响因素时，发现学生在“先前知识”“学习能力”“学习观念”“学习设施”四个因素上选择“基本符合”和“完全符合”选项的比例基本上呈现由“985 工程”高校到“211 工程”高校再到一般地方高校逐渐下降的趋势；在“教学”因素上选择“基本符合”和“完全符合”选项的比例基本上呈现为“211 工程”高校的比例最高而一般地方高校的比例最低；在“师生关系”因素上选择“基本

符合”和“完全符合”选项的比例在不同项目上高低各有不同；在“学风”因素上选择“基本符合”和“完全符合”选项的比例在不同项目上高低各有不同；在“学习评价”因素上选择“基本符合”和“完全符合”选项的比例基本呈现为“211 工程”高校的比例最高而“985 工程”高校最低；在“深层学习方式”因素上选择“完全符合”和“基本符合”选项的比例基本上呈现由“985 工程”高校到“211 工程”高校再到一般地方高校逐渐下降的趋势；在“表层学习方式”因素上选择“完全符合”和“基本符合”选项的比例基本上呈现由“985 工程”高校到“211 工程”高校再到一般地方高校逐渐上升的趋势。

从均值上看，学生的先前知识水平从“985 工程”高校到“211 工程”高校再到一般地方高校逐渐降低；学生的学习能力水平从“985 工程”高校到“211 工程”高校再到一般地方高校逐渐降低；学生的学习观念水平从“985 工程”高校到“211 工程”高校再到一般地方高校逐渐降低。在教学水平上，“211 工程”高校最高，一般地方高校最低。在师生关系上，从“985 工程”高校到“211 工程”高校再到一般地方高校逐渐降低。在学习设施上，从“985 工程”高校到“211 工程”高校再到一般地方高校逐渐降低。在学风上，“985 工程”高校最高，“211 工程”高校最低。在学习评价上，“985 工程”高校最低，“211”工程高校最高。学生的学习方式从“985 工程”高校到“211 工程”高校再到一般地方高校逐渐降低。通过方差分析发现，除师生关系在不同层次高校中无显著差异外，学生的先前知识、学习能力、学习观念、学习方式及教学、学习设施、学风、学习评价在不同层次高校中都有显著差异。

在单独考虑八个影响因素中的每个因素对学习成绩的作用时，通过中介效应分析，发现其中每个因素对学习成绩都有极其显著的影响，影响因素排名前三位的在“985 工程”高校为先前知识、教学、学习能力，在“211 工程”高校和地方高校均为学习能力、先前知识、学习评价。其中每个因素对学习成绩的影响只是部分地通过学习方式起作用，即学习方式的中介效应显著，中介效应占其对学习成绩的总效应的比例都在 16% 以上。不同因素对学习成绩的直接影响排名前三位在“985 工程”高校为先前知识、学习能力、教学，在“211 工程”高校为学习能力、教学、先前知识，在一般地方高校为学习能力、先前知识、教学。而在考虑八个因素共同对学习成绩起作用时，影响因素排名前三位的在“985 工程”高校为先前知识、学习能力、教学，在“211 工程”高校和一般地方高校均为学习能力、先前知识、教学。

2. 不同地区高校本科生学习过程的影响因素

分析不同地区高校本科生学习过程的八个影响因素时，发现学生在“先前知识”上选择“基本符合”和“完全符合”选项的比例基本上呈现为中部地区高校比例最高而西部地区高校最低；在“学习能力”上选择“基本符合”和“完全符合”选项的比例因项目不同而高低各不相同；在“学习观念”上选择“基本符合”和“完全符合”选项的比例基本上呈现从东部地区高校到中部地区高校再到西部地区高校逐渐上升的趋势；在“教学”因素上选择“基本符合”和“完全符合”选项的比例基本上呈现为西部地区高校最高而中部地区高校比例最低；在“师生关系”因素上选择“基本符合”和“完全符合”选项的比例基本上呈现为东部地区高校最高而中部地区高校最低；在“学习设施”因素上选择“基本符合”和“完全符合”选项的比例基本上呈现为西部地区高校最高而中部地区高校最低；在“学风”因素上选择“基本符合”和“完全符合”选项的比例基本上呈现从东部地区高校到中部地区高校再到西部地区高校逐渐上升的趋势；在“学习评价”因素上选择“基本符合”和“完全符合”选项的比例基本上呈现从东部地区高校到中部地区高校再到西部地区高校逐渐上升的趋势；在“深层学习方式”上选择“完全符合”和“基本符合”选项的比例基本上呈现从东部地区高校到中部地区高校再到西部地区高校逐渐上升的趋势；在“表层学习方式”上选择“完全符合”和“基本符合”选项的比例基本上呈现从东部地区高校到中部地区高校再到西部地区高校逐渐上升的趋势。

从均值上看，在学生的先前知识水平上，中部地区高校最高，西部地区高校最低；在学生的学习能力水平上，中部地区高校最低，西部地区高校最高；在学生的学习观念上，西部地区高校最高，东部地区高校最低；在教学水平上，西部地区高校最高，中部地区高校最低；在师生关系上，中部地区高校最低，东部地区高校最高；在学习设施上，东部地区高校最高，西部地区高校最低；在学风上，从东部地区高校到中部地区高校再到西部地区高校逐渐升高；在学习评价上，从东部地区高校到中部地区高校再到西部地区高校逐渐升高；在学生的学习方式上，从东部地区高校到中部地区再到西部地区高校逐渐升高。通过方差分析发现，除学生的学习能力在不同地区高校无显著差异外，学生的先前知识、学习观念、学习方式以及教学、师生关系、学习设施、学风、学习评价在不同地区高校都有显著差异。

在单独考虑八个影响因素中的每个因素对学习成绩的作用时，发现其中每个因素对学习成绩都有极其显著的影响，影响因素排名前三位的在东部地区高校为先前知识、学习能力、教学，在中部地区高校为教学、学习能力、先前知识，在西部地区高校为教学、学习能力、学习评价。其中每个因素对

学习成绩的影响只是部分地通过学习方式起作用，即学习方式的中介效应显著，中介效应占其对学习成绩的总效应的比例都在16%以上。不同因素对学习成绩的直接影响排名前三位的在东、中部地区高校均为先前知识、学习能力、学习评价，在西部地区高校为学习评价、学习能力、先前知识。而在考虑八个因素共同对学习成绩起作用时，影响因素排名前三位的在东部地区高校为先前知识、学习能力、教学，在中部地区高校为先前知识、学习能力、学习评价，在西部地区高校为学习能力、先前知识、教学。

3．不同学年本科生学习过程的影响因素

分析不同学年本科生学习过程的八个影响因素时，发现学生在“先前知识”上选择“基本符合”和“完全符合”选项的比例基本上呈现从大一直至大四逐渐上升的趋势；在“学习能力”上选择“基本符合”和“完全符合”选项的比例基本上呈现从大一到大二下降然后到大四逐渐上升的趋势；在“学习观念”上选择“基本符合”和“完全符合”选项的比例基本上呈现从大一到大二下降然后到大四逐渐上升的趋势；在“教学”因素上选择“基本符合”和“完全符合”选项的比例基本上呈现从大一到大二下降然后到大四逐渐上升的趋势；在“师生关系”因素上选择“基本符合”和“完全符合”选项的比例基本上呈现从大一直到大三上升再到大四有所下降的趋势；在“学习设施”因素上选择“基本符合”和“完全符合”选项的比例基本上呈现从大一到大二有所下降然后直到大四逐渐上升的趋势；在“学风”因素上选择“基本符合”和“完全符合”选项的比例基本上呈现从大一到大二下降然后直到大四逐渐上升的趋势；在“学习评价”因素上选择“基本符合”和“完全符合”选项的比例基本上呈现从大一到大三逐渐下降然后直到大四上升的趋势；在“深层学习方式”上选择“基本符合”和“完全符合”选项的比例基本上呈现从大一到大三有所下降后直到大四上升的趋势；在“表层学习方式”上选择“基本符合”和“完全符合”比例基本上呈现从大一直到大四上升的趋势。

从均值上看，学生的先前知识水平随着学年的升高而增加；学生的学习能力水平从大一到大二下降然后到大四逐渐上升；学生的学习观念上从大一到大二下降然后直到大四上升；教学水平从大一到大二下降然后到大四逐渐上升；师生关系随着学年的升高而增加，但到了大四骤然下降；学习设施从大一到大二下降然后到大四上升；学风从大一到大二下降然后到大四上升；学习评价从大一到大三下降然后到大四上升；学生的学习方式从大一到大二上升然后到大三下降再到大四上升。通过方差分析发现，学生的先前知识、学习能力、学习观念、学习方式以及教学、师生关系、学习设施、学风、学习评价在不同的学年中都有显著差异。

在单独考虑八个影响因素中的每个因素对学习成绩的作用时，发现其中每个因素对学习成绩都有极其显著的影响，影响排名前三位的在大一为先前知识、学习能力、教学，在大二为学习能力、教学、学习评价，在大三为教学、学习评价、学习能力，在大四为学习能力、先前知识、学风。其中每个因素对学习成绩的影响只是部分地通过学习方式起作用，即学习方式的中介效应显著，中介效应占其对学习成绩的总效应的比例都在 16% 以上。不同因素对学习成绩的直接影响排名前三位的在大一为先前知识、学习能力、教学，在大二为学习能力、教学、先前知识，在大三为教学、学习能力、先前知识，在大四为学习能力、先前知识、教学。而在考虑八个因素共同对学习成绩起作用时，影响因素排名前三位的在大一为先前知识、学习能力、教学，在大二为学习能力、教学、先前知识，在大三为学习能力、先前知识、学习评价，在大四为先前知识、学习能力、教学。

4. 不同科类本科生学习过程影响因素

分析不同科类本科生学习过程的八个影响因素时，发现学生在“先前知识”上选择“基本符合”和“完全符合”选项的比例基本上呈现从经济类—法学类—管理类—文史哲类—理工类逐渐上升的趋势；在“学习能力”上选择“基本符合”和“完全符合”选项的比例基本上呈现从经济类—法学类—文史哲类—理工类—管理类逐渐上升的趋势；在“学习观念”上选择“基本符合”和“完全符合”选项的比例基本上呈现从经济类—文史哲类—理工类—法学类—管理类逐渐上升的趋势；在“教学”因素上选择“基本符合”和“完全符合”选项的比例基本上呈现经济类—管理类—文史哲类—法学类—理工类逐渐上升的趋势；在“师生关系”因素上选择“基本符合”和“完全符合”选项的比例基本上呈现从文史哲类—管理类—经济类—理工类—法学类逐渐上升的趋势；在“学习设施”因素上选择“基本符合”和“完全符合”选项的比例因不同项目而不同科类各有不同的高低比例；在“学风”因素上选择“基本符合”和“完全符合”选项的比例基本上呈现从文史哲类—经济类—管理类—法学类—理工类逐渐上升的趋势；在“学习评价”因素上选择“基本符合”和“完全符合”选项的比例基本上呈现经济类的比例最低，理工类最高，其他三个科类在不同项目上各有不同；在“深层学习方式”和“表层学习方式”上选择“基本符合”和“完全符合”选项的比例基本上均呈现经济类—法学类—管理类—文史哲类—理工类逐渐上升的趋势。

从均值上看，学生的先前知识水平从经济类—法学类—管理类—文史哲类—理工类逐渐上升；学生的学习能力从经济类—法学类—文史哲类—理工类—管理类逐渐上升；学生的学习观念从经济类—文史哲类—理工类—法学类—管理类逐渐上升；教学水平从经济类—管理类—文史哲类—法学类—理工类逐渐上升；师生关系从文史哲类—管理类—经济类—理工类—法学类逐渐上升；学习设施从经济类—文史哲类—法学类—理工类—管理类逐渐上升；学风从文史哲类—经济类—管理类—法学类—理工类逐渐上升；学习评价从文史哲类—管理类—经济类—法学类—理工类逐渐上升；学生的学习方式从经济类—管理类—法学类—文史哲类—理工类逐渐上升。通过方差分析发现，学生的先前知识、学习能力、学习观念、学习方式以及教学、师生关系、学习设施、学风、学习评价在不同的科类中都有显著差异。

在单独考虑八个影响因素中的每个因素对学习成绩的作用时，发现其中每个因素对学习成绩都有极其显著的影响，影响因素排名前三位的在文史哲类、法学类均为教学、学习能力、学习评价，在理工类为学习能力、先前知识、学习评价，在经济类为学习能力、师生关系、先前知识，在管理类为学习能力、先前知识、教学。其中每个因素对学习成绩的影响只是部分地通过学习方式起作用，即学习方式的中介效应显著，中介效应占其对学习成绩的总效应的比例都在17%以上。不同因素对学习成绩的直接影响排名前三位的在文史哲类、法学类均为学习评价、学习能力、先前知识，在理工类、管理类均为学习能力、先前知识、学习评价，在经济类为学习能力、学习评价、先前知识。而在考虑八个因素共同对学习成绩起作用时，影响因素排名前三位的在文史哲类、法学类、理工类、管理类均为学习能力、先前知识、教学，在经济类为学习能力、先前知识、学风。

第三节　教育教学质量提高的对策建议

上述通过对本科生学习过程规律及其影响因素的实证研究得到的研究结论，对学生、高校、教育行政部门有什么指导意义？也就是说采取什么样的措施来提高高校的教育教学质量？根据前面理论分析与实证分析结论，本研究认为可以从以下三个方面采取措施。

一、对本科生学习方面的建议

（一）提高自身的学习主体性

学习同人类其他活动一样，是一种积极主动性的活动。以主体性的态度对待学习，是学习最终能够取得成功的必要条件之一，这也是对当代大学生

的基本要求之一。因此，大学生应该努力使自己成为真正的学习主体。①

本研究发现，在影响本科生的学习因素中，无论是在单独考虑八个影响因素中的单个因素对学习成绩的作用，其通过学习方式影响学习成果的效应以及直接影响学习成果的直接效应，还是在考虑八个影响因素共同对学习成绩起作用，学生主体因素中的学习能力与先前知识都居于前三位之中，这就表明了在影响本科生学习过程的学生主体因素、教师主导因素以及学习环境因素三者之中，学生自身因素是影响学习成果最为关键的要素。本研究还发现，学习过程中的"进程"阶段即学习方式，对本科生的学习来说非常重要，这些影响学习过程的因素不仅会直接影响学习成果，同时其他八个因素也会通过学习方式对学习成果产生间接影响，即这八个因素均会通过学生的学习动机和学习策略对学习成果产生间接影响。而高校所提供的教师主导因素、学习环境因素虽然是完成学习成果必不可少的条件，但是它们相对于学生主体因素都是外界因素，需要通过学生这个主体才能发挥其作用。这些研究发现表明了学生应当而且必须是学习的主体。因此，本科生要明确自己是大学学习的主体，有意识地通过各种途径培养自己积极、主动的学习态度，激发自己学习的激情和求知的欲望，并在此基础上培养自己自主创新学习的能力，使自己进入社会以后能自主地学习。

（二）学会分析、运用学习过程规律

任何事物都有自身的发展规律，而规律是事物本身所固有的、深藏于现象背后并决定或支配现象的方面。人在客观规律面前并不是完全消极被动的，人们在实践中通过大量的外部现象可以认识或发现客观规律，并用这种规律性认识指导实践。

本研究通过路径分析发现本科生学习过程有着一定的规律性，即大学各阶段之间是存在联系与影响的，学年之间的影响力随学年的升高与学年之间的间隔拉大而逐步减弱，相邻学年的影响力大于非相邻学年的影响力，第一学年在整个大学生涯中是最为重要的，等等。通过中介效应分析得出学生主体因素是影响学生学习的关键所在，教师主导因素与学习环境因素分列其后，而这些影响学生学习的因素都会部分地通过学生的学习方式展现出来，进而影响学习成果，并且学习过程规律会因类别不同而发生相应变化。因此作为学生来说，想要在大学阶段通过良好的学习丰富知识、增长才干，首先要学会用科学的观点、方法正确地分析、认识自己的学习过程的规律性，在此基础上树立较高层次的学习价值观，这样才能端正自己的学习态度。有了

① 郝贵生．大学学习学［M］．北京：人民出版社，2001：59－60.

正确的学习态度，才能激发自己深入、持久的学习动机，产生相应的学习行为，理解、掌握学习过程规律并结合自己的特点与实际，在大学学习中加以灵活运用，进而较快、较好地实现自己的学习目标与理想，减少自己在学习中的盲目性与被动性，增强学习的主动性与积极性。

二、对高校教学管理方面的建议

（一）树立高校教学管理的现代化理念

保证和提高高校教育教学质量必须以现代高等教育思想为指导，以变革教育思想、确立现代教育观念为先导和动力。这就要求高校管理主体对传统的教学管理理念、教学管理模式进行深刻反思并加以变革，根据培养高素质新型人才的要求，充分吸收借鉴国内外教学管理改革的有益经验，探索与创新教育相适应的教学管理新途径。人才培养是高校的根本任务，这一根本任务决定了学习与教学始终是高校的中心工作。在高校教育中，学生是主体，教师是主导，所有的高校工作都必须围绕学生与教师而进行。

本研究发现，在单独考虑学生主体因素、教师主导因素与学习环境因素所包含的八个影响因素中的每个因素对学习成绩起作用时，学生主体因素的学习能力、先前知识在影响因素中居于前二位，在不通过“进程”阶段即学习方式直接影响学习成果的因素排名中也居于前三位，在考虑八个因素共同对学习成绩起作用时在影响因素中同样居于前二位，表明学生主体因素在本科生学习过程的影响因素处于首位；而教师主导因素与学习环境因素分别位居二、三位，这就说明了在学习过程中，学生主体因素是决定学生学习的质量和效果的首要因素。高校要提高教育教学质量，就需要遵循学习过程的客观规律，改变传统教学工作管理理念，凸显“以生为本”。首先要充分发挥学生在教育中的主体作用，努力培养和增强学生的主体意识，将“以生为本”的现代教学工作管理理念融入日常管理工作中，全面提高高校管理水平，推进高等教育现代化发展，这是实现学生发展、高校发展进而最终实现社会发展的关键所在。其次要把工作实实在在地放到以育人为本的工作价值目标上来，从学生的内在需求和发展需要出发，帮助学生形成正确的需要层次和需要结构，引导学生把个人的成才目标与学校的教育目标统一起来，按照学生的学习过程规律制定相应的教学管理规范，真正根据学生的学习规律进行教学、进行学校各项管理工作。

（二）加强对学习及教学全过程的质量管理与指导

当今，高等教育质量已经成为全社会普遍关注的焦点。国家对高等教育质量问题异常重视，在《国家中长期教育改革和发展规划纲要》中就明确

提出“提高质量是高等教育发展的核心任务，是建设高等教育强国的基本要求”，将提高高等教育质量与建设高等教育强国相联系，“全面实施‘高等学校本科教学质量与教学改革工程’。严格教学管理。健全教学质量保障体系”。在高等教育质量中，核心就是人才培养质量。而大学生是在学习过程中不断丰富知识、提高能力以及锻炼品质的，因此学习过程的质量直接决定了人才培养的质量。

通过本研究可以看到，在不同层次的高校、不同科类、不同性别的本科生学习中都存在着学习过程规律，即大学本科四年是一个环环相扣、不可分割的过程，各阶段之间存在着联系与影响，前一阶段的学习质量直接影响着后一阶段的学习质量，每个阶段对大学培养目标的实现都是非常重要的，它的好坏直接影响到下一阶段的完成质量。这些学习过程规律是高校进行学习、教学管理工作的科学理论基础，高校需要彻底改变以“目标方式”为主的传统教学管理理念，根据学习过程规律开展相应的学习、教学工作全过程管理，充分重视本科生的学习和教学的每个阶段，根据每个阶段的特点与要求实施与本科学习和教学相对应的动态的全过程质量管理与指导，并提供所需的各种条件，进而保证和提高大学教育教学目标与任务的高质量的实现，不会因为任何一个学习阶段的松懈和管理不善而影响到本科生的人才培养质量。

（三）关注本科生学习阶段中的重点阶段

辩证唯物主义认为要解决问题就要抓住事物的主要矛盾和矛盾的主要方面。大学每个阶段对大学培养目标的实现都是非常重要的，高校需要重视大学每个阶段的完成，但是对于其中一些关键的阶段应该给予特殊关注。

本研究发现，大一学生在整个大学学习生涯中起着至关重要的作用，不仅影响了大二、大三，甚至对于大四都有一定程度的影响，其学习状况的好坏在很大程度上影响了本科生整个大学期间的学习成果。这是因为其不仅是中学阶段学习活动的延伸，更是为大学专业学习打基础的阶段，而学习环境的变化、学习内容、教学方式的转变等都对本科生提出了较高的要求，本科生在这一阶段能否转变成功，直接关系到以后各阶段的学习质量。因此，对于高校来说，要加强对大一学生的学习与教学的科学管理与指导，做好大学新生的教育教学工作，为其提供在学习目的、学习策略、学习态度等方面的学习指导，同时配备高水平的基础课教师和责任心强的辅导员，营造良好的学习氛围，开设新生指导课，帮助大一学生尽快适应大学的学习与生活，为大学生以后的学习生活创下良好的开端。

同时，研究也发现影响本科生学习过程的因素会随学年发生变化，学习能力、学习观念、教学、学习设施、学风、过程阶段的学习动机以及相应的

学习策略基本上呈现从大一到大二下降然后到大四逐渐上升的趋势，进程阶段的学习动机以及相应的学习策略也基本上呈现相同的变化规律，从这里可以看出在大二阶段的学生、教师、学习环境等因素都呈现了下降态势，这也说明了本科生在大二阶段的学习会产生倒退现象。这就需要高校在大二阶段加强对学生学习与生活的关注，教师要注重学生的心理辅导与专业引导，并从学习环境方面给予其所必需的条件，从主、客观方面都给予学生帮助，使其在这一阶段消除松懈心理，学好专业基础课，为其后的专业学习打下扎实的基础。

（四）构建符合高校科学定位的教育体系和专业课程设置

我国高等教育大众化必然伴随着高等教育的多样化、多层次化。一方面，科学技术的发展伴随着生产的多样化和社会生活的多样化，必然需要多种多样的人才；另一方面，要满足青年求学的要求和他们自身的能力的多样化，就要求高等学校必须多样化。因此，国家在《关于〈中国教育改革和发展纲要〉实施意见》中明确指出："不同类型不同层次的高等学校应有不同的发展目标和重点，办出各自的特色。"

本研究发现，学生在不同层次的高校、不同科类中的学习过程所具有的规律表现形式具差异性，同时影响学习过程的因素也会因高校的层次、高校所在区域、科类、学年的不同而发生相应的变化。这是高校分类发展的结果，是由于人才培养目标、专业与课程设置等各方面不同而产生的差异。而这些学习过程规律以及影响学习过程因素变化的差异性也进一步为高校分类发展提供了理论依据，即不同层次类型的高校应坚持正确的、符合自身特点的质量观，从人才培养目标、专业与课程的设置等方面找准自己的位置，按照不同的类型和优势办出自己的特色与水平，构建符合高校科学定位的教育体系和专业课程设置。以研究型人才培养为主的高校要以提高学生综合素质为导向，重视知识的基础性，强调学生的心智训练，注重提高学生综合能力与素质；以专业型人才培养为主的高校要以严格扎实的学科训练为导向，重视专业基础课的教学，强调学生专业素养的形成、专业能力的培养；以应用型人才培养为主的高校要以有效解决实际问题技能、适应就业需要为导向，强调学生的理论应用与实践操作能力的培养。同一类型、层次的高校同时也要在人才培养中体现自己与他校不同的特色与优势，只有这样才能分层分类地培养出国家与社会所急需的数以亿计的高素质劳动者、数以千万计的专门人才和一大批拔尖创新人才。

三、对高等教育评价方面的建议

（一）树立教育教学质量评价的现代理念

高校教育教学质量评价是高校教学质量管理的重要手段，而其科学、系统、行之有效，对于加强高校教学质量管理、提高教学质量具有重要意义。

本研究发现，在影响本科生学习过程的基本因素中，单独考虑八个影响因素中的每个因素对学习成绩的作用时，涉及学生自身的因素如学习能力、先前知识在影响学习成绩的因素中排名列前三位，而教师主导因素以及学习环境因素则分别位居其后。从这里可以看出影响学生学习质量的真正决定因素应是学生主体因素，而且通过中介效应分析发现，这些影响学习过程的因素都会部分通过“进程”阶段即学习方式（学生的学习动机与相应的学习策略）影响学生的学习成果，体现了学生主体因素在学习过程中的关键作用。因此，要提高高校的教育教学质量，必须使之重归高校教学培养人才的本真意义，将高校教育教学评价的重心从教师工作状态转移到学生学习成效上，从而引导高校教学模式由“以教为主”向“以学为主”转变，其促进教师发展、改善学习环境的功能也应服务于学生的发展。在此基础上，向提高学生的学习质量转变，引导高校及教师从以前重视知识传授转变为重视培养学生的学习能力、观念，进而激发学生深层次的学习动机，采用相应的科学的学习策略，通过高校教育教学质量的提高实现学生学习“质”的提升，这就需要实现对高校教学评价指导理念从评“教”向评“学”的转变，引导教学实现“质”的提升。

（二）制定不同类别的高校教育教学质量标准与规范

社会及学生主体的不同层次的需要，造成高等教育的多样化和多层次化，又必然会带来教育水平的多元化。进一步来说就是，不同层次、不同水平的高校在各自的教育教学上应该有不同的质量标准。这是因为质量是相对的，不同类型的学校，不同的学科、专业有不同的质量标准，质量是发展变化的，不是一成不变的。[①] 由此可见，高等教育质量不应只有一个标准。

从本研究可以看到，不同层次、不同科类高校的本科生的学习过程有着明显不同的规律性，同时在影响学习过程的因素上，也明显存在着因高校的层次、地区、学年、科类不同而不同的现象。因此，只有根据不同类别的本科生在学习中的不同规律性进行相应的教学，才能达到培养各具特色与专长的人才的目的，同时，本研究的发现也为高校教育教学质量实施分类评价提

---

① 杨德广. 提高高等学校质量的几点建议［N］. 光明日报，2003－09－04（5）.

供了现实依据。与高等教育多样化质量观相适应，按照具有国际可比性的专业教育质量标准指导各校制定自己的专业规格，阐明各专业规格的性质、特点和内容，给出不同专业规格示例，明确对高等教育、毕业生的要求和不同级别的学历与学位分别应达到的具体水平，力求使每个学生可以明白某一个层次的学位或学历专业将学些什么、怎么学、学成以后可能获得什么知识、具有怎样的能力和技能，以及养成怎样的品质等。在此基础上根据不同的标准与规范实施多元化的高校教育教学质量评价观与标准，这样才能真正评价不同类型的高校、不同学科、不同专业等方面的教育教学的真实质量，进而找到不同类别的学习、教学的长处与不足，提出改进的建议，保证与提高各类高校的教育教学质量。

（三）实施对大学生的发展性评价

高校教育教学评价不仅要注重社会需要的满足，同时也要注重学生的发展和生活的多样化需求，对学生不仅要从学业成绩、学习结果方面进行评价，而且要从学生学习是一个不断得到全面发展的过程出发进行评价。因此，需要实施对学生的发展性评价，突出学生的发展功能，使学生自觉地、能动地根据社会发展的需要与自身发展的优势，掌握自身发展的方向，实现个性发展与社会发展相互协调。发展性评价体系的构建要基于学生的过去，重视学生的现在，更着眼于学生的未来；要面向每位学生，面向每位学生的每个方面，为学生确定个体化的发展性目标，让每位学生都能发现自己在某一方面的优势，这样才能充分发挥学生的积极性和主动性，促进学生全面和谐的发展。因此，需要通过多元评价促进大学生个性化发展。评价学生不仅限于学业成绩，同时需要涉及学生的态度、情感、兴趣和价值观等各个方面。在评价时除采取量化方法外，还要运用访谈、调查、观察等多样化评价方法，对以学生为核心的高校教育活动进行准确科学的评价，并在此基础上根据评价结果来发现问题、总结经验，从各方面帮助学生“成为他应该成为的那个人”。

第五章　新建本科院校、独立学院、民办高校教育教学质量的案例研究

正如美国的社区学院、英国的多科技术学院一样，世界各国在面临和应对高等教育大众化的挑战时，都在保持原本精英大学内涵式发展的同时，积极拓展新的高等教育机构，推进高等教育的外延式发展。我国在高等教育大众化过程中形成了新建本科院校、独立学院和民办高校三类新型高等教育机构，它们的出现及时缓解了学生入学人数激增和院校招生规模相对有限的矛盾，成为我国高等教育大众化发展的特色。因此，这三类机构的教育教学质量保障也就成为我国高等教育大众化阶段质量保障体系的重要组成部分。本章通过对以上三类院校的个案分析，为这三类院校教育教学质量的现状把脉，并对其质量保障发展提出建议。

第一节　新建本科院校教育教学质量的个案分析

新建本科院校主要是指 1998 年以来，经由教育部批准组建的具有高等学历教育招生资格的普通高等学校。在 2000—2007 年间，新建地方本科院校达 172 所，占普通本科院校的 24%。新建本科院校对优化高等教育结构和布局，实现高等教育社会功能转变以及促进区域经济发展具有不可替代的作用，对我国实施高等教育大众化教育战略和格局调整做出了积极贡献。[①] 新建本科院校作为我国高等教育系统中的重要组成部分，其教育教学质量的高低直接影响到我国高等教育的整体质量。由于其兴办本科教育的历史不长，其培养出来的人才是否达到了国家规定的合格标准也吸引了不少公众的关注。本节将对一所新建本科院校（S 学院）的教育教学质量保障体系进行个案分析，希望能从某种程度上反映出我国新建本科院校的教育教学质量保障体系现状及未来的发展情况。

① 孟现志. 新建本科教学质量保障体系建构的若干思考［J］. 商丘师范学院学报，2011（1）.

一、S 学院成立的背景

（一）产业结构快速工业化，急需地方本科院校培养应用型人才

作为江苏省省最年轻也是最为落后的地级市，S 市经济发展的基础较低，但是发展的速度和取得的成效却有目共睹。江苏省省委、省政府一直将 S 市作为特殊区域给予重点扶持，明确提出“在不违背国家政策法规的前提下，允许和鼓励苏北地区特别是 S 市采取更加灵活的政策措施、更加灵活的管理制度、更加灵活的改革举措加快发展”。在政策的指引下，S 市经济发展迅猛，速度和效益都得到了保证，财政总收入、一般预算收入、规模以上工业增加值、工业用电量、实际到账外资等主要经济指标增速持续处于全省领先位次。

经过多年发展，S 市已形成了服装纺织产业、木材产业、轻工食品产业、玻璃产业、化工医药产业、新能源产业和农产品加工产业中的重点行业链，同时也构建了以商贸物流业、化工医药业、玻璃建材业、纺织服装业、木材加工业为主的配套产业。在产业结构进一步优化的条件下，S 市形成了机械电子、金属冶炼与压延、纺织服装、食品饮料、木材加工、化工医药六大产业集群发展的态势。在此基础上，S 市还非常重视技术改造和科技创新，加强工业生产、农副产品生产中技术含量的融入，以及技术密集产品的开发与生产。同时商贸等传统服务业迅猛发展，房地产、信息、旅游等新兴服务业快速发展，现代物流、科技服务、金融等生产服务业全面发展。目前，S 市产业结构趋向工业化，并形成了地方特色，因此对地方性高级技术人才的需求大大增加，而地方本科院校培养的应用型人才则是地区产业经济发展的上佳选择。同时，在产业结构不断升级的过程中，地方高校除了提供人才培养的支持外，还将通过校企联合的方式为新产品的开发提供智力支持，形成研发平台。

（二）城市化进程加快，设立本科院校已成各方共识

S 市历史悠久，拥有良好的文化积淀和发展底蕴。自古就有“北望齐鲁、南接江淮，居两水（即黄河水、长江水）中道、扼二京（即北京、南京）咽喉”之称。同时，物产丰饶的 S 市还被冠以“杨树之乡”“水产之乡”“名酒之乡”“花卉之乡”和“蚕茧之乡”之称。

S 市不仅生态优美、人文荟萃，而且政策灵活，是江苏省唯一的“经济社会发展综合改革试点市”。在经济迅猛发展的同时，S 市注重加强社会事业和城市建设，城市化进程稳中求快，基础设施建设、生态旅游项目建设和体制机制创新方面均有所建树，人民生活水平得到了切实提高。到 2008 年

中心城市人口增加到46.2万人，全市城市化率达到36%。人民生活水平的提高和城市化发展的进程必然带来高等教育需求的增加。因此，投资并建设好一所本科院校的理念已经在S市各级领导和普通百姓中形成共识：高等院校的发展不仅能够加快S市未来发展，深化城市化进程，还能满足S市人民和社会产业结构对高等教育的需求。因此，S学院的发展和建设，在推动S市走向学习型社会、进入人力资源大市和强市的行列上被寄予厚望。

（三）经济转型期国际化水平有所提升，高等教育国际化理念渐入人心

S市在经济高速发展的同时，以优势产业为依托，打造出具有品牌效应的产品推向国际舞台，并始终把招商引资作为第一抓手，吸引优势资源的投入。因此，S市对外贸易在较短的时间内实现了较快增长，在未来发展的过程中，其经济国际化水平还有较大的上升空间。通过近年来不断增多的国际交流，受到国际先进理念的辐射，高等教育国际化潮流或多或少地影响着S教育事业的发展。高等教育国际化成为S学院未来发展的方向之一。

综上所述，S市在产业结构不断调整优化、城市化进程步伐加快、国际化程度不断提升的发展过程中，必然增加对各类高级人才的需求，这将成为S学院未来发展的重要推动力，有助于推动S学院内涵建设。

二、S学院发展的SWOT分析

使用SWOT分析矩阵，根据相关因素的调查访谈资料，有助于清楚地将优势、劣势、机会和威胁呈现于矩阵之中，再从矩阵的各种组合中进行战略选择。这种方法不仅能够梳理学院的宏观状况，把握大方向和整体局势，还能够运用于微观层面的分析，例如专业建设、课程开发，成为制定S学院"十二五"战略发展规划的有力分析工具。因此，从此框架各个部分着手可以分析学院的优劣势、机会与威胁，以便于将其组合成为各种发展战略。下面是初步的分析结果。

（1）优势是国家对高等教育的重视、《国家中长期教育改革和发展规划纲要（2010—2020）》给予的政策支持、江苏省对S学院的支持、S市对S学院的支持、八校联建的优势、公办民营的模式、学院已经呈现的特色化办学。

（2）劣势是S市经济不发达、S市高等教育基础和资源匮乏、办学时间短与积淀不够、学院优质生源和师资有所欠缺、学院资金供给紧张且筹措渠道不多、应用型人才培养实践环节还有待进一步加强。

（3）机会是国家对不发达地区高等教育的重视与扶持、江苏省大量优质高等教育资源的支撑、S市对建立本科水平高校的迫切需求、学院本科第二批招生后生源质量的提高、青年教师的成长与成熟、取得学士学位授予权

之后的调整与改革。

（4）威胁是专业和课程仍然存在不合理现象，学院纵横管理中存在一些矛盾，学院各部门工作还不够到位，有所欠缺。

将以上梳理出来的各部分填入 SWOT 矩阵，可以得到如图 5－1 所示分析矩阵，并根据矩阵中各要素制定相互组合的战略。

	优势 S 1. 国家对高等教育的重视 2.《国家中长期教育改革和发展规划纲要》给予的政策支持 3. 江苏省对 S 学院的支持 4. S 市对 S 学院的支持 5. 八校联建的优势 6. 公办民营的模式 7. 学院已经呈现的特色化办学	**劣势 W** 1. S 市经济不发达 2. S 市高等教育基础和资源匮乏 3. 办学时间短与积淀不够 4. 学院优质生源和师资有所欠缺 5. 学院资金供给紧张且筹措渠道不多 6. 应用型人才培养实践环节还有待进一步加强
机会 O 1. 国家对不发达地区高等教育的重视与扶持 2. 江苏省大量优质高等教育资源的支撑 3. S 市对建立本科水平高校的迫切需求 4. 学院本科第二批招生后生源质量的提高、青年教师的成长与成熟 5. 取得学士学位授予权之后的调整与改革	**SO 战略：发挥优势、利用机会** 1. 积极应对国家政策给予的优惠，深化学院改革 2. 在寻求政策倾斜的同时，强化办学优势，注重特色发扬 3. 利用联建优势，加强专业建设与课程开发，强化应用型人才培养环节	**WO 战略：利用机会、克服弱点** 1. 在国家、省市支持下，寻求更多、更广泛的资金支持，分担高等教育成本 2. 提高办学水平，强化教育教学质量，注意校园文化氛围的塑造 3. 在培养优质人才的同时，培养骨干教师、学科带头人
威胁 T 1. 专业和课程仍然存在不合理现象 2. 学院纵横管理中存在一些矛盾 3. 学院各部门工作还不够到位，有所欠缺	**ST 战略：利用优势、回避威胁** 1. 进行专业调整，加强特色专业建设与精品课程开发 2. 强化各职能部门的工作、管理效率	**WT 战略：减小弱点、回避威胁** 1. 将产业结构与专业设置相结合 2. 寻求更多社会力量支持，用于人才培养全过程

图 5－1　S 学院 SWOT 分析矩阵

三、S 学院的教育教学质量保障体系

（一）运行质量监控是教育教学质量管理过程的核心

为了监控整体教育教学质量，S 学院根据实际情况，结合理论并参考一些先进的经验和做法，设计出一套符合学院自身特点的质量监控体系，从教学本身保障内部质量。在教育教学质量监控实施方案中，主要包括完善健全学院的两级督导机构、常规教学检查、教学专题研究、教育教学基础技能培训、教学工作考核、教育教学质量监控工作例会、毕业生跟踪调查这些环节的内容，并且注重对信息的采集和反馈。这些环节由学院教学质量监控领导小组牵头实施，教务处和院督导组分两条线进行，并通过系部将监控工作推广下去。院督导组直接对系部的教学进行督导。教务处负责安排学生信息源进行信息采集，安排系部进行教学检查和教学评价，而教学检查环节则分为常规检查和专项检查。最后教学检查的结果同教学评价的结果一起汇总至教务处进行信息分析，并将此信息反馈给院督导组和学院教学质量监控领导小组，由此形成良性循环。图 5 - 2 为学院教育教学质量监控运行的循环图，通过此图能够直观认识到学院质量监控体系的运行方式。

从图 5 - 2 中可以明确地看出，质量监控的运行主要通过院督导组和教务处两大部门深入系部进行，同时监控的工作也涉及人事处和学生处。实施质量监控的主体是多维的，包括教学督导、各级领导以及学生，但监控最主要的主体是学生。实施目的在于通过系统、有序地搜集有关教学的各种信息、数据，进行科学的统计分析，掌握教学运行状态，检验教学效果，预测教学目标的实现情况，同时对学院、系部及教师的教学水平和教育教学质量作出评价，为改进教学工作、提高教育教学质量提供科学的依据。学院实施教学的全员、全程和全要素的监控管理，通过不断改善影响教育教学质量的内部因素（教师、学生、管理水平等）和外部因素（方针、政策、体制、办学条件等），营造并维护良好的育人环境，从而达到最佳的教学效果。学院质量监控体系将教育教学质量的评价与学院的激励和约束机制相结合，促进教师进行教学内容、教学方法和教学手段的改革，引导学生积极主动、创造性地学习，最后通过质量监控得到的反馈信息为学院专业结构的调整、课程设置及内容更新、教学条件的完善、教学管理的改进提供了依据。通过多年实践与不断完善，该体系现在监控的主要内容包括培养目标、师资队伍、专业建设与教学改革、课堂教学、实践教学、教学管理、学习风气，从容易利用硬性指标勘测的内容到需要通过感性认识了解的内容均有涵盖。

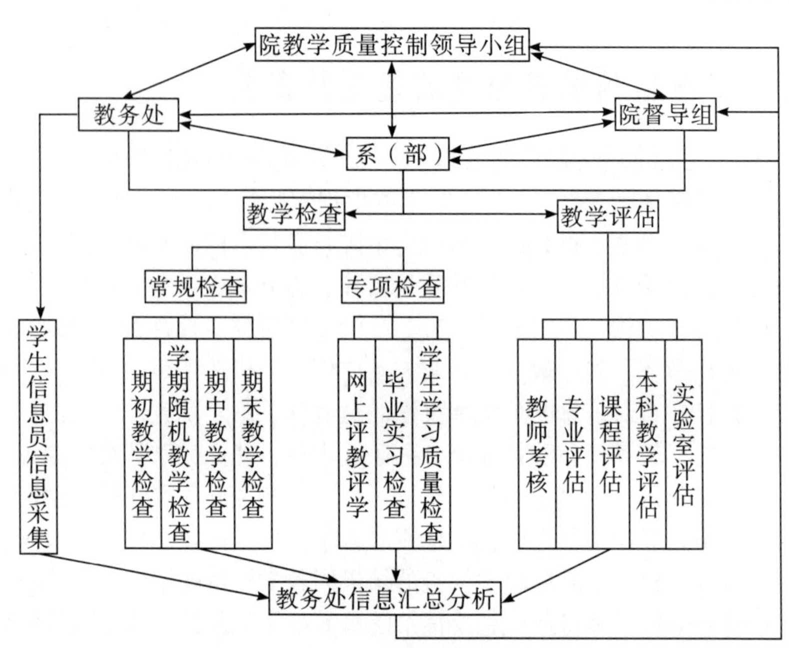

图 5－2　S 学院教育教学质量监控运行图

（二）制定合理的规章制度是教育教学质量管理过程的重要保障

教育教学质量监控体系是 S 学院为保障教育教学质量而重点关注的项目之一。为此，学院将运行质量监控体系写进规章制度中，不仅是对“强化教学中心地位”给予明文规定，也是将质量监控作为教学管理过程的核心，为完善教学管理过程提供了保障。围绕教育教学质量监控的核心，对教师课堂教育教学质量评价、主要教学环节质量标准、教师教育教学质量评价办法、精品课程建设、特色专业建设、毕业论文（设计）条例、本科教学工作水平与评价实施方案、提高课堂教育教学质量方面进行了若干规定，不仅从条例上进行了规定，还在某些项目上设置了具体的评价办法和评价指标。尤其是在与质量息息相关的教学第一线，学院为教师课程教育教学质量制定了评价办法，并在各主要教学环节上制定了一级指标、二级指标和质量标准，从备课环节的质量标准到理论课程课堂教育教学质量标准设计、考试环节质量标准、实验教育教学质量标准、专业实习工作质量标准、毕业设计（论文）工作质量标准均有规定，以此来规范教师课程授课和便于对教学进行考核、评价，促进教育教学质量的提升，完善应用型人才的培养过程。同时，学院对教师教育教学质量也制定了评价办法，包括对教师教学态度、教学内容、教学方法、教学手段、教学基本功、指导实践、教书育人的师德师风以及形成总体评价的评价指标，设定评价标准和建立观测点，利用这些办法与规章制度来统筹教师教学，促进教师以教学为重，并以此为据来完善学院的教学管理工作。

四、S 学院教育教学质量提升的道路选择

应该说 S 学院已建立了较为完善的内部教育教学质量保障体系，对其教育教学质量的提升起到了很大的作用。但通过对 S 学院的实地考察，本研究发现其在提升教育教学质量方面还存在一些问题，下面就这些问题提出一些建议。

（一）建设特色化专业与开发精品化课程并进

专业与课程是学院教学之本、培养人才之基，专业建设和课程开发的必要性和重要性已经在办学特色和五年规划研究中进行了充分的论证，这也将作为在省级政府统筹下长期发展战略道路的重要选择之一。从整体发展的框架分析，专业建设是学院长期发展的大势所趋，而课程开发则是保证专业建设的基础性和支架性环节。特色专业的打造需要精品课程作为支撑，精品课程的开发是特色专业建设的重要细胞，二者相辅相成且能够齐头并进。

作为未来十年重点发展项目的专业建设，其核心词语在于“特色”，可以从两个方面进行理解：首先，特色专业应该具有学院特色，根据国家、省级对专业的要求和质量标准，制定学院对专业的构想与质量标准，在此基础上进行特色构建，使之成为适合学院学生学情的特色专业。其次，学院特色专业需要以办学理念为指导，学院扎根 S 市的战略思想可以为特色专业的打造增添许多发挥空间。开发具有地区针对性的专业，比如木材加工、材料成型、花卉与园林技术以及酿酒等，以 S 市的优势产业带动学院特色专业的发展，并为学生创造出更多的实践岗位和就业机会，同时可以使理论学习与实践操作的紧密结合成为学院特色专业建设的一大亮点。

而学院在重视特色专业建设的同时，还应当充分关注精品课程的开发。从学院实际情况出发，未来十年对于精品课程的建设应该分步进行：首先进行课程改革试点，在各个专业挑选基础性、核心性的课程，从教学内容、教学方法、考试方法等层面进行改革，首批被挑选参与教改试点的课程包括微观经济学、现代汉语、高等代数、C 语言、工程造价、综合英语、基础会计学、测试技术、数字电子技术、思想道德修养与法律基础等 12 门课程。其次是要鼓励学院教师在国家课程、省级课程的基础上，大力开发校本课程，加大实践投入，使课程与教学具有针对性的优势。最后，在制度的规定下进行精品课程建设，适当引入竞争机制并挂牌授课，使精品课程成为学院各专

业的名片。这样一来，学院在专业和课程的发展上可以同时进行，共同促进学院人才培养质量的提升。

（二）努力塑造精英化的高素质师资队伍

专业的建设和课程的开发需要依托教师队伍的不断壮大来进行，优质的教学也需要教师队伍的不断优化来实施。培养一支作风优良、德才兼备、教学认真负责、具有开拓创新精神的精英教师队伍，亦成为学院未来十年的发展目标之一。因此从数量上来说，学院首先要解决的是补充教师缺口的问题，通过人才引进给各个专业配备足够的任课教师；其次则需要通过培养，使学院内聘教师得到成长，提高学院主讲教师的高职比。而从质量上来讲，通过数量上的补给，适当减轻目前内聘青年教师的负担，使教师有更多精力投入教学改进活动，从而进一步杜绝教学上的重复，有利于激发教师的创造性。

S 学院是一所教学型院校，学院教师最主要的职责即是将满足高等教育本科阶段质量标准的知识和技能传递给学生，完成教育传递知识、文化的功能。因此学院将从教师发展的各个层面对师资队伍的素养进行塑造。作为高等学府的教师，首先，需要拥有强烈的责任心和正确的教学态度，这是教师职业道德塑造的根基。其次，作为教学一线的教师，只拥有知识是不够的，还必须要掌握教学方法，才能够将系统化、已成型的知识正确地传达给学生并引导学生学会应用知识，因此教学方法的培训成为改进教学的有效途径之一。最后，高校教师教学是一项具有创造性的活动，要注意新技术、新成果在教学中的融入，开创具有专业特色的教学，这不仅能促进师生双方的成长，同时也有助于学院精品课程的开发和特色专业的打造。

同时，对于一所培养应用型人才的院校，加强教师队伍的应用型素质培养也是意义非凡。学院可以借鉴德国应用科技大学的做法，通过各种渠道和途径，加大教师派往企业挂职锻炼的力度，并加大企业技术人员的教学参与度，更重要的是培养学院自己的“双师型”教师，以解决教师教学脱离生产实际和企业人员不懂教学的窘境。这样做，学院既能提高实践教学的说服力，也能实现师资队伍精英化的目标。

（三）加强学院各级管理的科学化与系统化建设

现代企业制度的特征是“产权清晰，权责明确，政企分开，管理科学”，将实现科学化管理提上了显著的位置。我国公办高校现代大学制度的特征表述为“党委领导，校长负责，教授治学，民主管理”，也将科学管理的思想提高到一个很重要的位置。现代大学的本质是传承、研究、融合和创新高深学问的组织。对于 S 学院这样一所现代高校来说，专业和课程是其组织基础，教学活动是其一切活动的中心，利用科学思想来进行学院管理，则是解决学院长期发展困境的有效手段，也是促进专业建设、课程开发，实现优质教学的必要途径。

站在未来十年发展战略的高度，学院系部组织管理的科学化首先成为科学管理实施的阵营。从现实出发，学院以纵横管理为主线进行改造与统筹，杜绝经验式管理作风而实现科学管理。纵向主要涉及系部的内部管理，在高等教育基层组织管理理论的指导下，从系部人员管理、教学管理等方面对系部的课程、教学、教研室、各专业展开科学管理，同时还涉及系部、专业与联建高校之间的协调运作，以此形成系部管理系统。横向则主要涉及学院建立系部之间的管理与统筹，在公办民营的模式下，尽量使学院行政组织扁平化，进行系部评价考察，将更多的力量集中在系部凝结上。由此使 S 学院管理网络形成纵横交错、上下左右贯通的系统，实现全院管理系统化。

与此同时，对于学院人员的管理，主要涉及对教师和学生的管理工作。由于教师精英化队伍建设的需要，学院人事部门要紧扣教师职业生涯发展与教学管理的因素对师资队伍开展管理工作。而目前学生管理呈现准军事化的特点，对学生严明纪律和规定都是为了确保学生的安全和促进学生将更多的精力投入学习。未来改革的方向则可以适当增加学生学习的自主权和自由度，让学生主动参与管理，完成由他律到自律的升华过程。

第二节　独立学院教育教学质量的个案分析

独立学院这种借助公办院校教育资源的办学模式，既能保证教育教学质量，又能更大程度地吸引民间资金，无疑解决了大众化发展中最为棘手的两大难题：质量和资金。因此，独立学院很快就得到教育行政部门的肯定，允许试办。之后，国有民办二级学院在全国范围内异军突起，迅速发展。2003 年 4 月，教育部印发了《关于规范并加强普通高校以新的机制和模式试办独立学院管理的若干意见》（以下简称《若干意见》），明确界定了独立学院“是专指由普通本科高校按新机制、新模式举办的本科层次的二级学院”，肯定了“独立学院是新形式下高等教育办学机制与模式的一项探索和创新，是更好更快扩大高等教育资源的一种有效途径”。据统计，截至 2008 年底，我国共有独立学院 322 所，在校生 214.86 万人，其中本科生 193.3 万人，专科生 21.56 万人，约占我国全部普通高等学校在校生数的 10.8%。[①] 可以

① 数据来源于《中国教育统计年鉴 2008》。

说独立学院（原国有民办二级学院）发展至今，已经成为我国高等教育的重要组成部分。虽然独立学院在其迅速发展过程中取得了很多引人注目的成绩，但同时也面临许多的挑战和质疑，特别是其教育教学质量一直是人们关注的焦点。N大学W学院是我国独立学院发展历程上的一个典型代表，通过对W学院的系统研究，希望能在某种程度上反映出我国独立学院教育教学质量的情况。

一、W学院产生的背景

（一）高等教育大众化为W学院的出现提供了机遇

1999年是我国高等教育大众化启动、高校开始大规模扩招的一年。我国的大众化和扩招政策的出发点在很大程度上受到经济因素的主导，如拉动内需、推迟就业等，所以大众化的准备不够充分。由于新兴的民办院校办学规模有限，办学层次以专科为主，且办学质量难以保证，而国家层面希望高等教育在数量扩大的同时能够尽可能保证质量，因此民办院校没有被委以扩招的重任。同时新建公立高校又绝非朝夕之事，故而高等教育规模的急剧扩充基本是在公立高等学院“体制内”进行。这一做法引发两个后果：一是公立高等教育系统不堪重负，各种办学资源均出现短缺的情况，办学质量下降隐患渐显；二是由于公办高等教育系统的扩招，本就有限的民办院校生存发展空间受到进一步挤压。

（二）浙江省的教育实践直接导致W学院的产生

为了适应我国高等教育快速发展的需求，为了满足广大学生接受高等教育的需要，江苏和浙江两省部分城市依靠经济结构多元、民间资金充裕、政府政策宽松的优势，开始尝试利用普通高校的教育教学资源吸引社会资金办学，进行了举办国有民办二级学院的大胆探索。浙江省由于历史原因，高等教育一直不发达，高等本科院校数量少、规模小、容量有限，高等教育资源相对短缺，要实现高等教育的大规模扩张，难度不小。浙江大学合并三所省内本科院校后，成为综合性大学，并致力于发展成为世界知名的高水平研究型大学，但本科生招生数量并未增加。而合并的行为使得浙江省优质本科教育资源更为紧张，本科教育供需矛盾更为突出。为了解决这些问题，N大学最先提出利用综合性大学的优势发展民办高等教育事业的设想。具体方案为：通过对N大学西校区土地及教学设施的置换，按照教育成本收费的原则，兴办一所具有独立法人资格、独立校园、独立财务核算、相对独立办学的民办本科二级学院，将它作为N大学改革发展的试验田，充分利用公办学校的办学声誉和民办机制的优势，走出一条在市场经济条件下高校发展的新路子，并促进 N 大学与二级学院的协同发展。1999 年 4 月 22 日，浙江省人民政府同意建立 N 大学 W 学院，由此诞生了浙江省普通高校第一所二级学院。N 大学 W 学院成立方案中拟引进的社会资金后来并未成行，最终全部由 N 大学出资，成为一所母体独办的“国有民办”性质的二级学院。

二、W 学院在教育教学质量方面的优势

（一）与母体学校关系紧密保证教育教学质量

以 W 学院为代表的独立学院一般由国有民办二级学院转设而来，虽然教育主管部门要求“六个独立”，但是这种由“两父子”关系演变而来的“亲兄弟”关系，使得 W 学院与母体高校的关系仍十分密切，许多方面难分彼此。先天的亲缘关系保证了 W 学院可以和母体高校实现资源的实质性共享，在师资、管理和设备等方面从母体高校获得全力支持。尤其是在 W 学院的创办初期，与母体学校关系紧密表现出了更大的办学优势。通过依托母体学校的师资队伍、特色专业、管理体系、后勤服务、硬件设施等资源，W 学院在办学初期很快进入规范发展的轨道，办学质量得到较好保证，招生规模得到快速扩张，并且最大限度地节约了办学成本。因此，相较于其他类型的民办高校，以 W 学院为代表的独立学院具有办学起点高，易上规模、上档次，质量高等特点。

（二）母体学校主导实际办学确保教育教学质量

母体学校对 W 学院的实际办学起到主导作用，W 学院的日常办学与管理决策以母体学校为主。目前，以 W 学院为代表的独立学院的法人代表一般由母体高校的校长或主管副校长兼任，院级干部由母体高校遴选和任命，教学和管理人员大都由母体高校输出。W 学院的人才引进、职称评审、课题申报、基本建设等项目均要上报母体学校，然后由母体学校对全校进行全盘规划后做出统一安排。这种母体学校主导办学的方式，优势在于借鉴母体学校数十年甚至上百年的办学经验，可以保证学校管理的有序与规范，使其教育教学质量有很大程度上的保障。同时，更加容易使双方在办学理念、教育过程和管理方式上形成共识，齐心协力地促进学校教育教学质量的提升。

（三）成为母体高校“试验区”提高教育教学质量

从法理上说，W 学院是一所独立的学校，但是从实际情况看，它更像是高校的一个“特区”或“试验区”。其主要表现为：利用按成本收费的优惠政策，在高等教育引入市场机制方面领先一步；在人事、分配、后勤体制

改革上更具力度，实行全员聘任制、绩效工资制和后勤社会化。[①] 同时，W学院由于具有更大的灵活性和市场敏感性，在课程教学、专业设置等方面也更容易实现改革创新和及时转向，能够高质量地满足学生的学习和就业需要及社会和企业单位的用人需要。

三、W 学院在教育教学质量方面的挑战

（一）国家政策层面

我国试办独立学院的 10 年历程，为快速扩大我国高等教育规模，探索高等教育新模式、新途径做出了巨大的贡献。2008 年 2 月 22 日，教育部正式发布《独立学院设置与管理办法》（以下简称《办法》）。该办法于 2008 年 4 月 1 日起实施，它是我国第一个完整意义上规范独立学院的法规性文件。《办法》明确了独立学院的属性，严格了独立学院的设置，规范了独立学院的管理，是独立学院未来办学和发展的纲领性文件。

细读《办法》，可以发现其中有若干敏感的最后期限，不得不加以关注。首先，《办法》第五章规定："独立学院终止时……对符合学位授予条件的，授予独立学院的学士学位证书。"这一规定意味着以 W 学院为代表的独立学院 2007 级以前的在校生毕业后仍可领到独立学院的毕业证与母体高校的学位证。而从独立学院 2008 级新生开始，他们的学位证也将和毕业证一样由独立学院自印、自行颁发。到 2011 年，最后一批领取母体高校学位证书的本科生将走出校门。母体学校学位证书是以 W 学院为代表的独立学院最闪亮的"光环"，这一光环被拿掉后，如果独立学院的教育教学质量得不到保障，其招生、引资等方面必然受到影响。

其次，《办法》第七章提出："本办法施行之日起 5 年内，基本符合本办法要求的，由独立学院提出考察验收申请，经省级教育行政部门审核后报国务院教育行政部门组织考察验收，考察验收合格的，核发办学许可证。"这一规定意味着，从 2008 年 4 月起，以 W 学院为代表的独立学院正式进入五年过渡期。到 2013 年，五年过渡期满，办学条件不达标的独立学院无法申请合格验收，拿不到办学许可证。因此，2011—2013 年对以 W 学院为代表的独立学院来说都是不平静的年份，甚至可说关乎生死存亡，而教育教学质量的提高也许是其"救命稻草"。

（二）母体学校层面

当前，以 W 学院为代表的独立学院办学已经进入稳定期，其对母体学

---

① 徐辉，季诚钧．独立学院人才培养的理论与实践［M］．杭州：浙江大学出版社，2007：22.

校“依附发展”的模式给可持续发展带来许多束缚，使 W 学院在提高教育教学质量等方面面临诸多难题。

以 W 学院为代表的独立学院往往作为母体学校一个特殊的二级学院存在，无法直接享有上级教育行政部门的教育行政资源。因此，虽然名义上独立了，但是在教学改革、人才引进、职称评审等方面，都还要打着母体学校的名义，层层上报才能实行。以 W 学院为代表的独立学院生存的关键取决于人才培养的质量，师资队伍建设是人才培养目标实现的根本。W 学院师资以母体学校师资队伍为依托或由母体学校分流师资为主组建，这类师资长期接受高校学术氛围的熏陶，在教育理念中带有很强的传统大学色彩，他们本身接受的是学术型教育，缺少社会工作经验和实践教学经验，这与 W 学院应有的适合市场需求、培养应用型人才的“双师型”师资队伍建设有较大差距，因而 W 学院应用型、复合型人才培养的目标也就难以实现。此外，依托母体学校的师资也给 W 学院的教学改革和课程改革带了巨大难题。既然依托母体学校的师资无法满足 W 学院人才培养的师资需要，那么从外部招聘“双师型”人才顺理成章地成为解决师资不足的办法。但现实情况是，目前我国高级技术人才缺乏，“双师型”人才更是凤毛麟角，高薪难聘。因此，W 学院只能先引进学术型师资，进校后再培养其成为“双师型”人才。然而，W 学院自己引进的教师没有事业编制，关系在人才中心，导致这部分教师人心不稳，往往学校培养几年，稍有所成即另谋高就。可以说，目前 W 学院对母体学校最大的依赖就是师资的依赖，师资独立正是以 W 学院为代表的独立学院能否真正提高教育教学质量的突破口。

（三）学院自身层面

W 学院根植于母体学校，其管理人员主要由母体学校委派。这种情况在母体学校独办型独立学院身上体现得更加明显。这类独立学院的领导基本均为母体学校的党政领导，中层领导也以母体学校的干部为主，因此学院的决议很多时候变成了母体学校有关领导的意志。这种状况从决定组建独立学院、任命学院领导开始，一直可以延伸到独立学院各种具体的办学活动中。这导致以 W 学院为代表的独立学院受传统学校办学影响较深，容易走母体学校办学的老路，学院办学特色不明，人才培养定位不准，办学质量难以提高。究其原因，W 学院的管理人员一般具有较丰富的高校管理经验，但是，正是由于长期在母体学校工作，对高校的办学理念往往会产生路径依赖。主要表现在 W 学院的学术特征依然明显，在培养方式、专业设置等方面传统办学理念与新型办学实际之间产生矛盾。此外，W 学院的行政化倾向依然存在，“官本位”意识深入人心，W 学院变成政府行政体系向大学系统的延伸。这种管理困境给以 W 学院为代表的独立学院提高教育教学质量带来了不少的困扰。

四、W 学院提高教育教学质量的路径选择

（一）观念层面：走质量提升与特色发展之路

首先，提高教育教学质量与形成办学特色是以 W 学院为代表的独立学院自身生存和发展的需要。以 W 学院为代表的独立学院是中国高等教育大众化推进的产物，一出生就直面激烈的竞争。尽管它拥有公办资源和民办机制等方面的优势，但毕竟底子薄、基础弱、办学历史短、社会认可度不高，仍存在着生存与发展的危机。众所周知，企业在竞争中想要取得优势，一是表现在成本上，即生产同样的产品成本比别人低；二是表现在产品上，即靠产品的高质量和差异化而形成优势。同样，从教育消费的角度看，以 W 学院为代表的独立学院由于按照民办机制运行，按办学成本收费，收费一般比普通公办高校高 2～3 倍，比高职院校也高近 2 倍，因此在提供教育服务的成本上无优势可言，如果不在服务的质量和特色上下工夫，那么对于没有国家财政拨款的 W 学院，一旦考生不选择，生源不足，势必会使学院面临难以为继甚至关门的境地。因此，W 学院唯有在质量稳步提高的基础上尽快准确定位并创出鲜明的办学特色，使毕业生有就业市场，家庭的教育投资有回报，才能赢得生存空间，创出一片发展的天地。

其次，形成办学特色是我国实现高等教育办学投资体制多元化和促进高等教育大众化可持续发展的需要。当今世界的竞争，实质上是高级专门人才的竞争。要实现社会快速发展和经济的腾飞，必须大力发展高等教育，使接受高等教育的人数达到一定规模。然而，我国目前还处在社会主义初级阶段，经济发展水平不高，国力有限，加之人口众多，全部依靠国家财政来支撑大众化阶段的高等教育是不现实的，必须充分调动社会各方积极性，吸纳更多的社会资源来共同分担高等教育成本，这就需要不同体制的高校办学模式的存在。另外，随着社会的发展和我国经济体制的转轨，只有发展不同层次、不同类型、特色各异的高等学校，才能满足市场经济条件下社会发展对高级专门人才多样性、多元化的需求。以 W 学院为代表的独立学院在我国高等教育体系中，其明确的人才培养定位是培养应用型人才，如果其不能办出特色，不能克服公办高校办学定位趋同的问题，那么人才培养必然出现断层，由此加剧大学毕业生的结构性失业，造成高等教育资源的严重浪费和高等教育秩序的不稳定，必将影响我国高等教育大众化目标的顺利实现。

（二）体制层面：独立学院“独立”发展

按照政策发展趋势，以 W 学院为代表的独立学院的未来发展之路无疑是脱离母体学校，成为独立的民办高校。从目前情况来看，独立学院与母体

学校有着千丝万缕的联系，想要“独立”难上加难。母体学校需要独立学院上缴的大笔管理费作为办学经费，需要独立学院这块阵地进行教学型师资分流和干部统筹；独立学院需要依靠母体学校的教学师资、实验器材、办学声誉等。双方无论是“父子关系”还是“兄弟关系”，其亲缘关系都难以割断。

但是，现在越来越多的以 W 学院为代表的独立学院管理者和教师都已经意识到，独立学院“独立”是大势所趋，对独立学院大有好处，如果不独立，独立学院将失去成长空间，无法获得长足的发展，永远生活在“二级学院”的影子下面。需要强调的是，独立学院的“独立”，不是彻底意义上的独立，至少在一定时期内，独立学院共享母体学校的优质教育资源，是保证独立学院办学质量的不可或缺的条件。此外，从国家政策导向来看，政府层面推动独立学院“独立”的意图非常明显，虽然最严厉的规范政策尚未出台，但是从以 W 学院为代表的独立学院自身讲，应该未雨绸缪，有意识地向独立方向发展，尽力达到“六个独立”的标准，为学院的改革发展争取主动权和充裕的时间。正如潘懋元先生所说：“当独立学院在政策鼓励和母体庇护与哺育下成长壮大的时候，就应该允许它在不造成国有资产流失的条件下，从母体彻底分离出去，成为完全的独立学院。翅膀硬了，羽翼丰了，独立飞翔是进化的规律。作为母体的普通本科高校，应当为此感到高兴而不是惋惜与不满。”①

（三）实践层面：努力提高人才培养质量

1. 完善专业建设

在我国，高等教育是按专业或学科类别进行招生与培养的，专业是人才培养的载体。专业建设是独立学院最重要的教学基本建设，是提高教育教学质量、学术水平和科研水平的基础工作。专业建设关系到学院办学水平和办学特色，是独立学院内涵建设的核心内容。

因此，完善以 W 学院为代表的独立学院的专业设置与建设，要内外部共同努力。从政府角度来看，要用政策明确独立学院的办学自主权，为独立学院创造和谐、有序的发展环境。从母体学校角度看，要正确指导监督独立学院科学地进行专业设置，既不能照搬母体，也不能盲目上新，保证质量是专业设置和建设的前提。此外，引导独立学院在申办专业时，不能以办学成本为主要因素加以考虑，要做到人文专业和理工专业和谐合理配置。从 W 学院自身角度来看，首先，要制定 W 学院专业设置和建设总体规划。要通

① 潘懋元，吴玫．独立学院的兴起及前景探析［J］．中国高等教育，2004（13－14）：31.

过对学院内部优势和劣势条件的认识，结合区域社会经济发展水平、产业结构现状及人才需求趋势、学科发展态势，制定独立学院专业建设总体规划。其次，W 学院设置专业应与母体学校互补互助。基础性学科可以更多地依托母体办学，在充分利用母体学校基础性学科资源的基础上，生长和发展应用学科和交叉学科。同时，精简那些社会需求量小、依靠学院现有教学条件无法拓展的专业，集中力量将保留的专业做强。最后，创品牌、打造特色专业。"特色"有三层基本含义：一是"人无我有"，即独特性或个性；二是"人有我优"，即杰出性或优质性；三是"人优我新"，即开拓性或创新性。当前独立学院专业设置由于资金、师资等条件所限，一般无法做到"人无我有"，那么就要努力做到"人有我优"和"人优我新"。W 学院专业设置要在充分调研的基础上，结合学院自身条件，确定一两个特色专业，并集中人力、物力、财力重点建设特色专业，以特色专业作为突破口，打造 W 学院的办学品牌与办学特色，最终实现办有特色的高校、设有特色的专业、培养有特色的学生的特色化发展道路。

2. 优化师资队伍

以 W 学院为代表的独立学院要构建自己的重点专业，形成自己的特色，必须建立起一支独具实力、规模适度的自有师资队伍。就 W 学院发展现状而言，大规模引进高水平师资不现实，自有师资队伍建设的重点还在于有选择地吸引母体学校的部分优秀教学型师资到 W 学院来工作，这样既能解决 W 学院师资的稳定性、可靠性问题，又能帮助母体学校的师资队伍结构得到合理的优化调整。此外，W 学院自己招聘来的教师大多是高校应届毕业生，平均年龄低，适应能力强，发展空间大，是 W 学院未来发展的中坚力量。对这部分人员进行重点培养，对 W 学院的长远发展更是意义重大。优化兼职师资队伍，一是对母体高校的兼职师资，要通过管理和引导，使其针对 W 学院的学生特点和教学内容，因材施教，提高教育教学质量；二是要聘用社会兼职师资。在经济一体化的新形势下，人才正成为全社会共有的智力资源，同时高校的用人制度也越来越灵活，W 学院可以实现与其他高校共享名师、精品课程等优势资源，也可聘请其他高校的著名学者来校开展讲座，对本学院的青年教师进行培训。兼职教师的来源可以扩展到其他企事业单位、政府部门、企业或科研院所，这样可以使 W 学院与社会的接触更加密切，对社会的需求了解更加及时和深入，也可以增加学生的就业渠道和信息，有利于人才的培养。

同时，以 W 学院为代表的独立学院需要从政策、经费等多方面入手，营造稳定的师资环境。首先，政府和教育行政主管部门应该从法规和政策层面给予独立学院自聘专任教师与公办教师同样的地位，确保他们晋职晋级、教师资格认定、医疗和其他各项社会保险等待遇的落实。W 学院要通过建立和完善各种保障体系，为教师创造良好的学术氛围，提高教师待遇，使教师能安心、尽心地工作，从而稳定学院教师队伍。其次，在教学、科研工作中，尽可能多地为他们提供必要的资金、设备、实验条件，有计划、有步骤、有针对性地开展教师培训工作。除安排教师通过短期培训、参加国内外学术会议、攻读学位等方式提高业务素质和学术水平外，还要选派年轻的专业课教师到企事业单位带薪顶岗实践，提高实践动手能力，促其成为“双师型”教师。最后，在生活方面，注意解决教师住房、配偶工作、子女就读等实际困难，减少他们的后顾之忧。

3. 强化实践教学

就我国高等教育的结构而言，以 W 学院为代表的独立学院的办学定位是培养应用型本科人才，这已经成为共识。W 学院应用型人才的培养，其根本在于课程设置和教学过程必须突出实践能力的培养。

首先，课程内容要具有特色性和实用性。课程设置要以提高学生实践能力为本，尤其是知识的应用能力与实际工作能力的培养。此外，W 学院毕业生就业主要是面向地方人才市场的需求，为地方经济建设服务。因此，W 学院课程内容要与地方经济发展结构和特色相适应，以便毕业生上岗后能最大限度地满足用人单位的需要，同时这种紧密结合地方实际的课程体系也成为 W 学院的办学特色和办学品牌，从而达到一举两得的目的。加强课程内容的实用性和特色性，还可以通过把资格证书结合在课程设置中，以及模块式课程等方式实现。将真实的案例以及教师的课题引入课堂，将书本上的完整知识体系打破，由教师带领和引导，用若干的知识点来解决实际的综合问题。

其次，实践教学是培养应用型人才的关键环节。W 学院毕业生走出校门所从事的工作主要是生产一线的技术应用和管理，因此，W 学院应紧密联系职业技能与社会需要，加强实践教学。实践能力的形成和应用型人才的培养，只有通过一系列高质量的实践性教学环节的训练才可能实现。其中最重要的一种方式就是结合专业实践开展产学研合作，利用学校和社会两种教育环境和教育资源，实现课堂教学、实践教学和科学研究的有机结合。产学研合作的途径有很多，以 W 学院为代表的独立学院可以根据自身情况采取“订单培养”“校企合作”等多种有效形式，通过产学研合作，建立起比较稳定的校外企业实习和毕业设计基地。

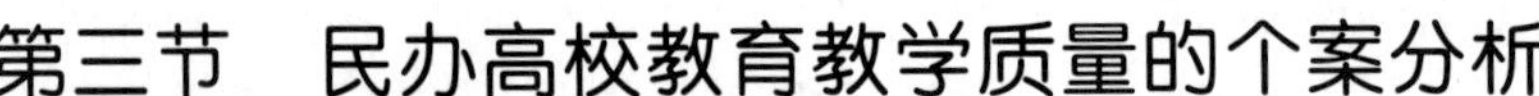

第三节 民办高校教育教学质量的个案分析

新中国成立后到1978年改革开放以前的30余年，我国高等教育领域长期保持“大公无私”的状态。自20世纪80年代起国家就陆续颁布了一系列法律、法规，采取了一系列措施来完善办学体制，调动社会各方面的办学积极性，从而使得民办高等教育在销声匿迹多年后重新出现在高等教育舞台上。[①] 随着2002年《民办教育促进法》的颁布，民办高等教育的发展环境逐渐改善。目前我国民办高校主要由两类组成：一类是独立设置的民办高校，这类民办高校最早从20世纪80年代开始发展，至今已有20多年的办学历史。经过不断的竞争淘汰，截至2007年4月，全国民办普通高校有295所。由于很多民办学校起点较低，大多从培训班开始，因此长期以来，国家有意识地将民办高校控制在专科层次。随着独立设置的民办高校实力的增强，从2003年开始，国家开始将一部分办学条件较好、办学成绩显著的民办学校从专科升为本科。民办院校中另一类影响较大的办学形式是独立学院。从1999年首先在浙江、江苏、上海等省市出现了公立大学以民营机制举办二级学院的办学形式，起初称之为国有民营二级学院，之后在全国蔓延开来，2003年以后在教育部相关文件出台后开始改称独立学院。本节中的民办高校主要指第一类，即独立设置的民办高校。由于民办高校起点低、发展缓慢，加上整个社会长期以来对民办高校有一种排斥心理，所以民办高校如何获得社会的认同，成为其面临的重大任务，而提高教育教学质量是其解决这一问题的关键所在。Y学院的发展历程可以说是我国民办高校发展历程的一个缩影，Y学院的教学质量也在某种程序上反映出我国民办高校教育教学质量的情况。

一、Y学院过去十余年发展的回顾与总结

Y学院从1994年的西安交通大学机械工程学院自考培训中心开始，1998年建院至今，经历短短十余年的时间，经过几次跨越式大发展，五年一个大台阶，成就斐然。其中，标志性的事件有2002年成为专科层次的高等职业院校，2008年成为本科层次的普通高等学校。

① 王娜. 母体独办型独立学院办学体制转型研究［D］. 厦门大学教育研究院，2011.

（一）Y 学院已经取得的办学成绩

办学规模日趋稳定，学科专业不断成长，师资队伍不断壮大，管理体制不断改进，仪器设备、图书资料不断充实，校园建设日渐完善，经费保障日益巩固，工学特色的差别化发展路径逐渐清晰，体育工作成绩突出。

（二）Y 学院实现跨越式发展的经验

重视学校的战略管理，与我国高等教育发展宏观背景相适应，抓住了从自考到高职到本科转型的关键时机，实现了学校从规模扩张到层次提升的飞跃；在地域较为开阔的白鹿原上建校，校园规划超前，环境优美，为学校过去的迅速扩张提供了良好的教学条件，并为学校未来的发展留下了广阔空间；以较优厚的待遇吸引公办高校退休骨干教师和高校毕业生，为学校教育教学质量提供了保障；大量招收计划外生源尤其是自考生，为学校发展提供了充足的原始经费积累；快速提供社会需求量大的热门专业；提供了多数民办高校较少举办的工科专业，具有一定的独特性与竞争力；一流的体育设施和体育氛围为学校提供了活力和声誉。

（三）Y 学院发展的可持续性基础

过去十余年已经树立起较为良好的学校声誉和社会信任；学校专业数目建设已形成一定规模，以机械为主的工科特色正在日益突出；与相关兄弟院校保持着紧密的外部联系，与相关企业建立了良好的合作关系，为专业发展和毕业生就业提供了条件；校园硬件建设已打下良好基础，图书、仪器设备也有相当规模，为未来的长期发展奠定了物质基础；目前统招生规模近 8 000人，升本后统招生源前景会更好，学校发展已有较为稳定的生源和经费基础；师资队伍基本稳定，在获得讲师职称评审权以后，年轻教师成长步伐加快，未来会有更多的年轻教师获得职称提升，成为学校的青年骨干；Y 学院忠诚爱校精神初步积淀。

二、Y 学院在提高教育教学质量方面所遇到的挑战

通过对 Y 学院十多年的发展历程的回顾，可以看出来学校已树立起较为良好的学校声誉和社会信任，其教育教学质量也有了很好的保障。但通过对 Y 学院的考察，发现其在很多方面特别是在提高教育教学质量方面面临着很大的挑战。

（一）专业发展

尚未形成主打品牌专业，学校专业格局过于多样，无法组成专业群，削弱了专业凝聚力的形成，并带来教师队伍建设的难度。

（二）人才培养模式

较长时间内，学校将同时拥有计划内与计划外，自考、高职和本科多种形式的学生。如何平衡各类人才培养模式之差异，分配现有教育资源，存在很多困难。

（三）师资结构

“两头大、中间小”的特征较为突出，在退休教师和年轻教师之间缺乏中青年骨干，如何在完善增强退休教师引进力度和补充新的高学历青年进入教师队伍的同时，建立配套的激励制度培育本校的青年骨干教师群对学校未来发展至关重要。

（四）教师待遇

Y 学院目前教师待遇略低于西安其他同类学校，可能会给现任教师队伍带来不稳定因素，也给吸引新的高素质人才带来新的不确定因素。如何建立配套的待遇和激励制度以保证年轻教师队伍的稳定性对学校长期发展具有举足轻重的意义。培养高水平的工科人才对实验和实训设备依赖性很强，应该在增大本校资金购进设备的同时增加与企业的联合，提供更多的实训基地和实验设备，使学生得到更多更真实的训练机会。

（五）管理体制

存在因人设岗、因事设岗、部分岗位职能重叠、部分工作尚无岗位负责的现象，为了提高行政效率，节约成本，需要理顺各部门关系，对行政岗位定编定岗，建立一支简洁高效的行政队伍。

（六）特色发展

与西安同类民办高校相比，工学特色具有一定的竞争力，但目前 Y 学院的工学发展水平尚不能与老牌的公办工科院校相比，未来如何打造适合 Y 学院自身办学情况，同时又适应西北地区产业需求的专业结构，是 Y 学院谋求特色发展之路的关键所在。

这六个方面应该说是直接影响 Y 学院教育教学质量的关键因素，如果能在这六个方面有所突破，那么 Y 学院的教育教学质量就能更上一层楼，在民办高校的队伍中具有更强的竞争力。

三、Y 学院在提高教育教学质量方面所遇到的机遇

（一）生源空间

短期之内，我国高等教育适龄人口基数仍很庞大，入学压力仍将存在，无论是计划内还是计划外都存在相当的生源空间。Y 学院仍然可以利用目前

我国高等教育稳定发展的难得机遇，获得较为稳定的生源，从而保持学校收入的稳定性。但是，毋庸置疑，随着我国人口结构的变化，特别是计划生育政策影响的高等教育阶段适龄人口总数的减少，未来生源竞争的压力必将增大。虽然农村免费义务教育的普及可能在某种程度上扩大预期的高等教育入学人口，但短期内中国的二元社会结构和支付能力的限制，阻碍了进一步扩大高等教育规模的可能性。因此，Y 学院必须在未来几年内从外延增长转向内涵提高，以质量求生存，走高质量吸引优质生源的良性发展道路。

（二）区域优势

Y 学院地处陕西省省会西安。西安是我国西部大开发战略的中心城市之一，也是连接占我国国土面积近 1/3 的大西北枢纽，众多国家级的项目和基地落户陕西省，为高等教育发展提供了广阔的政策和社会空间。并且，对大西北六省而言，西安的教育资源最为丰富和多样。因此，从理论上讲，Y 学院具有广阔的发展腹地和纵横区间，是学院发展的独特区位优势。但应该注意的是，区位优势并不为 Y 学院所独享，它需要具备高度的竞争意识和竞争素质。如何利用国家西部大开发的机遇和学校区位优势，需要 Y 学院进一步结合大西北经济发展的宏观需要，提供更多适合于当地经济和社会发展的专业和教育项目，从而利用好当地经济社会发展的机遇。

（三）办学层次

Y 学院已经升格为本科院校，虽然短期之内专科教育占较大比重的格局不会改变，但本科院校的定位必将对其学校的层次格局产生重大影响，即 Y 学院发展的中心将逐步转移到本科层次的教育上来。这意味着 Y 学院将从高职高专院校的竞争转向本科院校的竞争。短期内面临的直接竞争对手是独立设置的 43 所民办本科学校和 315 所独立学院。因此，尽快获得学士学位授予权对 Y 学院有效参与民办本科院校的竞争具有重要意义。

（四）学校学科特色

在陕西省现有的高校中，虽然理工科院校占的比例很大，但在 20 世纪 90 年代中期开始的管理体制改革使不少原来中央业务部门所属院校下放到地方之后，这些院校因失去原有上级部门支持的条件而发展困难，特别是煤炭、石油等一些行业特征明显的院校，由于行业本身的艰苦性和风险性，对学生的吸引力在下降。不少学校开始逐步放弃这种行业特色，走上综合性的发展道路。21 世纪以来，随着能源产业在国家经济发展中地位的突显，特别是国家宏观发展战略的调整，这些行业的重要性以及个人收益都在不断加强。根据上文所述，结合陕西省未来经济社会发展战略，Y 学院可以涉足煤炭、石油等专业领域，进一步扩大学院的工科特色和影响力。从人力资源获

取的可能性来看，Y 学院可以充分利用本地公立高校集中的教师资源，吸引公立高校退休教授，发展以煤炭、石油等能源工业相关的系科和专业。

四、Y 学院提高教育教学质量的路径选择

（一）师资队伍建设

1. 以内为主，巩固和提升现有教师队伍

Y 学院经过十多年的发展，已经拥有了一支水平较高、相对稳定的教师队伍，这支队伍是 Y 学院未来不断进取的重要基础和保障。因此，在教师队伍建设上，Y 学院必须坚持以内为主的基本方向，在稳定教师队伍的同时，不断巩固和提升现有教师的实力和水平。

（1）队伍巩固策略。继续保持 Y 学院在人才待遇上的优势。众所周知，民办高校早期人才招聘基本上是用高薪来吸引人才，但伴随着公办高校待遇的提升，民办高校高薪的优势在逐步降低，加上由于宏观制度建设的不足，民办高校无法解决相关的社会保障等问题，因此，近几年民办高校吸引人才的难度在提高。Y 学院要想在激烈的竞争中站稳脚跟，继续保持高薪对人才的吸引力以稳定教师队伍是非常有必要的。

（2）队伍提升策略。建立团队提升计划，促进年轻教师成长。Y 学院的教师队伍中年轻教师偏多，低学历和低职称教师偏多，必须利用学校现有的学术力量，建立团队提升计划，促进学术团队建设的力度，尽快形成高、中、低和老、中、青搭配的学术梯队。可以推广学院体育部培育青年教师团队的经验，稳定中青年教师队伍，同时建立小额而有吸引力的校际科研项目计划，形成“老帮青”的长效机制，以在职的老教授带动青年教师做科研项目，培育青年教师进行科学研究的能力和兴趣，促使教师科研氛围形成与青年教师快速成长，为学校未来走向教学研究型之路打基础。

（3）学历提升策略。Y 学院可以与其他实力公办学校如西安交大等合作，举办高校专业硕士班，为 Y 学院教师提供在职学历快速提升的机会。经过连续几期的硕士课程班，可以解决教师的学历提升问题。

2. 打破制度性障碍，不拘一格引人才

总量不足是当前 Y 学院教师队伍建设比较突出的问题。针对这个问题，Y 学院未来五年教师队伍建设的工作重点之一就是不断吸引更多的人才，不断增加教师数量和总体实力。在这方面，Y 学院要继承以往的办学经验，不断打破各种制度性障碍，不拘一格引人才。从办学体制来看，民办高校与公办高校相比的最大优势在于体制的灵活性，只有保持制度的灵活性和创造力，才能不断开创民办高校发展的新局面。例如，近年来，在许多公立高校

的人才招聘上出现了男性优先、唯名校是才的“潜规则”，在这一点上，民办高校就不一定步公办高校限于男性的后尘，完全可以打破偏见，不拘一格，吸引人才。例如，可以招聘优秀的女性教师，因为在 Y 学院的 287 名专任教师中，女性教师 148 名，占 51.6%，并不存在性别结构失衡的问题。

再如，对新教师的考察标准问题。新教师的毕业院校是“211 工程”院校或者“985 工程”院校等，并不决定其是否具备教师的素质，对教师的素质而言，最重要的乃是专业能力素质和教学能力素质。因此，Y 学院应鼓励和吸引高学历应届毕业生，改善教师队伍的学历结构，同时也改变当前兼职过多、专职偏少的师资队伍格局，改变部分专业生师比过大的情况，提升在职教师的学历水平，鼓励教师在职攻读学位。

3. 重点加强骨干教师队伍建设

不断扩大专业教师配备，专任教师总数要能满足教学要求，专业核心课程教师要保持在 5 人以上，专业核心教师要具备良好的专业知识。完善专业带头人制度，专业带头人是专业发展的重要保障。为了建设品牌专业和促进弱势专业成长，需要不断加强相应专业的带头人建设，形成“有专业必有带头人”的格局。具体而言，对学校的重点专业争取配备具有正高职称、学术水平较高的学术带头人，对某些较弱势专业要做到必有副高以上职称的专业负责人。

4. 实施名师工程，引进和培育高水平师资

高素质的师资队伍是学校学术水平和良好声誉的基本条件，要从根本上改变学院的学术声誉，大力引进高职称和高学历教师是极为必要的。培育 Y 学院自身的名师队伍，在现有首席教授、特聘教授结构的基础上，加大中年教师的培育强度，缩短中年教师的成长历程，使其尽早成为学校的学术骨干。同时，利用近几年公办普通高校退休高峰逐渐到来和其他国家、地区大学师资富余的有利时机，更多地延聘来自公办高校的退休教授，吸引尚有余力的著名教授来校任教。善借外脑，与国内兄弟院校相关专业的著名专家学者保持紧密的联系与合作关系。转换教师队伍建设的思路，走“不为所有，但为所用”的路子。通过和一些兄弟院校相关专业的专家学者之间的联系和合作，采用聘为兼职教授的形式，或者通过合作科研培养学生或师资，使其参与到学校的人才队伍建设工作中来。

（二）学科专业建设

1. “以课程促专业，打造品牌”的专业建设思路

以课程建设促进专业成长。一段时期之内，仍然突出应用性人才培养的思想，将应用性人才培养体现于课程建设和教学设计的各个环节，利用学校兼职教师资源较多的优势，增加选修课的比重，增加人才培养的弹性。培育

本校的精品课程、特色课程，建立校级重点课程制度，配以相应的激励机制，以品牌课程带动品牌专业建设，个别品牌专业和课程争取获省优秀教学成果奖和评为省精品课程。

外联内合，打造品牌。围绕学校核心理念发展专业，克服当前专业设置过于随意、过于依赖市场短期需求的现状，通过将某些短线专业发展成为学校的短期培训项目等形式收缩和集中专业布局，着力打造学校的特色和品牌专业，促成专业群的发育。

2. 以专业群带专业的合作发展机制

Y学院当前已经基本形成的专业群有管理科学与工程类专业群、人文社科类专业群、经济商贸类专业群。

未来学校的专业群发展思路是提升和加强机械类专业群，拓展和培育汽车专业群，加强和打造城市建筑专业群，尝试举办煤炭、石油专业，培育能源类专业群。

3. 走与行业结合的专业生长机制

通过产学合作或产官学合作方式，建立校企共建的专业生长机制。利用陕西以及大西北能源产业大发展的条件，谋求与大企业联合开发与西北能源产业相关的机电、煤炭、石油等专业，建立校企共生的专业生长机制，快速推动新专业的成长壮大。通过学校与行业界的产学结合的形式，以及校企共生的机制，也可以改善原有专业的发展机遇和条件。

4. 加强专业连带资源建设

专业发展需要一系列的条件支撑，这些支撑性条件在一定程度上影响着专业的水平和实力。例如：

（1）专业实验室。专业教学实验室配备完善，设备先进，利用率高，在专业人才培养中能发挥较好的作用。因此要不断加强和完善专业实验室建设。

（2）专业图书资料。专业图书资料数量充足，种类较全，在满足专业教学需要的同时，能够为教师科研水平的提高创造良好的条件。

（3）专业实习基地。争取每个专业都有实习机会，保证学校重点专业都有一定的固定实习基地。

（三）教学改革与创新

1. 以应用性技术型人才培养统揽三类教育

在较长时间内，Y学院都会呈现统招本、专科和自考或成人教育等多种教育形式并存的面貌，对于如此多样化的学生和多元化的培养类型，必须有一以贯之的内在精神将之联结为密不可分的一个整体。因此，必须选择适当的人才培养模式。综合内外各种因素，Y学院有必要定位在“应用性技术

型人才培养”上，以“应用性技术型人才培养”为目的将不同形式的教育融为一体，建设目标多元、精神一体的教学型本科院校。

2. 建立校—院（系）两级的教育教学质量监控体系

（1）校级教育教学质量监控。校级教育教学质量管理主要确定本校教育教学质量管理的目标、评价指标体系、监控组织体系，以及教育教学质量监控的阶段性重点领域，还要制定为防止教学管理权限下放过程中可能产生利益异化的薪酬政策，以及落实为实现教育教学质量目标所需要的资金。在组织上可由校务委员会负责确定基本制度和工作要点，由教务处具体负责监督各学院（学系）的教育教学质量监督工作。

（2）学院（学系）教育教学质量监控。学院（学系）是教育教学质量监控的主体。学院（学系）教育教学质量监控是根据人才培养方案的人才规格和要求确定教育教学质量监控的目标，制定一份符合人才培养目标、规格，且符合教育规律的可执行的人才培养方案，需要进行广泛调查研究，以确定理论教学的课程设置、实验教学的内容，以及相应的学时数，并通过教学大纲、实验大纲加以规范和明确。

因此，学院（学系）教育教学质量监控的要点是：重在教学结果的输出和教学资源的输入，而非教学过程的监控；产出导向和教学条件为主；依据问题频率确定教育教学质量随机监控重点。

3. 强化科技与人文交融的人才培养理念

Y 学院旨在建设一所理工见长、多学科共同发展的学校，如何体现出人才培养的优势和特色是学校人才培养体系设计的关键内容。结合 Y 学院现有的条件，可以建设以“科技与人文交融”为主导的人才培养体系。在这方面，Y 学院具有以下的优势和条件：学校所在的白鹿原是人文荟萃之所，远有汉代皇家文化的渊源，近有中国当代文学的土壤，加之学院内部所设的白鹿书院，富有人文气息，形成 Y 学院得天独厚的人文资源，为培养集现代科技精神和传统人文素质为一身的特色人才奠定了良好的基础。

在具体做法上，积极创造科技精神和人文理念荟萃的校园文化，充分开发白鹿书院的功能，通过定期举行人文知识讲座、人文知识专题论坛，甚至承办和主办相关学术会议等形式，使人文知识教育进入人才培养的全过程。

4. 突出学生的实践能力培养

实践教学是高校人才培养的重要环节，也是教育部评价指标中的重要评价项目。教育部关于实践教学的评价主要包括以下四个方面的观测点：实习和实训，实践教学内容与体系，综合性、设计性实验，实验室开放等。关于实习和实训的要求是“时间有保证、措施完善、效果好”。关于实践教学内容与体系的最低要求是“基本符合培养目标的要求，实验开出率达到教学大纲要求的90%”。关于综合性、设计性实验的最低要求是“有综合性、设计性实验的课程占有实验的课程总数的比例达50%～60%，效果较好”。为了达到教育部评价的要求，也为了形成Y学院人才培养的特色，必须加大学生实践教学环节，扩大实践课程的比例，增加学生实践的广泛性，突出学生的实践能力培养。

第六章　高等教育的质量评价体系研究

第一节　高等教育质量评价体系的理论提升

一、质量评价、质量保障与质量管理

质量评价以质量判断为依据。质量管理问题将伴随着高等教育的繁荣存在而存在。质量保障则是质量管理发展的新阶段，具有特定的历史意义。比较而言，质量保障突出整体性，质量管理凸显过程性。正如现代管理学的开拓者彼得·德鲁克教授所说的："管理是一种实践，其本质不在于知，而在于行；其验证不在于逻辑，而在于成果；其唯一权威就是成就。"现代管理学研究表明，质量来自于管理，质量的高低又取决于管理的优劣。因此，高等教育质量保障的关键是建立完善的教学质量管理制度，即建立以激励为主的有利于学生个性发展的教学制度和教学管理运行机制，强化教学过程管理，加强对教学质量的监控和评价。唯有建立适应高等教育大众化和普及化的质量保障与评价体系，才能使高等教育的质量得到切实保障。早在 1998 年，联合国教科文组织的《21 世纪的高等教育：展望与行动宣言》中就明确指出："把学生视为高等教育关注的焦点和主要力量之一，应当在现有的制度范围内通过适当的组织结构，让学生参与教育革新（包括课程和教学法的改革）和决策。"可见，只有建立完善的组织和制度，才能真正发挥学生对提高高等教育质量的推动作用。如果没有组织和制度作为保障，再好的理念也只是镜中花、水中月，难以转化为具体的实践。再者，还要进一步加强高校校风、教风和学风建设，构建一个有利于学生健康发展的优良环境。评价是提升质量保障的有效手段，但评价又是非常困难的事情，甚至可以说是管理学的世界性难题。毕竟评价是一种基于价值的判断，具有较强的主观性。因此，没有绝对客观、公正与科学的评价。在此情况下，评价就更需要理论的指导。如何使中国高等教育的发展在国际视野和中国特色之间保持张力，应当成为我们关注的一个重要问题。既不能让国际化变得虚无缥缈，甚

至遮盖住我们办学的本质和特色，也不能让保持中国特色变成了低水平、低层次办学的借口。建立高校内部质量保障体系既是高校进一步深化教育教学改革、落实科学发展观的着力点，也是进一步巩固评建成果的关键，是构建有中国特色教学质量保障体系的基础性环节。要进一步促进高校的内涵发展，通过内部质量保障体系的构建和外部质量监控体系的完善，最终形成保证和提高教学质量的长效机制。高等教育要真正关心学生的生存境遇和发展命运，这就需要了解学生是否在低质量的环境中学习，而不是去对质量的定义进行令人头疼的哲学思辨。

总之，管理的对象有二：一为人，一为物。现代意义上的管理主要是通过体制和制度来实现的。一般而言，体制和制度要为人的能力的充分发挥提供机会与平台、政策与规则、管理与服务。当代中国社会最需要但又缺乏的，恰恰是保障并促进每个人的能力的充分正确发挥的体制和制度。

二、专业与就业核心竞争力

高校现有的专业设置、组织结构显得不尽合理和规范，专业结构设置上存在盲目性、随意性，其结果造成人才积压和人才紧缺并存的结构性失衡。这必然导致“教育系统”与“就业系统”的错位，进而影响学生的就业，这也是导致一些专业“忽冷忽热”的深层原因之一。前几年，在人才市场热门专业和低办学成本的双重驱动下，许多高校不顾自身条件，盲目争上社会热门专业，造成部分学科专业规模严重失控的情况。“大众高等教育的质量主要表现为社会适应性，因而市场竞争就成为大众时代高等教育质量保障的主要方式。而信息的完全程度，也就是信息在高校与外界（政府、社会和高校）之间以及高校内部各成员之间的对称程度直接影响着市场竞争的有效性。这样，高等教育领域内的信息对称程度就成为高等教育质量保障工作有效开展的重要影响因素。”① 仔细分析起来，高校弘扬自身办学特色不足，未能很好地根据产业经济和地方社区发展需要来设置优势专业，这是影响专业竞争力的一个必要条件，自然也影响到大学生对专业的归属与认同。专业的发展方向就是特色和竞争力、比较优势。如果没有特色、没有竞争力、没有比较优势，那么这个专业就不是一个好的专业。专业是高校人才培养工作的载体，专业设置的合理与否不仅关系到专业自身是否具有合理的存在逻辑，而且关系到高校所培养的人才是否具有较强的社会适应性。与此同时，社会需要的专业很多，但学校的资源是有限的。学校要在自己所能的范

① 史秋衡，王德林. 信息不对称与高等教育质量保障［J］. 厦门广播电视大学学报，2002（2）.

围内，扬长避短，培植优势，打造特色，以优势立足，以特色取胜。无论是单一性、精英式的传统质量观，还是多样性、大众式的现代质量观，都在一定程度上反映了不同时期的社会政治、经济和文化对高校教育的不同要求以及高校教育的价值取向。现代意义的高等教育质量观最主要的特点是“质量”和“质量标准”的多样化，强调高等教育质量评价标准的公正性、科学性和国际性，强调高等教育评价的“个性化”和“特色化”。

三、质量评价与经费结构

早在1993年，中共中央、国务院制定的《中国教育改革和发展纲要》中就明确提出：“逐步提高国家财政性教育经费支出占国民生产总值的比例，本世纪末达到百分之四。”从执行力度上看，教育经费支出占GDP的2.79%（2004）、2.82%（2005）、3.01%（2006）、3.22%（2007）、3.48%（2008）。教育经费逐年增长，但一直徘徊在3%左右。教育经费占GDP的比重，世界平均水平为4.9%，发达国家为5.1%，欠发达国家为4.1%。教育投入是现代政府公共财政支出的重要组成部分，高等教育是一种准公共产品，政府应主动承担起高等教育投入的责任。目前高校贷款问题固然与自身“造血功能”不足有关，财政拨款不足也是一个主要原因。市场化和产业化并不是政府推卸加大教育投资力度的借口，而是要自觉增加对高等教育的投资，因为对高等教育投资，也是人力资本投资的重要形式，是强国富民的重要途径。

如今，各国高校经费来源都呈现多元化的特点，各国高等教育经费的筹资渠道包括政府的财政收入、税收、学费、企业资助、捐赠、继续教育的收入及校办产业的创收等几个方面。美国筹措高等教育经费的主要渠道包括政府拨款、学费、销售与服务收入、捐赠及其他收入等。英国高等教育经费主要包括：政府拨款，其中主要是大学基金、研究资助；产学研结合筹措经费；学费；民间捐赠；招收留学生等方式。与国外高校经费来源相比，我国高校经费还是以政府投入和学费为主要来源，还需积极拓宽资金来源渠道，并提高为社会服务的水平和质量，进一步完善融资体制。此外，有研究表明，在近十年来我国高等教育经费支出中，基建经费所占比例20%左右，高于OECD国家8%左右的平均值。与OECD国家相比，我国的高等教育事业性经费支出结构中的人员经费支出比例明显偏低。为提高我国高等教育经费的使用效益，除关注建立相对合理的教育经费支出结构以外，还应高度关注建立科学、规范的高等教育支出绩效评价体系和制度，将教育支出结构与

支出效率相联系，切实提高经费使用效率。[①]

在高等教育质量评价过程中建立有效的激励与约束机制势在必行，政府一方面应加大教育投入力度，另一方面也应注重资源使用效率，使物尽其用，将教育经费的投入与质量评价结果结合起来。质量建设关系利益结构的调整，主要通过经济杠杆来实现；质量保障关注教育教学活动过程中行为准则的规范和调整，主要通过相关的质量制度和质量标准来实现。

第二节　高等教育质量评价体系的哲学探究

高等教育评价是对高等教育教学、学术研究、经营管理、社会服务等相关的系统、组织的评价。我国学者认为它是“以高等教育为对象，依据高等教育目标，利用一切可利用的评价技术和手段，系统地收集信息，并对其教育效果给予价值上的判断，为做出决策、优化教育提供依据的过程”[②]。日本学者喜多村和之认为：“所谓的大学评价是从大学的社会制度到个别的高等教育机关的组织和机能所具有的价值，依照一定的目的，在一定水准的基础上，做出科学判定的过程。”[③] 高等教育评价是一个复杂的过程，是以价值判断为核心，以与高等教育直接或间接相关的事物和人为对象，主要目的不在于价值判断的本身，而是通过价值判断，科学地利用其判断结果，优化高等教育，使其功能充分发挥。

哲学上的价值体现在主体与客体之间、需要与满足之间的关系，是客体所具有的属性同主体需要之间的一种特定的关系。高等教育的价值是高等教育主体与客体、需要与满足之间的关系，即高等教育的客体所具有的属性同高等教育主体需要之间的关系。主体的需要对于客体来说是否能够满足，其中存在着一种价值的判断，把这种价值判断进一步进行制度化就会形成评价制度。高等教育评价制度的形成不是偶然的，而是在高等教育不断发展的历史过程中形成的，并且不断地完善和发展。本研究试图从高等教育评价的主体论、多元论等几个侧面来探究高等教育评价的本质。高等教育评价本质的研究，不但能够完善、丰富高等教育评价的理论体系，更重要的是能够促进高等教育健康地发展。

---

① 刘学岚．我国高等教育经费支出结构分析［J］．武汉大学学报：哲学社会科学版，2009（4）．

② 史秋衡．高等教育评估［M］．贵阳：贵州教育出版社，2005：6．

③ 山野井敦德，清水一彦．大学评价的展开［M］．东信堂，2004：5．

一、对高等教育评价主体论的辨析

在以知识经济为基础的社会中，随着高等教育规模的不断扩大，高等教育已经走进了“社会的中心地”，高等教育的利益相关者也越来越多，他们都有权力对高等教育进行评价，并成为高等教育评价的主体。高等教育由谁来评价，将决定着评价的基本性质。由于评价主体的评价理念、目的、标准、内容等有所不同，与评价相关联的结果也不同。理论上高等教育利益相关者都有可能成为评价的主体，因此对他们一一进行论述，事实上是一件很困难的事情。那么，在现实的评价中，作为主体的是政府、国民，还是当事者？我们以评价的对象为基准，把评价的主体分为作为当事者的高等学校和高等学校以外的政府、第三者部门来进行探讨。

（一）高校本身作为评价的主体

把高校自身作为评价主体的评价，我们将其称之为自我评价。实施自我评价的高校具有双重性质，既是评价的主体也是评价的对象。高校自我评价的理念和目的会直接影响到评价的质量。就自我评价的目的而言不外乎有两个：一个是为了高校自身的生存和发展，提高市场竞争力，保障和提高教学、科学研究、经营管理、社会服务等各个方面的质量。这是一种纯粹性的自主自律的自我评价，它的动力来源于高校自身。另一个是为了应对来自于高校外部的评价，在外部评价的压力下被动实施。因为外部的评价一般是在自我评价的基础上进行的，高校不得不实施自我评价，这在法律或制度上有新规定，并且外部评价的结果直接关系到高校自身的利益。这种自我评价可以称之为被动自评。我国的现实情况表明，高校实施的自我评价基本上具有上述两种因素。要想真正做到自主自律的自我评价，必须提高作为评价主体的高校对自我评价本质的认识。

自我评价主体的组成成员主要来自于该高校的管理者、教职员及学生。为了保证自我评价的真实性和公正性，还应该有高校以外的代表参加。从管理层和教职员中选出一部分较有影响力的代表、学生代表和校外的代表组成自我评价组织，在一定的办学理念指导下，按一定的评价标准和程序进行评价，形成评价结果，做成自我评价报告书，并将评价结果向高校内外公开。高等教育的教育主体是作为受教育者的学生，学生作为自我评价的组成成员之一，在理论上是最具有说服力的。可是在现实中，高校的自我评价组成成员里很少或者根本没有学生代表，受教育者的权力在评价中没有得到体现，这说明了自我评价在主体组成上存在着一定的问题，也是必须要解决的问题。

作为自我评价主体的高校应该切实肩负起评价主体的责任。如果自我评价与评价的结果只是停留在对自己所在高校的介绍甚至美化上，未免距离自我评价的本质相差甚远。自我评价如果不与高校自身的改善或改革联系在一起，就会失去自我评价的意义。自我评价必须做到客观、真实。高校应将其作为一种管理经营的手段，有效地利用自我评价的结果，找出学校在教育教学、科学研究、管理运营等过程中的优点和问题，这对高校制订改革发展计划有着重要的作用。通过自我评价进一步发挥高校人的能动性，激发教师的积极性，努力改进教学，提高科学研究质量，改善经营管理水平，才能实现自我评价的真正目的。

（二）政府作为评价的主体

在一个国家或社会里，对于高等教育来说，其权力当局者就是国家及政府。国家对高等教育实施评价，其本身就已经改变了原来的高等教育管理方式。国家要从高等教育所处的国内外形势、环境出发，宏观上把握高等教育的情况，制定发展政策。国家或政府作为评价主体的评价属于行政性评价或者政策性评价。

以国家或政府为评价主体的高等教育评价，通过转变教育行政部门管理职能，制定相关的法律或规章制度来加强和改进对高等教育工作的宏观管理和业务指导，强化对高等学校教育教学质量、办学条件等的监测和调控，其目的是为了促进高等教育事业持续、健康发展，保障和提高整个高等教育的质量，使之发挥更大作用。国家或政府多是通过设立直属的行政评价机构来具体实施评价。这些直属的国家行政评价机构代表国家意志，根据相关的评价法律文件等制定评价目的、目标、基准、规则、程序等，对高等学校进行评价。例如：我国于 2003 年正式成立了“中华人民共和国教育部高等教育教学评估中心”。这个中心是教育部直属的行政性事业单位，其主要任务是负责组织实施高等学校本专科教育的评估工作。研究生教育评估由国务院学位委员会办公室与教育部学位与研究教育发展中心负责。“中华人民共和国教育部高等教育教学评估中心”作为高等教育的评价主体之一，至少属于半官方机构，代表国家或政府的意志对高等教育实施评价，其评价属于行政性评价。

再者，这种评价实施的一个重要的前提是评价与资源分配有着直接关系。进一步来说，这种评价本身会成为资源分配的一种方法。为什么国家或政府能够成为高等教育评价的主体，这里涉及评价权力问题，或者说是资源分配权力的问题。资源分配的主体一般是资源拥有者或管理者。实际上，现在社会的特征显示，管理者是最具有资源分配权力的，他们与资源拥有者有着密切的关系，因而成为上位者。上位者评价与之相关联的下位者被认为是

理所当然的，这种权威性来自于资源的所有权。在规范哲学中，正义论认为：市场上的交换存在着截然不同性质的两种形式，一种是交换性正义，一种是分配性正义，前者在平等的基础上具有自主的性质，后者是在上下关系中存在着权威性。[①] 例如，在社会中上司评价下属，在学校里校长评价教职员、教师评价学生，这种上下级评价是现实中所存在的。那么，国家或政府为主体的高等教育评价就属于上级对下级的评价，它的权威来源于所属关系和资源的分配。

（三）第三者部门作为评价的主体

第三者部门作为评价主体对高等教育实施的评价我们称之为第三者评价。第三者评价机构是非高等院校、非政府性的，又与高等院校和政府有着密切关系，是非营利性的组织机构。它应该具有独立的法人地位，拥有自主权，是一种专门性较高的高等教育评价组织。第三者评价应该具有真实性、客观性、透明性、科学性等特点。评价结果应该向被评价的高校和整个社会公开，其主要目的在于为政府和高校的决策与改革提供咨询服务和重要依据，完善高等教育信息市场。第三者评价在保障和提高高等教育质量、优化高等教育结构、使高等教育可持续发展等方面发挥着重要的作用。

第三者评价的组织主要是由具有较高的责任感、丰富的高等教育经验的学者、专家等构成。组成成员多来自于高校、高等教育研究、管理等部门。来源多样化的、由知名学者和专家组成的评价队伍，是第三者评价权威性的主要来源。这些知名的学者和专家凭借着他们丰富的教育教学、研究管理等知识经验和理念，在国家高等教育方针政策的基础上，制定高等教育评价的目标、标准、指标、内容、方法、程序等，按照具体程序，本着高校自主与协商的原则，对高校进行评价。

高校已经实施了以保障和提高自身的教育教学、科学研究、经营管理为目的的自我评价，为什么还需要第三者评价？这里存在着“不识庐山真面目，只缘身在此山中”的一个哲理性问题。由于各高校的办学理念、发展的历史、类型、层次等有所不同，作为高校的最高决策者的管理经验和水平等也存在差异，在制定自我评价的目标、标准、内容、方法等方面存在着合理性问题，同时也存在着评价的过程、结果等是否真实、客观等问题。这些问题的发现及合理的解决方法的建议提出等需要一个科学的、客观公正的第三者来评价。

第三者评价的主体也应该多样化。一个第三者评价机构未必要对高等教

① 大学评价年报编辑委员会．现代社会和大学评价：第3号［J］．大学评价学会，2007：3.

育所有领域进行综合性评价，可以根据自己机构的组成成员的特点及实力，对高等院校的一个或部分领域实施评价，这样可以保障评价的专门性和科学性。像这样由多个具有专门性的第三者评价机构形成的第三者评价系统，如果能够真正地、充分地发挥系统功能，那么对于保障和提高高等教育质量就有着重要的意义。

二、对高等教育评价多元论的评判

多元论是在某些特定的场合，综合性地肯定和接受某种事物的多样性的立场或观点。对于事物而言，它的存在是由这种事物本身的价值决定的。价值多元主义是哲学性的伦理学之中的一种思想，其认为：在现实中，同等地存在着正确的、根本性的多种价值，这些价值是相互矛盾统一的，在多种情况下，它们之间是不能相互替换的，因为它们不具有客观的序列性。高等教育评价的多元化形成是因为这种评价本身存在着多元化的价值，它不仅表现在评价的多样化形式上，还因为它具有多样化的层次和内容。这种根本性主要来源于高等教育的多元化发展。在高等教育评价领域里存在着多元的评价主体、多元的评价对象、多元的评价标准等。

（一）评价主体的多元化

高等教育由谁来评价？这个“谁”就是评价的主体。主体之所以具有评价的权力，是因为它们是高等教育的利益相关者。随着高等教育的发展，高等教育的社会价值越来越大，所作用的社会领域越来越多，利益相关者也自然越来越多，多元化评价主体的产生也就成了一般性的道理。在现实中，多元化主体的产生还与一个国家的高等教育发展阶段、国民的民主性觉悟、具体的国情等有着密切的关系。

按照高等教育评价主体产生的顺序，应该是高等院校自身作为评价的主体最先登场，因为它所担负的高等教育的责任最直接、最重要。随着高等教育市场化的进程，作为高等教育消费者的学生和家长的民主意识不断提高，对高等教育的要求也不断增加，要求他们所购买的“产品”在质量上得到保障，在社会中得到认可。高等院校不得不在“产品”的附加值上下工夫，以赢得消费者的信赖和承认。把这种理念作为前提，高等院校就要付出实际行动，不断地用自己的手改善自己、改革自己，保障和提高自己的质量。从“入口”到“过程”再到“出口”，不断地检查和评价，并把上一次的评价结果作为下一次评价的开始，循环往复，不断地进行改革和创新。

高等教育的发展也会反作用于国家与高等院校的关系。在高等教育不同的发展阶段，这种关系的体现也有所不同。他们之间由原来的“权力”和

"义务"关系，逐渐地向"管理"和"责任"的关系转变。在"管理"和"责任"之间会存在着一个"纽带"或"桥梁"，这个"纽带"或"桥梁"就是评价。评价产生的同时就会出现评价的主体，国家对高等教育的评价其主体自然是国家或政府。国家或政府通过制定高等教育的大政方针来引导高等教育发展。高等教育大政方针的制定必须在国家高等教育事实的基础上进行，事实来源于评价的结果。国家或政府作为高等教育的评价主体的产生和存续，其价值是无法替换的，其意义十分重大。

在国家和高等院校之间存在着既"非此非彼"又"亦此亦彼"的第三者。第三者评价主体必须对国家和社会负责，与高等院校之间存在着平等、自愿、协商的关系。在"高等教育评价时代"的今天，第三者评价主体的产生和发展，既能够丰富高等教育评价的形式和内容，又能够客观、科学地保障高等教育质量，为高等院校接受外部评价提供更多的选择空间。它所存在的价值在于客观、公正、真实、科学、公开等，这种价值是其他任何评价主体都无法代替的。

评价主体的多元化是"高等教育评价时代"到来的基本特征。多元化的主体从不同的侧面对高等院校的教育教学、科学研究、管理经营、社会服务等各个方面进行检测、监察，对具体高校的改革与发展提出意见和方策，保障高等教育健康发展。

（二）评价对象的多元化

随着高等教育的不断发展，高等院校呈现出多类型、多层次的发展趋势，有国家直属高校、地方高校、民办（私立）高校、内外合作办学等，有研究型大学、教学研究型大学、教学型大学、高职高专等，有历史悠久实力雄厚的大学，也有新建本科院校等。这些多样化发展着的高等院校是与社会发展的需求相适应的，为社会发展培养各级各类、不同规格的人才。由于各高校的具体职能不尽相同，他们存在的价值也有所不同。正是这些职能、价值不同的高等院校的存在使高等教育评价的对象呈现出多样化。由于高等教育评价对象的多样化，相应的，高等教育评价的形式也会向多元化方向发展。

高等教育发展的历史表明，高等教育的功能在不断地扩大，高等学校的职能也在渐渐地增加，现在已经形成了被学界和社会公认的三大职能，即培养人才、科学技术研究、直接为社会服务。随着高等教育的发展还可能会出现更多的职能。就三大职能来说，高等院校是否真正地发挥了它的作用，或者如何保障和提高三大职能发挥作用的质量，需要对其进行评价。把高等院校的社会职能作为评价领域，这个领域也是多元的。评价领域的多元化也会影响到高等教育评价的多元化。

高等院校培养人才，目前为止主要是按着院系和专业来培养。由于高校的不同，所设的院系和专业也不同，同样名称的院系及专业在不同的高校，其教育教学、科学研究等的水平和质量也存在着差异。如何保障相同专业在培养人才和科学研究上的质量，近年来受到人们的关注。把专业作为评价对象，这个对象更加广泛、更加多元化。

高等教育评价对象的多元化会使高等教育评价出现多种类型。如根据评价对象的不同，会产生相对于研究型大学的研究型大学评价、相对于教学研究型大学的教学研究型大学评价、相对于教学型大学的教学型大学评价、相对于新建本科院校的新建本科院校评价、相对于高职高专的高职高专评价。根据评价领域的不同，也会出现相对于培养人才领域的教育教学评价、相对于科学技术研究领域的教育研究评价、相对于直接为社会服务领域的社会服务评价。把不同的院系或专业作为评价对象，就会形成多种专业评价。在这些评价之间存在着类型和层次的区别，它们既可以完善高等教育评价系统，也能够使高等教育评价向高度专门化方向发展。

（三）评价标准的多元化

高等教育从精英教育发展到大众化教育再到普及化，是在科技和经济发展到一定阶段，人们对高等教育追求的增加和国家及社会对高等教育需求不断扩大中形成的。它的原动力来源于高等教育的“内推”和“外引”。“内推”就是个人对高等教育内在需求的增加，“外引”就是国家的高等教育政策制度。从高等教育哲学层面上讲，这是认识论和政治论相互作用的结果。高等教育是否能够满足个人、国家和社会的需要是高等教育评价的哲学依据。高等教育评价标准对于高等教育评价来说，是一个极其复杂而重要的问题。大众化及普及化阶段的高等教育，也存在着精英教育，这种复杂的教育形式决定了现在的高等教育评价标准应该是多元化的。

在多样化的高等教育市场需求之中，评价主体要充分考虑这种供求关系。在评价标准的制定上，应该具体从两个方面出发：一个是个人的需求。各高校各自在多大程度上能满足哪一类受教育者的需求，这是评价主体在制定评价标准的时候应该考虑的重点要素之一。围绕着培养人才和满足个人的需求，会涉及具体高校的各个方面要素，如：教育教学、管理运营、历史特色、地理位置、物质资源、师资构成、学生情况、专业设置、学科建设、学术科研、社会声誉、发展潜力等。另一个是国家和社会的需求。国家和社会的需求是随社会发展而产生的，并逐步呈现出多样化特征，是基于国家和社会的政治、经济与发展情况对劳动力、专门人才、科学技术等要求而产生的对高等教育支付能力的需要。这些需求主要来自于政治、经济、文化、科技、人才等领域。评价主体在制定评价标准的时候，对于高校在多大程度上能够满足国家和社会的哪些需求，也是必须要考虑的重要因素。

由于高等教育发展阶段的不同、高等学校的类型和层次不同，在满足受教育者个人、国家和社会的需要程度的价值判断上也有所不同，因此，对其评价的标准也应该是多样的。高等教育评价主体如何制定评价标准，与这个主体判断高等教育的价值尺度有关，作为评价的主体必须清楚地把握现阶段的高等教育状况，国家和地区在政治、经济、科技等各个方面对高等教育的需求，并且能够科学地预测高等教育发展的未来，这是制定评价标准的基本前提。评价主体多元化，其评价的目的也有差异；评价对象多元化，其评价的内容也有所不同。因此高等教育评价标准也应该是多元的。

三、对高等教育评价政策的哲学分析

伴随着我国评价工作的开展和对高等教育质量的追求，从 1985 年国家颁布第一项高等教育质量评价政策，到如今评价贯穿于各项有关高等教育质量工作的政策中，作为高等教育不可缺少的一个重要组成部分，高等教育质量评价政策经历了一个不断发展、不断成熟的过程。

（一）从战略设计上看，高等教育质量评价政策经历了一个由一般到具体的发展过程

1985 年颁布的《中共中央关于教育体制改革的决定》指出："教育管理部门还要组织教育界、知识界和用人部门定期对高等学校的办学水平进行评估。"这是我国政策中第一次对高等教育评估提出明确的概念和要求。此后，理论界围绕高等教育评估对象、目的、意义、评估标准、指标体系、评估方法、国外高等教育评估等展开了探讨。与此同时，由国务院、教育部（原国家教委）等制定的关于开展高等教育质量评估的有关规定、条例、方案陆续出台。2005 年 1 月教育部颁布《关于进一步加强高等学校本科教学工作的若干意见》，提出了"以评促建、以评促改、以评促管、评建结合、重在建设"的二十字评估方针。

我们无需将 20 年中的这些文件罗列出来，但从我国高等教育质量评价政策的主要内容可以看出，我国高等教育质量评价政策从无到有，并且一直贯彻在各项加强本科教学工作的文件中，政策设计也从粗放式的简单要求到具体、详细的评价规范。如从评价概念和要求的提出到评价管理机构的职责划分，从初时的政策文件到以立法的形式确定高等教育评价，从高等教育宏观调控体系与评价制度的建立到不同科类高校开展教学工作评价制度的形成，从教育主管部门对高校的评价到建立高校内部教学质量检查监督的措施和办法，从教学工作水平评估原则的确立到对指标体系、等级标准、评估结

论、评估方针的明确规定，政策设计的指向性越来越明确，对评估工作的指导和规范作用逐渐加强。到目前，可以说在任何一项事关高等教育质量的政策中，评价都成了不可缺少的重要组成部分。

（二）从本质上看，高等教育质量评价政策经历了一个从工具性价值到目的性价值转变的过程

高等教育质量评价政策包括两个方面的价值：一是对高等教育质量评价的统筹规划、发展方向所制定的指导原则，主要是协调高等教育质量评价的内部关系；二是国家高等教育质量评价活动的方向和评价发展目标，主要是协调高等教育质量评价的外部关系。内部价值着重于解决高等教育质量评价活动的内部矛盾，即通过解决质量评价生存和发展的应然目标与实然状态之间的矛盾，最终达到使受教育者全面自由、和谐发展的目的。高等教育质量评价政策的内部价值，主要是以合乎质量评价和人的发展以及合乎的程度来评判。这种价值可以称之为高等教育质量评价政策的目的性价值。而评价政策的外在价值着重于解决高等教育质量评价的外部关系，具有一种国家功利主义的价值取向，称为工具性价值。从本质属性来说，高等教育质量评价政策的内在价值高于外在价值，高等教育质量评价政策的目的性价值高于工具性价值。

我国政府在评价政策制定过程中，坚持国家发展与高等教育质量保障的统一。一方面通过评价提高高等教育质量，视高等教育质量为其参与国际竞争和满足社会对人才需求的工具。另一方面，国家权力通过评价政策，调集大量资源发展高等教育并解决教育质量中出现的问题。从国家利益与高等教育利益的关系来看，鉴于我国的社会实际以及教育地位的低落和发展方向的迷失所造成的种种弊端，在现阶段出台的评价政策中，相对突出的是第二个方面，即重视其内在价值，尊重高等教育自身发展的内在需求，引导高等教育质量评价各项工作规范、有序地发展，从而促进高等教育质量不断提高，为社会整体进步提供原动力。可以说，我国高等教育评价政策的演变过程是一个从工具性价值到目的性价值不断升华的过程。例如，1990 年出台的《普通高等学校教育评估暂行规定》是第一次对高等教育质量评估进行立法，指明普通高等学校教育评估的主要目的是“增强高等学校主动适应社会需要的能力，发挥社会对学校教育的监督作用，自觉坚持高等教育的社会主义方向……更好地为社会主义建设服务”，强调“普通高等学校教育评估应坚持社会主义办学方向，认真贯彻教育为社会主义建设服务、与生产劳动相结合、德智体全面发展的方针，始终把坚定正确的政治方向放在首位，以能否培养适应社会主义建设实际需要的建设者和接班人作为评价学校办学水平和教育质量的基本标准”。政策行文中“社会主义办学方向”、“高等学校

主动适应社会需要的能力”、“正确的政治方向放在首位”等措辞，彰显了高等教育质量评价政策的工具性价值。到了1993年，《中国教育改革和发展纲要》提出“建立各级各类教育的质量标准和评估指标体系。各地教育部门要把检查评估学校教育质量作为一项经常性的任务……对职业技术教育和高等教育，要采取领导、专家和社会用人部门相结合的办法，通过多种形式进行质量评估和检查。各类学校都要重视了解用人单位对毕业生质量的评估”，政策行文开始转向强调不同类型高校的评估和不同形式的评估，转向对人的发展价值的关注，倾向于促进受教育者全面自由、和谐发展的目的。而其后的一系列评估政策，包括分科类高校评估、评估的组织、评估的要求、评估的指标体系的变化、评估的措施、方法的规范等，都是为了协调评估过程中的内部关系，为了对评估进行统筹规划和发展进行指导，促使评估从实然状态走向应然目标。

（三）从功能上看，高等教育质量评价政策经历了一个从基准控制的导向功能和奖优罚劣的调节功能向提高质量的管理功能的转变

教育政策的本质决定了教育政策具有导向、调节和管理的功能，从而使教育政策具有客观的价值属性。高等教育质量评价政策也是如此。20世纪80年代中期至90年代中期发布的高等教育评价政策，赋予了质量评价基准控制和奖优罚劣双重功能。1985年《中共中央关于教育体制改革的决定》明确指出：“教育管理部门还要组织教育界、知识界和用人部门定期对高等学校的办学水平进行评估，对成绩卓著的学校给予荣誉和物质上的重点支持，办得不好的学校要整顿以至停办。”1990年的《普通高等学校教育评估暂行规定》提出，高等学校教育评估是“对学校办学水平和教育质量做出评价，为学校改进工作、开展教育改革和教育管理部门改善管理提供依据”。这些都是通过评估对高等学校办学基准和质量进行控制的体现。此后的许多评价政策也关注了不同类型高校之间、不同集团之间的差异，有效地协调了它们之间的关系，保证高等教育事业平衡有序地发展，为高等学校的分类发展奠定了基础。

从20世纪末至今，高等教育质量评价政策的功能则转向了对高等教育质量的管理，保障和促进高等教育质量的稳定和提高。1998年，教育部《关于深化教学改革，培养适应21世纪需要的高质量人才的意见》首先提出：“对高等学校教学工作进行评价是诊断学校教学工作，深化教学改革，促进教学建设和提高教育质量的重要手段，也是实施教学管理的重要方式。”2001年的《关于加强高等学校本科教学工作提高教学质量的若干意见》指出：“各级教育行政部门要把教育质量特别是本科教育质量作为评价

和衡量高等学校工作的重要依据……牢固树立人才培养的质量是高等学校生命线的观念。”此后至今进行的高校分类建设和质量工程都是质量评估结果的体现。如国家对“211 工程”“985 工程”高校的投入建设，推进示范性高职院校发展的策略以及对地方院校、新建本科院校的逐渐关注。2007 年的《关于实施高等学校本科教学质量与教学改革工程的意见》等，可以说是建立在对高校教育教学质量评价的基础上的后续进行的质量建设政策。

第三节 高等教育质量评价体系的实践要素

就高等教育的质量评价体系研究和高等教育质量保障体系研究而言，关于“质量评价”和“质量保障”这两个概念，本研究在查阅文献和研究的过程中，发现国内这两方面的研究和概念界定存在相互套用的情况。其实对于高等教育质量管理来说，高等教育质量评价和高等教育质量保障是既相互联系又相互区别的，这两个概念在高等教育质量观中有简单的区别，但是为使研究更加集中和有针对性，本研究再次对其进行概念厘清。

本研究认为，高等教育质量评价指的是“以高等教育为对象，依据教育目标，利用一切可利用的评价技术和手段，系统地收集信息，并对其教育效果给予价值上的判断，为做出决策、优化教育提供依据的过程”①。也就是说，高等教育的质量评价体系实际上是建立在收集信息的基础上，以价值判断目的的过程。从世界高等教育发展来看，高等教育质量保障制度的普遍建立已经成为大势所趋。但是，西方发达国家的高等教育质量管理制度经验都说明质量保障制度是建立在质量评价制度之上的，也就是说质量评价是质量管理制度的基层建设，质量评价所得出的相关的价值判断和信息是质量保障和质量改进的基础数据。通过访谈国外相关大学内部评价管理人员和分析他们的评价报告，我们发现院校内部质量评价体系的完善需要充分发挥基层学术组织在专业发展、人才培养上的作用。

首先，改变院处型的行政管理模式，确立知识型的学术基层组织制度。从理论上来说，学科是大学的细胞，是大学教学科研发展的基础所在。“（学科）这些极其重要的单位，可以被看做是一种组织的基础。”② 高等学校从整体上来说实质就是一个学术组织，是一个学科群的集合体，越到基层

① 史秋衡. 高等教育评估［M］. 贵阳：贵州教育出版社，2004.

② 伯顿·克拉克，等. 高等教育新论——多学科的研究［M］. 王承绪，徐辉，等译. 杭州：浙江教育出版社，1988：127.

越倾向于某一单一学科体系，这样才可能符合其整体学术性的要求。因此，基层组织的学科属性和学术特性是由大学与生俱来的特性决定的。教学、科研和为社会服务的大学三大职能，其实质都是知识创新。教学职能是通过人才培养达到知识的传承，继而为知识创新做准备；科研职能是通过科学研究直接进行知识的更新换代；为社会服务是建立在教学和科研基础上的。当然，这些知识创新需要制度保障，而以学科为基础的知识本体模式则成为此创新的重要载体，这样的基层制度建设才是成功而有效的。

知识本体模式的基层组织制度是人才培养创新的基础，它为课程多样化和灵活性的设置提供可能。只有建立在知识本体模式之上的课程设置、教学、评价，才可能给予授课教师最大的权限和责任。这样才可能保证在课程设置之前，授课教师有充分的主动性来进行市场分析、学生调查并根据相关信息具体设计出最符合知识发展的人才培养目标，或者是最符合学生需要，或者是最符合市场需求的课程内容、教学方式，并能够根据学生的评价来适时调整教学内容和教学方法。

以多样化课程组合而形成的模块课程学位制度必须建立在知识本体的基层学术组织模式基础上。

> 如果你正在寻找一个硕士学位，我们灵活的课程设计将在你需要的专业领域提供更加专业化的知识，并为你提供更加广泛的学修课程来整合在你的课程模块中，以适应你个人兴趣和需要。当你并不确定你能够承当所有的硕士学位课程时，你也可以选择灵活的PCES 的课程模式。①

以上这段话正好说明了在同样的学位背后可以通过多样化的课程模块来满足多样化的学生需要和市场需要。而多样化的课程模块需要学科间的自由互动和交流，学科是相对独立的，知识是综合的，知识本体的基层学术组织建设将为这样的学科交流提供空间和可能。

反观院系实体模式，课程设置模式可能改变自下而上的知识出发途径，遵循自上而下的管理思维，从大学发展和社会发展需要出发，这样就会忽视知识、市场和学生发展需要；而站在知识前沿的教师则因为没有基层发展责任而丧失了参与课程设置的动力和机会。此外，在各自为政的院系实体中，学科间的交叉交流空间相当有限，封闭的院系封闭了学科交流的可能，学科孤立发展模式违背了知识融合的规律，只会导致学科发展越走越有限，人才培养机制越来越狭窄。知识结构的不合理导致创新型人才培养的空间相当有限。可见，只有符合知识发展规律的知识本位的基层组织模式才可能在大学

---

① http：//www. education. soton. ac. uk/courses/masters_ degrees/2009 - 04 - 28.

的教学职能中、在人才培养内容和模式创新中有所作为。

其次，扁平式和分权并立的管理模式保证了大学内部评价制度的完善。该模式的形成符合质量管理“改进和转变”的理念。管理“精致化”是当代管理改革的趋势。扁平化强调压缩管理结构，减少管理层次，下移管理重心，提高信息传输效率，增强系统适应外界变化的灵活性。分权化强调分解权利、职能和责任，创设竞争环境，激发系统活力。但是过分强调扁平化，会影响管理结构狭义管理重心，可能导致中心管理事务过于庞杂；过分强调分权化则可能导致基层组织间的过分攀比竞争。二者的结合在大学的管理结构中表现清楚：一方面，大学中心的管理职能和权力、责任通过学部、学院各级组织逐级下放，首先实现分权管理；另一方面，中层管理学部的出现、学部数的减少既符合学科融合的趋势，也是整合管理层级的需要。

> 我们职能和政策的执行可能是三层结构也可能是两层结构，可能是从大学中心管理通过学部再到学院的正常传输过程，也可能就是从大学中心管理直接到学院，还有就是在学部和学院两级间解决的事务；当然一切都视具体事情而定。①

从管理结构来看，学术行政采用分立模式，行政服务学术理念稳固，不同学术部门间既为保持学术独立和自治性而相互分立，又通过学部为学科间的融合发展保持可能，这样的模式为教学、科研上秉承学术独立性提供了切实的内部保障机制。而通过大学层面的学部间的交流来从中观上推动基层学术组织的学科融合和发展，既符合知识发展的逻辑，也符合问题研究范式，更是一种加强大学内部良性竞争合作的管理模式，有利于促进以知识本位为基础的基层学术发展。学术和行政分立模式，一方面保证行政以学生服务为中心的工作理念，学术领域内以学部为统筹，以学院为主要教学科研单位，学院和中心的并立存在都为以研究引导教学的理念提供了可能；另一方面，学部减少，学科间融合趋势加强，加大了学科交流，打破学科壁垒，为教学法的相互学习提供了新的渠道，如图 6－1 所示。

最后，大学内部推行以基层质量评价为基础，中层关注质量保障，高层关注质量改进，人人为质量负责的质量评价制度。

---

① 根据 2009 年 3 月 21 日在英国南安普敦大学就南安普敦大学内部质量管理制度相关情况的访谈资料整理而成。

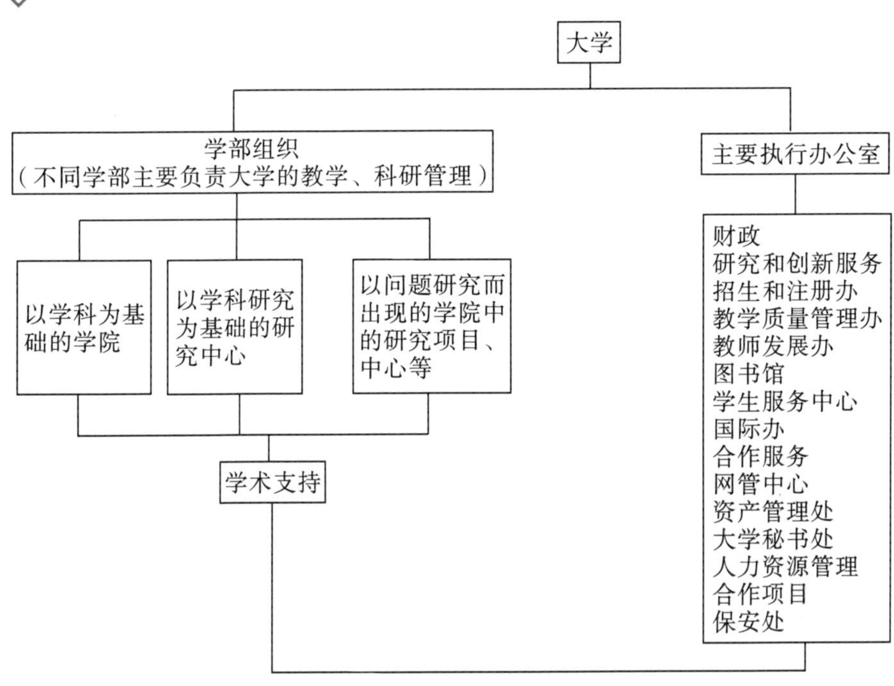

图6－1　大学内部组织结构原则图

1. 建立在课程审批、教师发展、学生评测和学生反馈基础上的基层质量评价

根据对教学质量以及质量管理战略的理解，高等教育机构应当对四个影响教学质量的要素进行重点规范。这四个要素分别是：新课程或模块的审批、教师发展、学生测评、学生反馈。

新专业（包括新课程或模块）的开设被视为是对教学质量影响甚大的一个因素，因此，其审批过程也十分严格。一个本科专业从提议开设到获得批准，须经过下列机构的层层审批：学系委员会、学院本科生学习委员会和附属学院或研究生学习委员会、学院委员会、评价与审批委员会（Estimates and Grants Committee，EGC）、学术质量与标准委员会（Academic Quality and Standards Committee，AQSC）、学校参议院。合作开设课程还须由合作与远程学习分委员会审批。大学对上述各机构应具体考虑的问题都有详细指导，以规范其审批工作。概括地说，它们主要考虑新专业的可行性和学术合理性问题。可行性问题包括有关专业所需资源、市场需求、是否符合外部规则与标准等；合理性主要指学术合理性，包括对诸如专业设置的目的、培养内容、课程结构、教学方法安排以及测评方法的合适性等进行考查。在新专业评审中，不但应该重视专业的学术合理性，而且应该重视专业的市场需求情况，因此要求申请单位必须提供详细的市场调查情况，尤其重视雇主的意

见。专业审批过程中，后一环节首先要对前一环节的审批程序执行情况作一个大概的了解，以监督并保障课程审批工作的执行，使审批过程环环相扣，保障各阶段工作的落实。

教师发展制度主要由学术实践中心（Centre for Academic Practice）和大学学术成员发展与评价委员会（Academic Staff Development and Appraisal Committee）负责，其内容包括：开设系列课程和培训、提供资助和安排学术假。课程和培训涉及教学、测评、研究、学生管理、行政以及个人发展等方面。这些项目都是向所有人开放的，一般时间短，但针对性强。而对于试用期的教师，大学设有专门的“introduction”项目，包括教学准备、教学发展、教学评价、华威研究介绍、导师个人角色、研究导师等课程，以帮助新教师迅速适应工作，并融入校园文化之中。在提供资助方面，主要是供教师参加有关学术会议或相关培训。大学为教师提供的发展项目同样也要接受有关部门的评价和监督，以不断改进和提高发展项目本身。

学生测评应当被视为检查课程教学效果的重要环节。在这一环节，学生和教师能同时获得有关其学习和教学的反馈，从而帮助改进学和教。大学应该通过外部监察制度及时采用学生测评反馈的方式，充分发挥学生测评在促进教学质量上的积极作用。所谓测评反馈，指将测评结果及时反馈给学生，帮助他们改善学习。大学要求各机构将测评反馈的时间、方式等以制度方式明确公开，并针对公开制度建立评价机制。在课程开始之前，有关机构要将预期的学习要求以及反馈形式公开告知学生，以保障学生事先对课程的学习结果有完整的了解，并明确学习过程各步骤的要求。这样就使学习、测评和测评反馈联结成一个回路。学生根据测评反馈进行改进，改进的情况将在下一轮学习和测试中体现出来；然后教师再次给出测评反馈，并根据上一次的情况进行调整。如此循环往复，以保障学生学习质量的不断提高。

学生对课程和教学的反馈意见越来越被认为是保障课程质量的十分重要的方式。大学通过各种方式收集学生的反馈意见，并通过师生联络会（Staff Students Liaison Committee，SSLC）以及学生代表在各委员会中的任职来直接反映情况。收集学生反馈意见主要是通过问卷形式，由课程领导负责，在学系这一层面进行。通过问卷，大学可以获得学生对专业及课程设置、内容和组织以及课程教授等方面的评价，以不断完善专业和课程模块。在对单门课程的评价中，大学也要求学生进行自我评价，评价自身出席课程的情况以及努力的程度，以保障学生相对客观地看待有关课程问题。近年英国华威大学已经出台了有关问卷设计、方法以及结果分析等方面的指导性文件，旨在指导学系更科学地设计问卷并利用其数据，以改进和提升课堂设计和教学实践。

师生联络会是学生就有关学术问题发表意见的重要的正式渠道，它还监督各学系对学生反馈意见的采纳情况。这一机构各系都有，由学生领导，每年定期召开会议，学生可以就教、学以及学生支持等方面的问题展开讨论，提出意见，学生的主要观点将通过该组织向有关委员会汇报。在实施监督职能上，学系要将其针对学生反馈意见采取的措施向学生学习委员会报告。学生学习委员会要向学院提交年度报告，在明确大学范围内的优秀操作实践以及存在的问题后，由学院向大学质量保障机构汇报。

2. 建立在课程定期评价、年度评价基础上的中层质量保障机制

要素规范作为质量保障体系的建设性部分，其实施情况要接受大学评价。作为督促的主要方式，大学需要通过各种形式的内部评价定期检查院系教学质量保障工作。这些形式主要有课程定期评价、课程年度评价以及学系年度评价。

（1）课程定期评价以学院为主体，在学系提交的自评报告基础上进行。各系的自评报告上交学院委员会，学院委员会汇总后上报院校质量保障机构。该评价每五年一轮，以单门课程为单位开展，旨在鼓励各系对课程发展进行长远考虑，刺激新的课程设计并保障各系教育质量的提高。确定好评价的课程及时间后，学系将自评报告提交给学院委员会，后者将组织评价小组开展评价。评价小组成员不得少于三人，且都是外系学术人员，一个必须来自外院。他们对被评价学系提交的下列材料进行详细汇报和反馈：① 自我评价报告（包括学术数据库中的有关数据）；② 上一次定期评价的报告；③ 外部评价和任何外部专业团体的认证报告，以及在 AQSC 指导下针对这些报告中提出的问题采取的有关措施；④ 过去三年的外部监考员报告；⑤ 上一次定期评价以来的所有有关课程的年度课程评价报告；⑥ 外部成员的详细意见（如果他们不能参加评价会议的话）；⑦ 学生手册和鼓励性文件；⑧ SSLC 的年度报告，以及根据评价小组的判断抽选的部分 SSLC 文件和学生反馈文件、问卷以及对它们的分析；⑨ 课程详细介绍；⑩ 相关的学科标准陈述。

上述材料中，除了自评报告外，其他文件都是已经存档的材料，这样避免了因评价给系里带来过多的麻烦，影响其日常工作。自评报告的主要内容应包括：课程要求是否恰当，在多大程度上达到了预期的教学效果，课程教学中有没有采用现代技术，是否促进了学生的技能发展，课程结构和内容的改进效果如何，学生的学习效果和学习机会如何，以及系内对课程的检查和监督方法是否有效等方面。

评价小组组长和秘书对上述材料进行检查并满意之后，将召集系里师生召开评价会议，重点讨论和评价课程的效果以及优缺点，然后提出改进意见。最后，评价小组秘书将起草总结报告，提交给 AQSC，同时给系里一

份，要求系里书面回应报告的结论和建议。系里的回应以及委员会针对有关问题的解决方案也须向 AQSC 汇报。

（2）课程年度评价主要由课程组组长负责组织和实施。课程组组长召集所有与该课程有关的教员以及部分学生开会，针对该课程各方面的反馈信息进行讨论。这些反馈信息主要来自学生反馈或问卷结果、考试结果、外部监考员报告、外部专业团体的学科认证报告、师生联合会的文件及年度报告、雇主或其他利益相关者的反馈等。同时这些材料将与上一年的课程年度评价报告以及课程详细介绍和外部质量管理委员会的相关标准陈述进行比较对照，以明确其进展与不足。会议结束之后，课程组组长将提交一份简单的评价报告，将本年度该课程的进展情况和来年的发展计划报告给系主任，由后者汇总交学院委员会讨论，并公布最佳课程实践和有待继续改进之处。

（3）学系年度评价。学院秘书根据学院所有课程的年度评价报告制作一份综合报告（summary），明确学院内要解决的主要问题和需改进的领域，以及优秀实践案例等。这一报告将向大学质量保障委员会正式汇报。每一份课程年度评价报告随同其后续改进工作的记录都将在系里存档，以作为将来迎接其他评价之用。

3. 以质量改进为目标的高层质量管理模式

质量评价和保障的终极目标是提高和改进高等教育的质量。以国外某大学内部质量管理结构调整为例，我们可以发现，院校内部质量管理制度的改革和调整是以弱化高层具体质量管理方式为目标，以落实基层具体的质量评价和保障为方式，以强化质量改进理念为指导的路径选择。

国外某大学在 2008 年时进行新一轮的结构调整。这样的调整符合该大学自身的战略规划：

> 我们进行结构调整的目的在于进一步加强大学层面的学术管理和领导力，使得高层的学术管理和执行团队能够和我们学院内具体制定学术规划发展的团队更紧密合作。比如我们原来是 6 个学院，现在是 12 个学院，这也就意味着原来只有 6 个学术管理者参与到我们大学的学术发展的研讨中，而现在参与人数增加到 12 人。这样一方面有更多的来自学院基层的学术管理者参与到大学高层的政策策略发展的讨论中来。另一方面，作为新的学院，我们也需要学校管理执行者参与到学院的管理中来，这样能够加强学院和大学层面在管理策略、发展方向上的协调。同时，这也是目前英国大学内部质量管理的普遍的做法。我们这样的调整还因为很多老师、教授来自南安普敦或者其他学校，他们把这些学校质量管理的经验带来，为我校质量管理的理念带来了新的思考。

该大学2008年调整后的质量管理结构如图6－2所示。

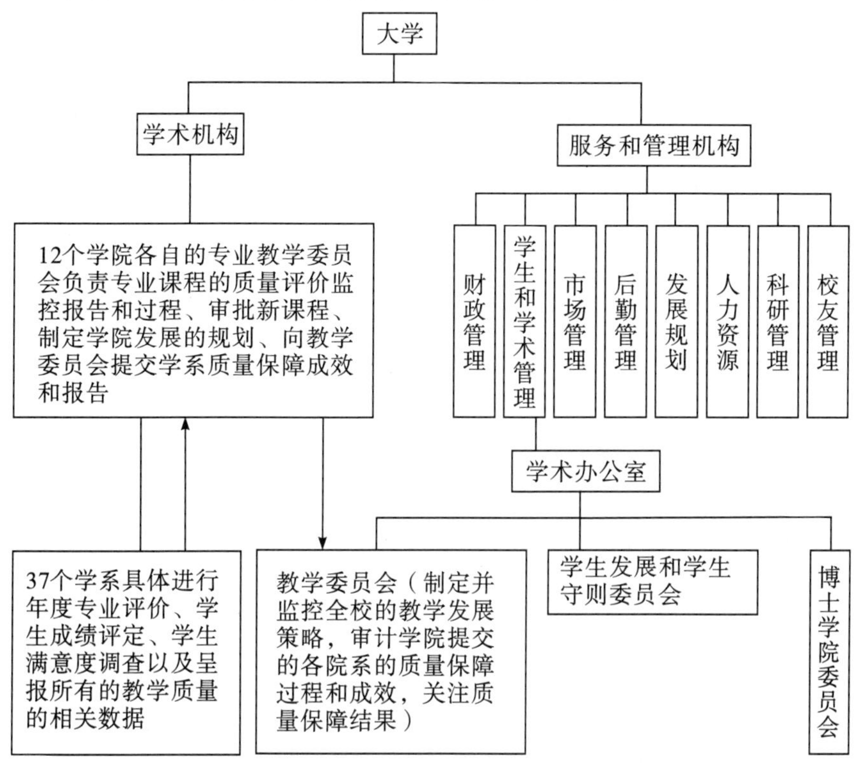

图6－2　国外某大学内部质量管理结构图

该大学调整后的内部质量管理结构是一种典型的层级化管理结构：从大学中心管理到学院管理再到系管理。质量管理模式首先自上而下进行政策指南的制定，在实施过程中遵循自下而上的报告提交和反馈。大学中心负责大学内部质量保障制度的框架设计和策略规划；基层学术组织则负责大学内部质量评价和管理的具体操作和实施；教师和学生都成为质量管理的参与者和实施者。学术权力最初的源头就来自于师生对学术的认同和质疑以及对质量的观照。而大学层面的学术办公室和教学委员会的责任在于汇总和收集质量信息，根据目前大学的发展情况来制定未来质量发展规划和战略。

第七章　高等教育的质量保障体系研究

第一节　从市场介入的视角辨析高等教育质量保障概念

一、质量保证与质量保障

“质量保证”和“质量保障”是当前国内高等教育质量管理研究中比较常用的两个概念，其英文表达都是 quality assurance。这两个概念之间究竟有什么样的联系？高等教育质量保障是不是工业领域评价质量保证的简单移植？

（一）质量保证

质量保证是工业领域中质量管理学的一个重要概念。对于它的理解目前有不同意见：一种将其理解为为顾客提供产品质量有保障的证明，另一种则认为质量保证包含了质量管理的全部内容。前者如美国质量管理协会对“质量保证”的定义是：“以保证各项质量管理工作实际有效地进行与完成为目的的活动体系。”欧洲质量管理组织则将它定义为：“为保证获得要求的质量，生产者对质量管理任务进行的综合监督。”[①] 在系列标准中，也是将质量保证、质量策划、质量控制和质量改进并列作为质量管理工作的四大部分。在这种理解中，质量保证是质量管理的一个环节，其意义在于为外部公众提供质量控制体系得到遵守的证明，以获取公众信任。后者如在日本，其质量保证的概念比较宽泛，日本工业标准《质量管理术语》中将其定义为“保证质量达到规定的标准”。日本还有质量管理学家将其定义为：“质量保证，就是制造者要在质量上满足用户使用者的要求并得到他们的信任。

① 周朝琦，侯龙文．ISO 9000 质量体系——进入国际市场的护照［M］．北京：经济管理出版社，2000：61．

而这种保证既要合理，又要经济。”① 在他们的理解中，质量保证包含了质量管理的所有内容，其内涵远远大于欧美一些国家对它的理解。

质量保证概念的内涵发展有一个历史演变的过程。简单说来，广义的质量保证在商品产生的时候即已存在。在最初的商品交换中，买主也必定是对产品质量满意，才会最终购买。这一时期的质量保证是由买主负责，通过买主对产品性能的直接检测来实现的。发展到今天，质量管理已经从事后检测阶段发展到事前、事中和事后的全面质量管理阶段。质量保证也早已成为生产者的责任，并伴随着质量管理的发展而从事后对产品性能的检测发展成为对生产过程全程的保证。因此，今天我们所谈的“质量保证”，实际上已经成为一个有着特定内涵的名词。它特指在全面质量管理思想指导下，产品生产全过程对有关质量规定的遵守。体系化正是对产品生产的全程规范和保证。无论是将质量保证视为质量管理的全部，还是认为它仅仅是质量管理中的一个环节，都已经意识到质量保证在今天有着“全过程”和“系统性”等特点。因此，对质量保证的两种理解只是宽窄之别，并不损害其基本含义。它们都包含了在产品生产的全过程中，为公众提供质量得到保证的证明，以获取顾客信任的含义。

与“质量保证”密切联系的另一个概念是“质量保证体系”或“质量体系”。任何一个组织都必然依靠质量体系来落实质量管理工作，包括制定和实施质量方针、质量目标和质量职责等。质量体系就是为实现组织质量管理所需要的组织结构、程序、过程和资源。由于对质量保证的理解存在宽窄之别，对质量体系的理解也有所不同。有人提出质量体系包括两部分：质量管理体系和质量保证体系。而另一种理解则认为质量体系即质量保证体系，它包含质量管理和质量保证两个部分。坚持第一种观点的人认为，质量管理体系是根据组织质量管理的需要而建立的用于内部质量管理的体系；质量保证体系则是当需求方对供方提出外部证明要求时，供方为需求方提供的质量得到保证的证明体系。在这一理解中，质量保证仅仅被视为质量管理工作中对外部提供证明的一部分，它与内部质量管理体系共同组成组织的质量体系。在那些认为“质量保证”的概念内涵不仅限于为外部提供证明的人看来，质量保证体系实际上应该包含了对内和对外两方面的内容。质量管理大师朱兰就认为质量保证是服务于那些不直接从事运营但有必要知情、有必要了解事情进展状况并希望确信诸事进展顺利的人员。自然，这些不仅仅是对外部提供证明，也包括了为内部管理人员提供相关证明。我国的质量管理也

① 周朝琦，侯龙文. ISO 9000 质量体系——进入国际市场的护照［M］. 北京：经济管理出版社，2000：92.

是将对内的质量管理和对外的质量保证都用“质量保证”这一概念来表述，将质量保证体系与质量体系等同起来。因此，在中国，较少见到“质量体系”的提法，更多的是提“质量保证体系”。

通过上述分析，我们可以看到，工业领域对“质量保证”和“质量保证体系”的有宽窄两种不同的理解：一种将其理解为工业领域质量管理工作的全部；一种则认为它只是其中的一部分。但无论宽窄，质量保证都包含着一种新的质量管理思想，即使产品质量在程序上获得严格的保证，由此来保证产品的最终质量符合顾客需要。

（二）质量保障

在工业领域的质量保证运动开展得轰轰烈烈的时候，教育领域也开始出现了一股质量保障热潮。由于对高等教育质量的理解众说纷纭，因此目前对高等教育质量保障也没有达成共识。陈玉琨在其著作中借用艾莉斯的观点提出：“高等教育质量保障是根据预先制定的一系列质量标准与工作流程，要求高校全体员工发挥每个人的最大潜力与自觉性，认真地实施并不断改进教育教学计划，从而达到或超过预定的教育质量目标，一步步地达到学校总体目标的过程。”① 这一理解认为高等教育质量保障是一个根据预定流程实现预定目标的过程，虽然强调了过程，但对质量目标和工作流程的强调似乎过甚。

有人则将高等教育质量保障理解为一种新的质量管理方法。如沈玉顺就认为高等教育质量保障是“一套涉及整个高等教育系统及其管理问题的系统化的思维和行动策略”②。其意即指高等教育质量保障是一种新的质量管理思想，并有一套自己的管理方法。其最大的特点是系统化，以系统思维的方式对高等教育质量问题进行重新审视，而不再停留在局部。西方学者 Louise Morley 在其著作《高等教育质量和权力》中引用了另一个观点：“质量保障是作为一个生产程序的规范工具被引入高等教育领域，而不是一个检查产品本身质量的工具。”③ 这一观点既指出质量保障概念是从工业领域借鉴而来的，同时也指出它已经超出了事后检查产品质量的最初管理方法，扩展到对整个生产过程的规范。我国也有学者提出类似的观点，认为高等教育质量保障实际上是重在通过它建立一系列制度，规范工作程序。国外还有些学者认为质量保障是一种精神，如果我们将质量保障归结为一套有助于质量

① 陈玉琨．高等教育质量保障体系概论［M］．北京：北京师范大学出版社，2004：8.

② 沈玉顺．高校教学质量保障的思想与实践［M］．上海：文汇出版社，2003：7.

③ Louise Morley. Quality and Power in Higher Education［M］. Buckingham：SRHE and Open University Press，2003：14.

的创造和维持的工具和技术，那将是狭隘的，而且不利于对这一精神的理解和贯彻。

综合来看，教育质量保障是借鉴工业领域质量管理思想而来的。上述几种理解分别说明了教育领域的质量保障的几个不同特点：系统性、重视过程、全员参与和不断改进等。系统思考是学习型组织的核心理念之一，而重视过程、全员参与和不断改进则是企业领域全面质量管理的核心概念。从这些理解中，我们可以明确看出教育质量保障受到工业领域质量管理思想的重要影响，其最终目的是要将组织改造成一个学习型组织，形成一种不断改进的质量文化。但由于意识到教育管理的特殊规律和教育机构各自的特性，人们在提出自己对质量保障的看法时较多地强调将它作为一种思想、一种精神，至于具体操作，则应该视各自情形由学校自己决定。

因此，对质量保障的理解，更多的是应该将它看作高等教育质量管理的一种新方式，它有一套自己的核心理念以及在这一理念指导下的一整套行为方式。从这样的理解出发，外部压力是要求高校转变质量管理方式的动力。学校质量内部保障体系的建立与运行才能真正带来教育质量的不断提高，它才是质量保障体系中的核心。

通过上述分析，我们可以看到，“质量保障”和“质量保证”两者实际上是一对同源概念，质量保障源自工业领域的质量保证思想。工业领域对质量保证的理解虽然有宽窄两种不同的理解，但都反映出质量管理思想的最新进展。正是这些质量管理的新思想被借鉴到教育领域，并结合教育管理规律，产生了“质量保障”这一新概念。质量保证与质量保障，既属同源，其共同之处反映在质量管理思想上，但它们又结合了各自领域的管理规律和特点，在操作上各有侧重。

二、质量保障是质量管理发展的新阶段，具有特定的历史意义

质量管理与质量保障之间的关系如何？为什么有了一个“质量管理”还要再提出一个“质量保障”？一个最朴素的理解是：质量管理问题将伴随着高等教育存在而存在；而质量保障则是在特定历史时期有着特定历史背景和内涵的一个概念。

从历史背景来看，质量保障深受工业领域质量管理思想的影响。质量保障的概念从 20 世纪 50 年代开始出现，其历史背景是多方面的，但一个重要因素是深受工业领域质量管理思想的影响，被打上了工业领域质量管理思想的烙印。工业领域质量管理从 50 年代进入全面质量管理阶段，随后，又在

全面质量管理的基础上发展出系列国际标准，开启了质量管理的标准化时代，由此掀起了一股世界范围内的质量保证热潮。也就是在这一潮流的影响下，加上高等教育领域自身质量问题的升温，在20世纪50年代兴起了全球范围的高等教育质量保障运动。如前所述，质量保证和质量保障两者分享同一个英文名词的事实，在很大程度上说明质量保障是深受工业领域质量管理思想的影响而产生的有关教育质量管理的新理念。质量保障是教育质量管理的延续和发展，但又有着自己的独特内涵。它是借鉴工业领域质量管理的成熟理论，结合高等教育管理规律和高校特点建立起来的高等教育质量管理的新方法。

从历史内涵来看，质量保障与传统的质量管理有着本质的区别。通过借鉴工业领域质量管理的成功经验，质量保障思想的提出与发展给教育质量管理工作赋予了新的、独特的历史内涵，这突出地表现在其与传统高等教育质量管理的区别上。首先，质量保障突出整体性。质量保障注重要素之间的联系，尤其注重各要素作为一个整体的意义，这是区别于传统高等教育质量管理方式的一个重要特点。传统的高等教育质量管理方式虽然也比较注重影响质量的诸要素，但是对质量要素间的关系理解较浅，也较少重视。比如，传统质量管理中，对评价功能的理解重在通过它来实施管理、控制，评价是作为一种管理控制的工具。而质量保障思想则重视通过评价来收集和整合有关要素的信息，以帮助改进，评价的功能侧重于整合信息与帮助改进。其次，因为对质量要素的理解缺乏整体性，传统高等教育质量管理思想对“质量怎么产生”的理解，仍停留在“质量产生于管理”阶段。而质量保障思想从整体性原则出发，提出了“质量产生于过程”的新思路。对“质量如何产生”的理解，直接决定着如何管理质量。传统的质量管理思想认为质量是“管”出来的，因此重视的是等级制的管理；而质量保障思想则认为质量是生产出来的，重要的是人们能充分了解每一个生产环节的意义，并为生产阶段提供充分的信息和足够的支持。因此，质量保障十分重视信息的收集与反馈，重视持续不断地改进和提高。

将上述两点联系起来看，高等教育质量问题确实是伴随着高等教育的产生而产生的。但在高等教育质量管理问题上，发展到今天，由于受工业领域成熟质量管理思想的影响，人们提出了“质量保障”这一概念。它是对传统高等教育质量管理思想的一种发展和超越，是高等教育质量管理的一个新阶段。因此，它是一个历史的概念，有着鲜明的时代特征。

三、质量保障是市场力量介入高等教育的必然选择

在高等教育质量保障运动兴起的同时，全球高等教育正经历着市场化运

动的冲击。这两个运动在时间上如此接近，以至于探讨高等教育质量保障就无法回避高等教育市场化问题。

第一，是世界范围的高等教育经费紧张改变了政府对高等教育质量的认识。从20世纪50—70年代，受高等教育民主化思潮和人力资本理论的影响，各国政府持续增加高等教育经费投入，世界高等教育发展进入了一个“黄金时期”。但是到70年代后期，由于多方面原因，许多国家的政府部门开始削减高等教育经费。如英国从1981年开始，三年内政府削减了高等教育经费的17%。在有限的经费面前，政府更注重高等教育经费的使用效率。为了保证高校有效地使用政府纳税人的钱，许多国家开始实行“问责”，对高等教育办学质量更加关心。“物有所值”作为一种新的高等教育质量观在西方国家被提出来，并成为影响高等教育质量管理方式的一大因素。

第二，新自由主义思想与新公共管理理念兴起，政府由高等教育提供者变为监督者。在英美等市场经济发达的国家，20世纪70年代开始出现的经济滞胀现象推动了市场经济理论的新进展。在凯恩斯的“大国家，小市场”理论无法解释经济衰退现象的情况下，新自由主义经济学理论所强调的“大市场，小国家”理论得到重视并迅速扩大影响，对全球公共部门改革产生了重要影响。与此同时，一种旨在替代传统行政管理模式的新公共管理理论开始出现。该理论是建立在对公共部门传统行政管理模式缺点进行批判的基础上的。它试图在公共部门管理中引进市场竞争和责任机制，追求管理的经济、效率和效能目标。该理论提出，政府在公益性事业的提供上，应该尽量由原来的“提供者转变成为监督者”，只有那些无法由市场来提供的公益性事业才由政府直接提供。

新自由主义经济学和新公共管理理论共同提出了一个问题，即政府在公共事业中应该转变角色。经费短缺的现实压力加上上述理论的支持，促使世界许多国家开始了高等教育市场化改革。这场改革的重心在于使高校的发展从原来依靠政府经费转变为依靠市场。因此，其要义有三：一是高校要获得独立面向市场的主体地位；二是市场依据需求获取高等教育服务，而高等教育依靠市场化竞争来获取经费，包括部分财政经费；三是政府通过赋予高校更多的自由权利减少了财政责任，但同时要预防市场失灵的出现。因此，政府在高等教育市场化中扮演了多重角色。它施加压力迫使高校走出“象牙塔”，面向市场，同时尽力帮助高校与市场建立联系。一个典型的表现即发起和推动高等教育质量保障运动，要求高校建立质量保障体系并定期向外界发布质量信息。而高校为了获得更多的学费收入或研究合作收入，质量意识也在无形中得到了加强，比较容易顺应政府要求，建立自身的质量保障体系。这样一来，市场对高等教育质量信息的要求增强，高校也必须向市场提供相关信息以获得市场信誉和信任。由此可以看出，随着市场力量的迅速介入，在高校、政府与市场的三角关系中，政府逐渐由高等教育的举办者变为监督者和购买者；高校为了获取经费，必须服从于市场竞争原则，以高质量的办学来换取学费收入和其他收入。在政府和市场的双重压力面前，高校开始改变传统的质量管理思路，借鉴工业领域的成熟经验，建立了高等教育质量保障体系，以应对政府要求和市场竞争，这就是高等教育质量保障思想产生和发展的最主要的社会政治经济原因。

第二节　利益相关者视角的质量保障价值取向

高等教育质量是一个多维的复合概念，其标准应是适应性、多样性和发展性的统一，最终体现在培养学生的质量上。在有限的经费面前，政府更关注高等教育经费的使用效率，为了保证高校有效地使用了政府（纳税人）的钱，许多国家开始实行质量问责，对高等教育办学质量更加关心，“物有所值”作为一种新的高等教育质量理念便应运而生，因为在资源有限的情况下不可能面面俱到，而只能奉行“主导价值优先原则”，主张价值多元、全面参与、共同建构。

一、高校：质量状态监测的常态化（从“怕评价”到“爱评价”）

目前，我国高等教育质量保障体系的主体是以政府评价为主的高校外部质量保障。也就是说，我国高等教育评价的主体是国家及其教育管理部门，高等学校是被评价及监督的对象。因此，高等学校在评价过程中只是配合和协助政府评价，这就导致高等学校的自主性及自律性难以发挥。高等学校在面对政府评价时，由于自身的自主性及话语权的缺失，就会出现“怕评价”和“应付评价”的情况。为获得在评价中带来的资源和声望而造假等不良现象屡见不鲜。要改变这一状态，一方面，要改变注重结果、忽视过程的评价，建立对高校质量状态检测的常态化机制，关注高校教育质量的动态化过程；另一方面，高等教育评价主体要多元化，不仅要有政府评价，还应充分发挥高校评价主体的作用，改变高校“被评价”的局面，使高校由“怕评价”转变为“爱评价”，通过以评促建，建立高校自己的质量保障与监控机制，使评建工作长期化、制度化、规范化，使教学质量监控贯穿于教学工作全过程。

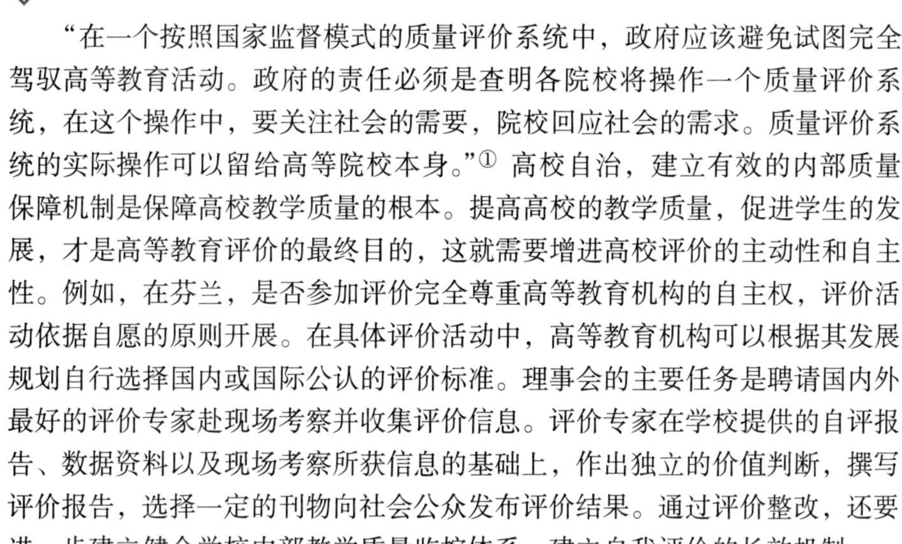

“在一个按照国家监督模式的质量评价系统中，政府应该避免试图完全驾驭高等教育活动。政府的责任必须是查明各院校将操作一个质量评价系统，在这个操作中，要关注社会的需要，院校回应社会的需求。质量评价系统的实际操作可以留给高等院校本身。”① 高校自治，建立有效的内部质量保障机制是保障高校教学质量的根本。提高高校的教学质量，促进学生的发展，才是高等教育评价的最终目的，这就需要增进高校评价的主动性和自主性。例如，在芬兰，是否参加评价完全尊重高等教育机构的自主权，评价活动依据自愿的原则开展。在具体评价活动中，高等教育机构可以根据其发展规划自行选择国内或国际公认的评价标准。理事会的主要任务是聘请国内外最好的评价专家赴现场考察并收集评价信息。评价专家在学校提供的自评报告、数据资料以及现场考察所获信息的基础上，作出独立的价值判断，撰写评价报告，选择一定的刊物向社会公众发布评价结果。通过评价整改，还要进一步建立健全学校内部教学质量监控体系，建立自我评价的长效机制。

二、政府：行政程序保障的法治化（从“做评价”到“管评价”）

我国自 1985 年以来出台的一系列政策文件和教育法规中对高等教育评价工作有明确的规定。例如 1985 年《中共中央关于教育体制改革的决定》提出：“教育管理部门还要组织教育界、知识界和用人部门定期对高等学校的办学水平进行评估。”1993 年《中国教育改革和发展纲要》强调：“各地教育部门要把检查评估学校教育质量作为一项经常性的任务。”《国务院关于〈中国教育改革和发展纲要〉的实施意见》指出：“要建立健全社会中介组织，包括……教育评估机构……等，发挥社会各界参与教育决策和管理的作用。”1998 年《中华人民共和国高等教育法》第四十四条规定：“高等学校的办学水平、教育质量，接受教育行政部门的监督和由其组织的评估。”1999 年《中共中央国务院关于深化教育改革全面推进素质教育的决定》指出：“在高中及其以上教育的办学水平评估、人力资源预测和毕业生就业指导等方面，进一步发挥非政府的行业协会组织和社会中介机构的作用。”此外，1990 年出台的《普通高等学校教育评估暂行规定》是我国较为系统的专门性高等教育评估政策文件。1995 年出台的《首批普通高等学校本科教学工作评估实施办法》，1998 年出台的《关于进一步做好普通高等学校本科

① ［荷］弗兰斯·F. 范富格特. 国际高等教育政策比较研究［M］. 王承绪，译. 杭州：浙江教育出版社，2001：431.

教学工作评估的若干意见》，2002 年出台的《普通高等学校本科教学工作水平评估方案（试行）》等，这些政策文件对本科教学工作评估起到了良好的指导和规范作用。

随着大学从社会的边缘走向社会的中心，高等教育对社会政治、经济和文化等方面发挥的作用越来越重要。对高等教育进行评价是政府对高校实施监督和宏观调控的一种重要手段，也是政府加强对高校责任问责的重要途径。正如布鲁贝克所言："高等教育越来越卷入社会的事务中就越有必要用政治观点来看待它，就像战争意义太重大，不能完全交给将军们决定一样，高等教育也相当重要，不能完全留给教授们决定。"[①] 由教育部组织实施的"普通高等学校本科教学工作水平评估"是目前我国最具权威性的高等教育评价，是教育部代表国家作为评价主体对高等学校的评价。通过评价，可以及时发现近年由于招生规模的迅速扩大而带来的高校生源质量下降、生均可支配教育资源的减少而带来的整体教学质量下降的弊病，从而督促和引起地方政府、教育行政部门及高校领导对提高教学质量的重视，采取有效措施，提高教学质量和人才培养质量，适应高等教育走向国际化和大众化的需要。在相当长的时期内，政府在中国经济、政治、社会和文化教育发展中的地位和作用是应该加强而不应削弱的，要完善政府主导的综合性评价。随着市场体系的完善和高校自主权的增强，高等教育评价主体逐步开始多元化，这客观上促使政府评价职能的转变，由最初的直接参与"做评价"转变为间接"管评价"，通过完善法律法规来规范高等教育评价，通过教育经费拨款来规范引导高等教育评价。

三、社会：社会舆论监督的专业化（从"论评价"到"评评价"）

唐纳德·肯尼迪提出了大学应肩负的"学术责任"，"责任一词正在和高等教育逐渐地联系起来，即公众想要更多地了解大学的运转情况，因为他们并不满意那些关于大学产品质量的宽慰人心的保证"。[②] 德里克·博克也提出："大学有理由承认自己的义务，应该向公众提供有助于解决重大社会问题的服务，回报于社会。"[③] 在现代信息社会，高校与社会信息的畅通是

① ［美］约翰·S. 布鲁贝克. 高等教育哲学［M］. 王承绪，等译. 杭州：浙江教育出版社，1987：32.

② ［美］唐纳德·肯尼迪. 学术责任［M］. 阎凤桥，等译. 北京：新华出版社，2002：5.

③ ［美］德里克·博克. 走出象牙塔——现代大学的社会责任［M］. 徐小洲，等译. 杭州：浙江教育出版社，2001：73.

保障高等教育质量必不可少的环节。社会舆论通过媒体、网络及专业的社会评价中介对高等教育质量进行监督，起到沟通高等学校与政府、社会之间的桥梁作用，同时社会舆论也是保障社会与高校、政府信息畅通的重要渠道。

社会中介机构参与高等教育评价在西方已经发展了100多年，而在我国只有十几年的历史。1993年，广东管理科学院武书连研究员发表了以目标评价、定量评价为核心的“中国大学评价——1991研究与发展”大学排名表。中国网大自1999年在《中国青年报》上发布一个中国大学排行榜以后，每年在自己网站上发布。中国校友会在2003年推出了第一个大学排行榜，同时还开发了众多的杰出校友排行榜。上海交通大学2003年开始按年推出“世界大学学术排行榜”。武汉大学中国科学评价研究中心和《中国青年报》合作，根据“同类比较，分类评价”的原则，从2004年开始每年发布“大学竞争力评价报告”系列排行榜，包括“中国高校人文社会科学研究竞争力评价报告”“中国高校科技创新竞争力评价报告”“中国重点高校综合竞争力评价报告”“中国一般高校综合竞争力评价报告”四个排行榜。浙江大学2006年发布第一个“浙江大学2006年世界大学创新力排行榜”。① 据不完全统计，我国共有10多个非政府机构发布了共30多个不同类型的大学排名表。“在我国现阶段，以国际权威刊物发表论文的数量为依据的‘学术榜’和各种‘大学评价排行榜’是社会评价的主要形式。”②

我国高等教育评价的现状是：政府是评价中的权威主体，社会中介机构在现实中并没有发挥真正的主体作用。我国高等教育评价社会中介机构势单力薄，作用不大。怎样才能使这种监督更为有效？这就需要社会舆论监督的专业化和规范化。不可否认，社会舆论监督是民主社会推动法治进程的重要方面，它的影响愈来愈大，其前提是表达自由。我国社会主义政治文明建设中面临着一个有效地发挥社会舆论监督作用的问题。随着我国政治文明建设的不断深入，舆论监督作为一种社会正义力量，将在国家走向民主、富强、文明与和谐中发挥作用。社会舆论应该从对评价随意地品头论足，转变为基于社会发展需求对评价进行科学的评价和合理的诉求，即从“论评价”到“评评价”的社会舆论监督的专业化转变。

---

① 王向红. 我国高等教育评估质量保证研究——元评价的视角［D］. 华中科技大学教科院，2007.

② 王致和. 高等学校教育评估［M］. 北京：北京师范大学出版社，2001.

四、学生：满意度调查的权威化（从“看评价”到“参评价”）

学生的满意度是高等教育质量高低的最直接体现，正如在企业质量管理中，顾客的需求是最关键的一样。“在成熟阶段，质量，当然以顾客为中心，已经成为生产操作自然的一部分，融合在所有做过的工作中。人们甚至不用质量一词了，质量已是必然考虑的完全自然的东西了。”① 还有学者提出：“在20世纪80年代的时候，全面质量管理可谓家喻户晓（至少在组织里是这样的）。这个不屈不挠的重点来得太晚了，很多组织早已看到了低质量带来的后果。但是，与许多概念一样，质量运动也给信奉者带来意想不到的后果。他们执著地追求绩效方面的这个单一指标，而忽视了顾客满意度、创新和许多私营企业关心的财务成果等指标。许多20世纪80年代的质量先进者由于未考虑各个指标的平衡而付出了代价，最终以破产告终。”②

学生是高等教育服务的主体，是质量保障的主体。在大众化教育阶段和市场经济条件下，教育成为服务性产业，学生作为消费者和顾客，其主体地位自然不能忽视。“至今还没有听说哪个营利性大学不提高教育质量和教学服务水平却能够生存下来。如果有人认为营利性大学的利润是靠规模教育提供的劣质教学来获得的，那他就大错特错了。因为教育消费者，尤其是营利性大学的消费者，他们都是比较成熟、见多识广、不容易轻易满足、比较苛刻的消费群体，他们要求回报学费的，应该是实质性的、较为严格的教育以及较为方便的各种教学服务，一旦学校满足不了他们的要求，他们就会另辟蹊径。”③ 因此，高等教育质量保障和评价必须考虑学生的因素。然而在目前我国各项高等教育评价中，学生的主体地位并没有得到很好的体现。学生在各项评价中一直都是被动地“看评价”，并没有真正主动地“参评价”。学生的合理利益诉求应该在高等教育质量保障中得以体现。社会实践的发展，生产力的提高，社会关系的丰富，最终应转换和提升为人的能力的提高。能力的全面发展成为目的本身，能力的增强构成人的本质的丰富。现代市场经济本质上是能力经济，与自然经济不同，它要求人的主体性和创造性的巨大投入，要求人们不断超越已有的观念和成果，不断变革和更新。同

---

① ［瑞典］雷纳特·桑德霍姆．全面质量管理［M］．王晓生，段一泓，胡欣荣，译．北京：中国经济出版社，1998：12.

② ［美］保罗·R. 尼文．政府及非营利组织平衡计分卡［M］．胡玉明，译．北京：中国财政经济出版社，2004：180.

③ ［美］理查德·鲁克．高等教育公司：营利性大学的崛起［M］．于培文，译．北京：北京大学出版社，2006：16.

时，市场竞争实质上是能力竞争，这意味着有“为”才有“位”，实力影响一切。这就必然要求高校在培养学生时要把学生的创新能力放在首位。

如何改变学生在高等教育评价中的地位和作用？这就需要一方面激发学生参与评价的热情，使学生意识到评价是与切身利益紧密结合的，可以通过评价检验教育的质量，并可以通过评价发现教育质量存在的问题和自身的不足，进而为改进教育质量和完善自身提供信息和途径。另一方面，引导并指导学生参与评价，给予学生参与评价的权利，这是尊重学生合理诉求的主要体现。仔细分析起来，学生在评价中处于“失语”状态有两个原因：一是学生没有参与的机会和权利；二是学生不会使用自己参与评价的权利。这就需要高校培训学生，使他们能够科学正确地使用自己发表话语的权利，需要高校、政府、社会在评价高等教育质量时充分给予学生评价主体的地位，使学生能够参与评价，在评价中发挥自己的主体作用。

五、教师：成就感的充分尊重（从被忽视到被重视）

现代大学自诞生之日起，即从中世纪大学开始，质量保障就是高等教育机构自身的“内部事务”。“一直以来，大学和其他高等教育机构都拥有自己的一套机制来确保他们的工作质量。在这套机制中，人的品质和工作的质量直接产生联系：学生要具备必要的资格才能进入高等学府，乃至最终取得学位；教职员工要具备必要的资格才能上岗，乃至获得提升直至升至教授。”① 也就是说，大学是通过教师和学生的质量来保障教育质量的，并在大学内部建立起保障教育质量的制度。教师是确保高等教育质量的关键，因为教师作为教育质量保障的最直接、最前沿的工作者，对高等教育质量最有发言权。然而，在高等教育评价中，教师的话语却极其微小甚至处于“失语”状态，这与教师在评价中不被重视有关。目前，高等教育评价标准中，一方面，关于学生学习状态和结果的评价指标相对少些，这样教师在评价中的地位自然就下降。另一方面，在评价的整个过程中，教师都处于“被评价”状态，没有彰显教师在其中的主体地位。这就需要改变高等教育评价中教师被忽视的状态，重视他们在评价中的主体地位，发挥他们评价的重要作用，激励他们参与到高等教育评价中。

如今，成就感的缺失成为影响大学教师发展的重要问题之一。发挥高校教师在高等教育质量保障中的积极作用，充分重视教师课堂教学质量评价在教师考核中占据的重要地位，建立完善的教师课堂教学评价体系，对促进教

---

① ［美］约翰·布伦南，特拉·拉赫．高等教育质量管理——一个关于高等院校评估和改革的国际性观点［M］．陈爱华，等译．上海：华东师范大学出版社，2005：2.

师教学质量的改善、学校教学质量管理的规范以及学校教学改革都具有极大的积极意义。这需要进一步确立教师在高校的主体地位，充分发挥他们的主人翁作用，扩大教师在办学治校方面，特别是在教学、科研和人才队伍建设方面的知情权、参与权和决策权。同时，要建立科学的人才评价和使用机制，积极营造鼓励人才干事业、支持人才干成事业、帮助人才干好事业的优良环境。

罗索夫斯基曾指出："大学教师常常认为他们就是大学。教学和研究是高等教育最重要的使命，而这种使命就掌握在他们手中。没有教师，就不成其为大学。"[①] 因而，在高等教育评价的全过程，高校要充分调动教师的积极性，发挥教师在评价中的主体地位。高校还应拓展多样化的沟通途径，充分了解教师的价值所求，实行民主化和人性化管理，使教师能够真正以"主人"的身份参与学校的管理，提高教师的满意度、归属感和成就感。

综上所述，在高等教育评价活动中应处理好政府控制与高校自主的矛盾，政府评估与社会评估之间的矛盾，学术自由、大学自主与高等教育评估的逻辑关系。[②]

第三节　质量保障走向质量管理的必然选择

质量是什么？质量管理是什么？在高等教育发展史上，这两个问题似乎长期处于失语状态。这并非教育领域内不重视，也非教育领域内不存在质量问题，而是一直以来大学以其精英地位，凭借其"自治"和"自由"装点的知识霸权并主宰人才培养的话语权，从而畅享质量的信任机制。于是乎，"质量"概念很难也无法在高等教育领域内出现，更难引起人们的重视。第二次世界大战以后，尤其是 20 世纪 80 年代以来，伴随着大众化高等教育时代的来临，高等教育质量开始成为一个不可回避的话题，质量危机之说不绝于耳。为了能够有效应对高等教育的质量危机，从质量评价到质量保障再到质量管理的概念在高等教育领域内层出不穷。但近年来这些概念的出现并非无章可循，其概念发展的历程也代表了高等教育领域对质量的认识和质量管理模式的改变和深化的过程。目前，"质量管理"（quality management）这个较为广义的概念可以用来描述对于高等教育质量的判断、决策和行动的整

① ［美］亨利·罗索夫斯基. 美国校园文化——学生、教师、管理［M］. 谢宗仙，译. 济南：山东人民出版社，1996.

② 史秋衡. 高等教育评估［M］. 贵阳：贵州教育出版社，2004：86－88.

个过程。它“涵盖保证高等教育质量所涉及的一切内部和外部的结构和过程，其中对‘质量评估’的安排就构成了‘质量管理’的一个重要组成部分”①。

英国著名高等教育研究者 Ronald Barnett 总结了英国20年高等教育质量评价发展历程（如图7－1所示），为我们进一步理解和分析高等教育质量管理制度发展提供了重要线索。在这个结构图中，高等教育质量管理以交流方式和对不同组织管理方式的侧重而被分成四个不同的组合，包括学术自治、科层制管理，以及分别代表大学利益和政府利益的管理组织。在这个分立的结构中，政府和大学分别作为管理模式的代表相对存在，而管理方式中的官僚制管理和协商制管理也对应存在，这样大学和政府就根据各自的管理特色来选择最合适并双方都能接受的管理方式。这就意味着，大学管理制度的变迁实际上就是围绕着管理主体和管理方式的调整而进行多样化的排列组合。在不同事情上，由于政府和高校管理主体在学术管理话语权上的不同而形成了不同的管理模式。而这样的结构模式同样可以用来解释整个高等教育质量管理制度的变迁过程和制度选择结果，也预示着高等教育质量模式从质量保障到质量管理转变的必然和可能。

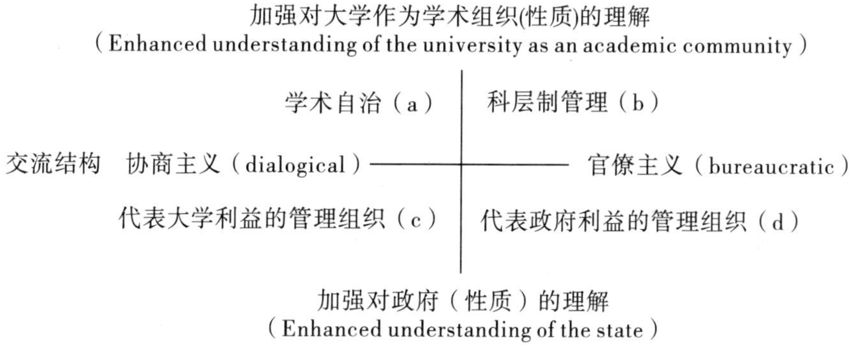

加强对大学作为学术组织(性质)的理解
（Enhanced understanding of the university as an academic community）

学术自治（a） 科层制管理（b）

交流结构 协商主义（dialogical） 官僚主义（bureaucratic）

代表大学利益的管理组织（c） 代表政府利益的管理组织（d）

加强对政府（性质）的理解
（Enhanced understanding of the state）

图7－1 英国高等教育质量评价发展历程

一、高等教育质量管理制度的变迁历程

本研究在对大学、质量管理中介组织和代表政府利益组织的访谈中都涉及同一问题：高等教育质量管理制度从产生之初发展至今是否有相应的调整？调整的方式如何？调整的原因何在？如研究预期那样，不同利益相关者

① ［美］约翰·布伦南，特拉·沙赫．高等教育质量管理——一个关于高等院校评估和改革的国际性观点［M］．陈爱华，等译．上海：华东师范大学出版社，2005：7．

有着不同的解释和回答。毋庸置疑，这个问题本身就建立在质量管理制度变迁的预设前提下。我们的假设是高等教育质量评价制度是不断变迁的，不同利益相关者对质量管理制度变迁理解的不同实际上印证了 Barnett 的模型。

（一）从大学视角看质量管理制度变迁

本研究走访了不同类型大学的高等教育研究者和质量管理主管。这些大学包括研究集中型大学（A&B）、小型的研究集中型大学（C）、教学型大学（D）、1992 年以后升格的大学（E）以及 21 世纪的新大学（F）。不同类型的大学对质量管理制度变迁的理解也不尽相同，这和大学接受外部质量管理监控的历程不同有关。

> 我认为英国高等教育质量管理制度经历质量评价、质量保障和质量改进三个阶段，这三个阶段在 QAA 的用词上很明显……但是，这三个阶段不是完全孤立、绝对存在的，而是交叉的，只是在某个阶段的阶段性特征比较明显。我个人认为可以这么来界定制度变迁的阶段性特征。（B 大学高等教育研究者）

> 我们认为质量评价、质量保障和质量改进一直都是存在的，只是在不同时期有不同的强调重点，而且质量评价、保障和改进都有各自的特色。的确，QAA 质量管理过程有质量评价、质量保障和质量改进三个阶段……但是我们并没有因为 QAA 质量管理重点转变而放弃质量评价和质量保障。因为我们认为质量改进实际上是建立在质量评价和保障基础之上的。（A 大学质量管理主管）

研究集中型大学在对英国高等教育质量管理制度变迁的理解上，不论是高等教育研究者还是质量管理主管，都承认高等教育质量管理制度变迁的三个阶段性特征较明显，强调这个质量管理制度变迁主要是由外部质量管理制度变化引起的，大学内部质量管理制度的调整是随着外部质量管理制度的变化而变化。应当说研究集中型大学肯定了高等教育外部质量管理制度对大学内部质量管理制度发展完善的积极作用。但小型的研究集中型大学和教学型大学在这个问题上却有不同的理解：

> 我想就 QAA 的质量管理制度变化来看，的确存在阶段性的变化，但是这个阶段性变化并没有对我们学校有明显的影响，尤其是质量评价和质量保障阶段。因为其质量保障程序和过程是一直存在和发生在过去七八年间的，虽然这两年我们开始强调质量强化，但是从我个人观点来看，质量改进的过程带来的是更多的工作小组和在大学内更多跨部门的成员和小组合作工作。（C 大学质量管理主管）

是的，我一直在大学的质量管理部门工作，所以我能够很明显地感觉到英国高等教育质量管理制度经历了从评分制度的质量评价到内部保障程序建立的质量保障阶段，再到目前强调改进调整发展提高的质量改进阶段。我认为英国高等教育质量外部管理制度变迁对高校最大的影响实际上在于帮助大学形成质量管理的意识，并把这种意识深入每个人心中，落实到每个人的具体实践上。其实在QAA建立质量评价制度前，我们大学和学院中并没有人有质量管理的意识，而质量评价后每个人在学院中都开始形成了质量管理的意识。正是因为QAA的质量评价，大学才开始学着怎么样对质量评价的评分系统和程序负责。正是因为这样，大学才开始普遍建立质量保障办公室。所以这是QAA对于整个大学内部质量保障制度建立的重大影响。我们的确从质量评价过程中学习到如何建立和管理质量、如何理解质量。(D大学质量管理主管)

研究结果表明，一般大学对于质量管理制度变迁的感受度低于研究集中型大学，他们虽然承认外部质量管理制度的三阶段变迁，但却不认为这三阶段对高校内部质量管理制度也有同样的影响，也就是说，外部质量管理制度变迁对内部质量管理制度变迁的影响相对有限。但不得不承认的是，虽然院校本身不认为他们的质量管理制度有和QAA经历一样的三阶段明显转变，但他们还都是承认“质量评价”“质量保障”以及“质量改进”三个质量管理核心词的重要性和意义。

需要强调的是，也许随着大学定位的日益社会化和应用性，大学对于质量管理制度变迁的理解和感受会显示出更多的不敏感性和有限性。这实际上和大学发展历史有关。

要论高等教育质量管理制度，对我们学校而言实际上要追溯到1960年的CNAA。换言之，我们早就已经开始了质量管理，而且CNAA的质量管理程序和要求比QAA要严格得多。所以我们的质量评价阶段是非常长的，而且我们也已经习惯了这样的质量管理方式。虽然QAA接手后从学科评价到院校审计发生了转变，但对我们来说则只是从一个管理部门到另一管理部门的转变，只是从一个管理规则转变成另一个管理规则。而且QAA在质量保障中其实吸收了很多原来CNAA的做法，因此，对于我们来讲，这些都已经是再熟悉不过的程序，也已经早就内化到我们的内部管理中了。(E大学质量管理主管)

我不知道外部质量管理制度是否有三阶段特征，因为我接手质

量管理岗位的时间有限，而且我们大学获得学位授予权的时间有限，我们在质量保障上接受 QAA 的质量管理也是近两年的事情。尽管如此，我们在年度专业监控上有所调整，从原先的同行学术审查转变到 QAA 所需要的院校评价中来，这个转变是因为学科评价的取消。(F 大学质量管理主管)

不同类型大学的高等教育质量管理者的观点最终可以总结成以下三点：第一，英国高等教育外部质量管理制度实际上经历了三个不同的阶段性转变。这三个阶段根据英国高等教育外部质量管理制度侧重点的不同进而形成各具特色的三阶段特征。第二，外部质量管理制度阶段性转变对不同类型大学的影响不尽相同。不同类型大学由于原先高等教育内部质量管理制度发展的程度不同而导致在应对外部质量管理制度的变化上做法和体验不同。内部质量管理制度相对完善的院校对外部质量管理制度阶段性变化特征的敏锐性明显不如内部质量管理制度较弱的院校。第三，质量管理制度的变迁表面上看起来是外部质量管理制度的调整，但实际上它是建立在内部质量管理意识的完善的基础上的。不同类型院校面对同样的外部质量管理制度变迁的体验不同体现了院校内部质量管理意识和制度的完善程度不同。这三点结论都反映了一个问题，即高等院校已经通过他们的实践将“质量话语”直接参与到高等教育实践中来，并开始塑造和建构高等教育领域内的质量话语权力。因为“知识”即“权力”是“由一种话语实践按照一种有规律的方式构筑的一组因素。没有话语实践，就没有知识”[①]。在质量话语缺失的前提下，不同类型院校通过不同的方式，通过外部质量制度的调整来重建和完善大学内部的质量管理意识和制度，从而构建起其大学的质量话语权力。

（二）从中介组织视角看质量管理制度变迁

关于质量管理制度变迁的三点结论实际上得到了 QAA 管理人员的证实。英国国内 QAA 根据本地区高等教育发展情况分为英格兰和北爱尔兰质量保障署、苏格兰质量保障署和威尔士质量保障署。虽然不同地区 QAA 质量管理制度的变迁发展有着时间上的先后顺序，但总体的趋势和改革态势却是一致的。

评分制的学科评价是英格兰 QAA 质量保障的开始。我们一开始实行 24 分制的学科评价，但是很快我们发现，很多学校都达到了或者接近达到 24 分，这就意味着大学都已经熟悉了我们的评分制度和规则。加上大学内部和教授学者们的呼吁，我们就开始进行

① 刘北成. 福柯思想肖像［M］. 上海：上海人民出版社，2001：189，206.

改革。我们设计一套《高等教育学术质量和标准保障的实践准则》，院校根据这个准则提供质量保障报告。我们根据各个院校的质量报告给出“我们很有信心”、“有信心”或者“没有信心”等结论。实际上这个阶段我们称之为院校审计，这个过程一直延续到现在。只是到 2008 年我们在审计院校内部质量管理程序合理与否的同时，更重视他们对程序的改进，即他们的质量管理程序是否有着长远的规划、改进和及时反映修正的机构。当然为了这个，我们也对院校提出了进一步的行动准则，这些准则实际上是目前大众所最希望看到的院校是否在他们的质量管理中完成的情况。（英格兰和北爱尔兰质量保障署管理人员）

……我们和英格兰 QAA、威尔士 QAA 同属于 QAA 体系，但是我们每个人都是不同的。如果你仔细阅读我们网页上的报告和苏格兰高校的质量保障的报告，你就会发现，我国 QAA 和英格兰是完全不同。表现在最初的时候，英格兰推行的是学科评价，但我们还是沿用教学质量评价（Teaching Quality Assessment，TQA），而且我们的教学质量评价从来没有采用评分，我们就只是用四类描述性方式来确定高校的质量，如“优秀”、“高满意度”、“满意”和“不满意”。我们并没有特意分评价和保障阶段，因为其实从 1997 年到 2002 年很长时间内我们都是采用这样的方式。我们希望通过这样的方式让我国高校确立起自主进行质量管理的意识。到了 2001 年我们就直接实行质量改进框架（Quality Enhancement Framework，QEF）并提出院校改进检查计划（Enhancement-led Institutional Review，ELIR）。而我们现在还在继续强调和沿用这两个质量改进程序，通过它们，我们希望我国高校能够自我改进和促进它们的学术发展模式，并与大家共享教学上的创新理念和模式……你知道，我国大学和政府以及 QAA 的关系是非常密切的，政府和 QAA 要制定任何政策都要和大学校长商量，也会积极听取大学的声音，所以我们高等教育政策的转变是 QAA 和大学共同协商的结果。（苏格兰质量保障署管理人员）

虽然不同地区质量保障署管理人员对高等教育管理阶段性的认同不同，但是从外部质量评价管理质量到督促高校内部管理改进质量成为不同地区高等教育质量管理发展的共同特征。与此同时，质量管理外部管理模式和制度的变迁实际上是外部管理机构在面对高校内部管理意识和管理能力提升后所做的适时调整，以更好地适应高等教育质量管理制度的改革和变迁，更符合

大学学术自治的内在诉求和重建大学质量的信任机制。

实际上，不论是三阶段说还是两阶段说，外部质量管理制度从评价和保障走向促进院校内部质量管理制度的自我改进和提升的目标是一致的，路径也是相似的。对于外部质量管理部门而言，作为中介组织，他们承担着大学自治权力诉求和政府社会知情权力要求的双重挤压，在不同时期适时的调整和偏向其实直接取决于大学自身权力的优劣。大学自治权力的强大必然要求从中介组织中索取更多的权力以重拾大学自治权，而作为已经介入高等教育的社会和政府而言，寻求更多的知情权和问责权成为他们付费经营的重要载体。反之，如果大学本身发展较弱，大学自我诉求话语权较低，那么大学只能在政府知情和问责中进行协调。英格兰和苏格兰不同质量管理制度的变迁历程恰恰展现了这个现实。

（三）从政府视角看质量管理制度变迁

对政府而言，质量管理制度变迁的过程实际上是政府高等教育管理政策调整变革的过程。从世界范围来看，政府介入高等教育质量管理最主要的方式，一是通过中介组织的报告来了解和问责高等教育质量，二是通过财政拨款方式来间接影响高校的质量管理制度。因此，把政府拨款机构作为高等教育质量管理的政府代表是合情更是合理的。

我们从来没有把教学拨款和各大学教学质量的高下进行挂钩，当然我们会关注 QAA 的质量评价报告，我们也会要求院校就他们的经费使用情况提交相关的报告，但这些都只是参考因素。我们教学质量拨款的原则在我们的网页上公布得很清楚，主要是以学生数、教师数等来进行指定拨款。所以其实前多科技术学院及 1992 年以后的升格大学有时候获得的教学拨款会比 1992 年前的大学的经费要多，因为他们采用了更多的招生方式和招生计划，他们可能获得更多的学生数，这样他们获得的教学经费就比较高。因为他们在研究经费的获得上是无法和研究型大学竞争的，那么他们只能通过特色化的教学来吸引更多的学生，以获得更多的教学经费维持他们的教学运作。

我们和 QAA 是有合同协议的，教学质量管理和保障的部分我们通过合同的方式由 QAA 负责，而我们主要是负责拨款。当然如果我们发现 QAA 的院校检查报告中是“没有信心”或者是“有限信心”，我们允许院校在一年内再次接受 QAA 的院校评价，也允许他们申诉。当然在这一年他们的拨款还是照常拨付，但如果再次出现不理想的结果，我们就将减少或者取消他们下一年度的拨款。但所幸的是迄今为止，虽然也有部分高校在院校检查时结果并不理

想，但他们都经过一年调整后有所改进，所以我们还没有因为QAA院校检查报告不理想而取消或者减少院校的拨款的情况。

当然如你所言，我们的拨款并没有直接管理和影响教学质量，但实际上，我们的拨款和高校的质量是紧密联系的，这种联系是间接的。影响拨款的主要因素是学生数量，学生数量多少来自社会对学校质量的认同，实际上也是反映学校质量高下的一个指标。所以对高校而言，如何在生源竞争中取胜当然有营销和宣传策略的影响，但更多的是院校质量的反应。这个间接管理和影响的方式随着高等教育发展而变得越来越重要，因为学生对高校的自主选择越来越看重高校公开的质量信息。院校质量优劣直接影响学生的入学选择，也就影响了院校教学经费的多少。（英格兰高等教育拨款委员会某主管）

从政府角度来看，作为政府直接代表的拨款委员会通过和QAA的合同关系来问责院校质量，但问责本身并没有直接和经费拨付相联系。QAA和高校所强调的高等教育质量管理的三阶段或者两阶段变迁说在政府角度都没有直接的影响，而政府由于仅是通过与中介组织QAA的合同关系来问责和了解高校质量，所以政府对高校外部质量管理制度变迁的影响力度较小。但值得注意的是，学生作为利益相关者，作为市场和社会力量代表的择校意愿实际上反映了社会和市场对高校质量的认同和影响，而政府正是通过学生视角和影响力来确定教学拨款数额的大小，间接促进高校质量的提高和改进。

综上所述，高校、中介组织和政府的高等教育质量管理方式和理念都不尽相同，但从不同的访谈中我们可以发现：政府对于高等教育质量的话语权力是隐形的。实际上，“在高等教育中插入质量话语为大学和政府不断变化的关系提供一个范例，这在某种程度上体现了对中世纪成果：把知识权力从政治权力中分离开来的挑战”[①]。不同利益相关者的关系变化也随着质量管理的升温而悄悄调整和变化，以更适应质量管理发展的需要。质量管理中不同利益相关者关系的调整实际上反映的是质量话语权力的变化，也反映了大学在创造价值、生产和传播知识等方面的垄断地位正在遭到其他机构的挑战和竞争。质量管理标准和模式越来越完善体现了更加隐蔽的质量管理权力的介入。[②]

---

① Dominelli L, Hoogvelt A. Globalization, Contract Government and the Taylorization of Interllectual Labour in Academia [J]. Studies in Political Economy, 1996 (49): 71 - 100.

② Louise Morley. Quality and Power in Higher Education [M]. Buckingham: SRHE and Open University Press, 2003.

二、高等教育质量管理制度变迁规律

（一）高等教育质量管理从强调评价绩效化开始

由于受到新公共管理理念的影响，高等教育质量管理中又开始引入企业质量管理体系，越来越强调绩效指标，并利用绩效指标进行绩效管理。与高等教育内外部质量管理体系对应，高等教育的绩效也被区分为内部与外部两种。“在外部绩效里，大学有责任提供证据说明它们在忠诚地完成它们的使命，也就是说明它们忠实、负责任地在使用资源以期达到目标。”“在内部绩效里，它们提供如何执行任务、如何运作、效果怎样的详细资料，以及确定在哪些方面需要改善和它们采用什么措施进行改善等。”① 为了评价学校绩效的完成情况，引入绩效指标成为必然的措施。在高等教育领域，所谓的绩效指标（performance indicator）“主要通过对学校的办学成果和学校工作的各个方向进行数量化的测评，由于其简洁、系统的特点，其运用也越来越广泛，在西方国家的高等教育质量保证中起着越来越重要的作用。通过绩效指标的测量，能够提供关于学校运行状况的准确信息，反映高校办学的效率和效益，这不仅对高校自身改进办学实践具有重要指导意义，而且还使政府对教育工作的决策更加科学化”②。通过绩效指标的设定以及对于内部绩效和外部绩效的界定，高等教育质量监控逐渐从定性的政策规定或质量承诺走向数字化的目标管理。

将评价与拨款挂钩是评价绩效化最重要的表现之一，这样的方式可以激发大学之间的竞争，符合优胜劣汰的一般规律。反对者则认为将评价结果与拨款直接挂钩只会导致“马太效应”，加剧高校间的差距，不符合高等教育作为准公共产品的属性，也不利于大学使命的完成。因为从逻辑上讲，质量评价是为了发现问题、解决问题、提高高等教育质量。如果一个学校的质量评价有问题，只有增加拨款才能解决问题。如果发现了问题反而减少拨款无疑将使该校质量进一步下滑，最终会损害受教育者的权益。但反对者同样可以指出，如果奖励（增加拨款）评价结果不良者，则容易导致一种逆向选择或精英淘汰，同样会损害公共利益。绩效管理与绩效指标的兴起拓展了对于高等教育质量评价结果使用的空间。在绩效管理模式下，通过绩效指标的设计，目前各国高等教育拨款一般会区分为维持性拨款和提高性拨款两类。维持性拨款一般通过公式、协商等形式拨付，主要用来保证教育公平，与质

---

① Elaine El-Khawas. 变革与绩效：高等教育的质量保证［J］. 复旦教育论坛，2004（3）.

② 田恩舜. 从一元控制到多元治理：世界高等教育质量保证发展趋势探讨［J］. 学位与研究生教育，2006（12）.

量评价结果无关；提高性拨款一般参照绩效指标通过竞争方式获得，主要用来保证大学水平的提高和特色的形成，与相关质量评价结果之间存在着良性互动。

目前从形式上看，政府和市场作为外部质量问责代表，通过中介组织的方式介入高等教育质量管理中，并通过拨款或者中介组织的方式来问责和影响院校的内部质量管理制度，导致了院校内部学术自治权力的消逝和流失，因此在高等教育质量管理制度兴起初期，院校、市场和政府的三方权力斗争总是以政府权力取胜，因为政府权力在规制和形成制度规范上有特有的权力和优势，市场权力的分散性和院校权力的各自为政都成为高等教育制度管理制度形成的阻碍。

（二）高等教育质量管理是大学自我质量管理调适过程

随着高等教育质量管理制度的深入发展，院校内部质量管理制度已见雏形并愈加成熟，大学自治权力开始反弹并试图在政府权力和市场权力中寻找新的学术自治。也许有人说质量话语权的回归从表面上看是政府还权于高校，高校自治权在一步步回归，但这种回归的背后实际上是以高校接受社会规则、接受利益相关者的监控和质量管理为前提，而这样的方式似乎是高校、社会和政府都可以接受的方式，更是在质量保证合乎目的的前提下使得质量管理技术更加符合大学的目的。

如 Ronald Barnett 结构图所示，当外部已经有成熟的代表政府利益的组织管理机构，内部已经逐渐形成科层制管理模式，学术权力已经无法退回到纯粹意义上的院校自治老路上时，高等院校自身在市场和政治的双重压力下，能做的不是坚守而是协调和变革。协调是为了获得市场和政治对内部质量内涵和权力的尊重；变革是为了在必要的时候对质量保障机构和方式进行适当的变革，以寻找到新的方式来最大限度地实现和保护大学理想，坚持教学、科研和为社会服务三大使命。① 伯顿·克拉克的三角关系理论博弈中，在质量管理制度变迁上，不再是简单的高校、市场和政府间三者博弈，而是呈现出新的协调和路径选择：学术自治被赋予更多新的内涵，新“学术自治”本身就是高校“入世”转变成现代社会的一分子的一种方式，是政府权力在推动高校自觉面对社会、自觉应对各利益相关者的利益诉求来“改变”目标。“提高”质量后，学术权力、政治权力和市场权力在博弈中趋于一致。而此时的政府就呈现出还权于高校的隐形管理者形象，因为当大学已经把质量责任内化并习惯于公开公示他们的质量信息供市场和社会问责时，

---

① Anything Goes? The Concept of Quality Revisited, The Sixth QHE Seminar The End of Quality? [J]. Birmingham, 2001 (5): 25 - 26.

就意味着新的大学质量信任机制的重建，也就是大学内部学术自治复苏的开始和重拾。

我们无法否认质量话语介入是政治权力作用的结果，但它其实也是高等教育领域质量出现问题的结果。对于一个国家而言，政府通过中介组织所推行的质量管理准则实际上规定了高校内部质量管理的框架，尽管不同类型高校对外部质量管理制度的反馈不同，但最终都要在框架内容下设计自己的质量管理模式和制度。尽管访谈过程中不同类型的学校都展示了他们具有各自特色的质量管理的内容，但从质量管理框架和制度本身而言，高校内部质量管理制度呈现出趋同化倾向，表现在重视学生体验、科研指导教学以及质量管理制度的基层化上。

从国际视野来看，虽然目前不同国家在质量管理制度和框架上展现了不同的方式，如美国认证制度、中国本科教学工作水平评估、英国院校审计、法国国家评价等，但全球化是一种经济主义的论述，从经济领域来看，全球化带来的是经济的一体化，这样的发展本身在增加差异的同时也增加了相互间的相似性，所以我们认为全球化过程实际上是同质和异质①的过程。而这个过程在高等教育中也同样适用，高等教育质量管理制度在全球范围内本质上是呈现趋同化发展趋势。市场力量和院校力量强的国家如英国、美国等都开始引入政府干预机制，而政府控制过强的法国、中国等则试图引入市场机制。

高等教育质量管理最本质的点在于“质量保证像一面棱镜，透过它能检查出现代大学生活的其他方面。质量程序将独特的理性和道德转化成管理和专业行为的新形式”②。高等教育质量管理制度变迁的过程是大学质量话语权重构的过程，是以质量为中心的大学内部管理制度自我检视和调整改进的过程。基于同样的质量意识构建理念，在统一的质量管理框架下，在全球化交流所带来的趋同化影响下，大学内部质量话语权表现方式的趋同化倾向就变得习以为常了。

（三）高等教育质量管理走向院校内部质量文化建设

“长期以来高等教育质量管理一直局限为一种工具、程序或技术，由于过于强调操作性的便利，从而破坏了高等教育质量本身应具有的一种完整性，使得质量管理与质量本身容易流于两张皮，质量保障的长效机制很难建

---

① Vidovich L, Slee R. Briging University to Account? Exploring Some Global and Local Policy Tensions［J］. Journal of Education Policy, 2001, 16 (5) 431 –453.

② ［英］路易斯·莫利. 高等教育的质量与权力［M］. 罗慧芳，译. 北京：北京师范大学出版社，2008：前言，1 –2.

立。要想在高等教育领域建立起质量保障的长效机制，以质量管理实践为基础，培育出能够融入组织内部、深入组织中所有人内心的质量文化是必然选择。”① 因此质量管理文化的构建已经成为近年来高等教育质量管理的重中之重。而这在 2009 年高等教育大会中更加被强调和凸显。其实，早在 20 世纪 90 年代起，相关的国际质量管理机构就已经开始重视并加强质量文化的研究。比如出席欧洲质量组织第 33 届年会的与会者就认为：“全面质量管理从强调全员参与管理，强调最高管理者亲自领导，正逐步扩展到强调发展质量文化。”② 因为“如果质量不是深深铭刻在组织内的话，它永远不会发生”③。

英国高等教育质量管理制度中提出“质量提升”的概念，其结果或最终目的就是重视对质量文化的培育。④ 在修订后的院校审计方法中，质量提升“是指在院校层面采用严格的手段去改进学习机会质量的这一过程”⑤。学习机会质量的提升在于学生和教师的共同努力。在质量审计中扩大学生和教师的参与面，让他们以主人翁的心态加入高校的质量管理。比如，审计专家中的学生代表、学生的书面报告、在访问期间审计专家与教师召开各种形式的座谈会等。这些举措的采取是因为人们意识到“高校保障教育质量的所有努力，只有通过组织高校广大师生积极自觉的行动才能取得预期的效果；这种行动只有当质量成为高校全体成员共同信奉的价值，成为高校全体师生的内在追求时，才能实现”⑥。从方法论的视角来看，英国高等教育质量管理制度所使用的方法并不是直接去评估该校的教育质量，而是检查该校保障或管理教育质量的制度和机制的有效性，其目的是为了促进各高校构建有效的内部质量管理体系，最终结果就是要达到质量文化的培育，使高校（而不是外部质量评估机构）成为质量管理的真正主人。在英国，大部分学校有健全的内部质量管理体系。比如华威大学（University of Warwick），负责该校所有学术事务的机构是大学评议会（senate），其下设学术质量和标准委员会（Academic Quality and Standards Committee，AQSC），全面负责大学的教育质量管理。学术质量和标准委员会从学术人员职业发展与教学技能培训、新专业（course）与模块（module）审批、教学质量管理中的学生参

① 王建华. 高等教育质量管理：从技术到文化［J］. 中国高等教育，2008（21）：26－29.

② 唐华生，叶怀凡. 高校质量文化建设的价值探索与路径选择［J］. 学术论坛，2007（3）.

③［美］菲利浦·克劳士比. 质量免费：确定质量的艺术［M］. 杨钢，林海，译. 北京：中国人民大学出版社，2006：140.

④ 汪雅霜. 英国高等教育质量审计制度研究［D］. 河海大学公共管理学院，2010.

⑤ QAA. Handbook for Institutionalaudit：England and Northern Ireland，2009：12.

⑥ 彭正霞. 英国高校“质量文化”及内部质量保障体系［J］. 高教发展与评估，2006（4）：45.

与（student engagement）等几个方面，通过对院系的周期性评估（五年一次）、院系专业的年度自我评价等途径来加强学校教育质量的管理。英国高等教育质量审计制度通过评估高校内部质量管理体系，把质量管理的责任和权力交还给高校，突出高校在质量管理上的主体地位，使其更好地提高自身的教育质量，达到培育质量文化的目的。而这种质量文化“是一种‘自我调节（管理）的文化（culture of self-regulation）’……如同自适应控制系统一样不断改进，从而不断提高教育质量，进而达到保证学生学习质量的目的”[①]。

① 江彦桥. 高等学校教学质量保证体系的研究与实践［M］. 上海：上海外语教育出版社，2002：62.

结　　论

本研究以高等教育的质量观研究、高等教育质量保障机制的国际视野、我国各级各类高校教育教学质量的现状调查和成因分析、新建本科院校、独立学院、民办高校教育教学质量的案例研究、高等教育的质量评价体系研究，以及高等教育的质量保障体系研究等六个规定子课题为框架，从理论应用与问题实证、自评与监测制度配套、院校分类三个视角切入，展开相互有机结合的集群纵深研究。

高等教育质量保障与评价体系的理论研究通常分哲学层面和应用层面双维度展开。本研究试图把教育问题提升到哲学高度来阐释，研究目标旨在揭示主要发达国家高等教育质量保障与评价体系的变革、特征及建构重点，明确主要发达国家高等教育大众化后高等教育质量保障与评价体系的调整和变化异同，把握其经验与教训，分析我国在面对高等教育大众化过程中教育评价制度的设计特色，为我国大众化阶段高等教育质量保障与评价面临的重大攻关问题提供解决思路，拿出咨议与行政有效合作的制度设计方案；通过历史研究、比较研究和因素分析，提出我国在大众化进程中高等教育评价体系和质量保障系统构建的重大问题的解决方案，给出改进的突破口、政策建议和体系设计方案；按规律办学，通过实证研究探讨在面对高等教育大众化、高等教育规模扩张、社会大众普遍质疑高等教育质量的前提下，我国该如何构建科学的、高效的高等教育质量保障与评价体系的配套制度，形成优化高等学校个性化发展、促进学校自我评价的配套制度设计。

第一节　工具理性和价值理性的协调统一

高等教育质量是指高等教育的属性是否满足高等教育主体的需要及其满足的程度。高等教育质量问题本质上是教育价值问题。高等教育质量是历史的、动态的，它必然随着时代、社会的发展变化而变化。就此而论，“教育的转型始终是社会转型的结果与征候，要从社会转型的角度入手来说明教育

的转型”[①]。高等教育由精英阶段到大众化阶段，其质量标准由探究知识到关注服务、由一元价值到多元价值的转变，既有来自时代变迁和社会的新需求，又有教育自身发展的内在逻辑。

一、高等教育质量观的转变：由关注知识到关注利益相关者的价值诉求

在高等教育精英阶段，大学不仅是研究高深学问的场所，也是高贵与卓越的象征。当时的高等教育以知识传授、知识发现和理智发展为宗旨，为知识本身目的而追求知识，这与认识论是基本契合的。现代大学是理性主义的产物，反思大学的产生与发展，其理念的发展和职能的扩展正折射了时代精神的变迁和哲学范式的变化。正如哈罗德·珀金所指出的：“大学的含义和目的可以说是因时而异、因地而异，它依靠改变自己的形式和职能以适应当时当地的社会政治环境，同时通过保持自身的连贯性及使自己名实相符来保持自己的活力。”因此“大学作为学者进行教学、科研和从事社会服务的场所，我们只有在不同时代、不同地点的具体环境里才能弄懂大学的这些任务究竟是什么”[②]。

首先，大学的培养人才职能最初是以传承知识为途径，以知识的纯粹理性（指独立于一切经验的理性）和知识的内在逻辑为其质量标准。现代大学发端于中世纪，最初是以认识论为其哲学理论基础。大学以传授普遍知识为其要旨，追求具有普遍意义的真理。大学作为教师与学生组成的团体，对外主张大学自治，对内实施学术自由。大学成为一个独立研究高深学问、追求真理、传授普遍知识的地方。这意味着，一方面，大学的目的是理智的而非道德的；另一方面，大学以传承知识而非增扩知识为目的。纽曼认为“大学教育有非常实际、真实、充分的目的，不过，这一目的不能与知识本身相分离。知识本身即为目的。这就是人类心智的本性”[③]。

其次，大学的发展科学职能是以探索纯粹学问、探究真理为途径，以“科学而达至修养”为其质量标准。洪堡认为：“高等学校的一个特征是，它们把科学和学问设想为处理最终无穷无尽的任务——它们从事一个不停的

① ［法］爱弥尔·涂尔干. 教育思想的演进［M］. 李康，译. 上海：上海人民出版社，2003：231.

② ［美］伯顿·克拉克. 高等教育新论：多学科的研究［M］. 王承绪，等译. 杭州：浙江教育出版社，2001：24.

③ ［英］约翰·亨利·纽曼. 大学的理想（节本）［M］. 徐辉，顾建新，何曙荣，译. 杭州：浙江教育出版社，2001：23.

探究过程。”[①] 大学兼有双重职能：一是对科学的探索；二是个性与道德的修养。洪堡所谓的科学不是泛指现代自然科学，而是特指“纯科学”，即哲学。“根据纯科学的要求，大学的基本组织原则有二，一曰寂寞，一曰自由。在洪堡看来，对于纯科学活动，自由是必需的，寂寞是有益的；大学全部的外在组织即以这两点为依据。”[②] 寂寞是指大学不为政治、经济社会利益所左右，与之保持一定的距离，强调大学在管理和学术上的自主性。至此，洪堡创办的柏林大学以追求研究教学合一而开启了大学研究科学之先河。

最后，大学的直接服务社会职能是以知识的应用性为载体，以知识的实用价值为其质量标准。1862 年美国《莫雷尔法案》资助建立的赠地学院以培养工农专业人才为目标，开启了大学直接为社会服务之先河。1865 年建立的康奈尔大学是此类大学的典型代表。美国威斯康星大学校长查里斯·范海斯（Charles R. VanHise）提出了“大学应为社会服务”“州的边界就是大学校园的边界”的理念，这些理念被称为“威斯康星精神”。此后，大学为社会政治、经济、文化等服务的功能日益凸显，大学开始关注利益相关者的价值诉求。

可见，大学职能的扩展、大学理念的变迁及高等教育质量标准的差异，反映出由关注知识的认识论范式向关注利益相关者的价值论范式的转换。正如布鲁贝克将高等教育哲学概括为认识论的高等教育哲学和政治论的高等教育哲学，前者以“闲逸的好奇”精神追求知识作为目的，后者以“学以致用”的精神寻求教育为国家服务为目的；前者追求“高深学问”，力求“理论简洁、解释有力、概念文雅、逻辑严密”[③]，后者追求“经世致用”，力求“贡献国家、服务社会、强国富民”。不可否认，高等教育无论强调学问还是强调致用，其根本都在于满足高等教育主体的需求。在高等教育精英阶段，高等教育的主体主要是高校内部的教师和学生，高等教育的质量诉求主要是教师探究知识本身。与此不同的是在高等教育大众化阶段，高等教育主体多元化不仅包括高等教育的内部人员，还包括高等教育的外部利益相关者，高等教育质量开始关注利益相关者的需求，质量诉求呈现多样化趋势。

因此，在高等教育精英阶段，高等教育质量基本价值诉求在于知识传

① ［美］伯顿·克拉克. 探究的场所：现代大学的科研和研究生教育［M］. 王承绪，译. 杭州：浙江教育出版社，2001：19.

② 陈洪捷. 德国古典大学观及其对中国的影响：修订版［M］. 北京：北京大学出版社，2006：31.

③ ［美］约翰·S. 布鲁贝克. 高等教育哲学［M］. 王承绪，等译. 杭州：浙江教育出版社，2001：13－14.

承、学术探究和学问发展。大学自中世纪产生之日起，就以“象牙塔”而自居，大学教师探索学问和追求真理的传统职能深入人心。当时奉行的是知识本位的认识论哲学，高等教育追寻的是高深学问和普遍学问，将探究知识本身作为唯一的内在价值。与此相应，大学质量保障成为大学自身的“内部事务”，“大学和其他高等教育机构都拥有自己的一套机制确保他们的工作质量。在这套机制中，人的品质和工作的质量直接产生联系：学生要具备必要的资格才能进入高等学府，乃至最终取得学位；教职员工要具备必要的资格才能上岗，乃至获得提升，直至升至教授”①。大学通过学者行会及大学内部的一套标准来保障大学的质量和卓越的地位。这套标准在内容上强调学术性，在形式上倡导精英教育，在价值观上将知识传承与学术发展置于首位。此时，大学通过内部质量保障机制来有效地保障其卓越的地位和质量。

进入20世纪，尤其是第二次世界大战后，高等教育由精英阶段向大众化普及化阶段发展，大学结构从单一走向多维，心态也从封闭走向开放，社会服务职能日益彰显。当代大学已经成为具有多重功能的机构。在此背景下，传统的高等教育质量观必须要与时俱进，必然要开始关注利益相关者的价值诉求，转向多元化发展。

二、高等教育质量的价值取向：在工具理性与价值理性之间

在高等教育外部，要树立高等教育与政治经济、社会、文化协调发展的意识；在高等教育内部，则要树立“规模、结构、质量与效益”综合协调发展的观念。高等教育质量应该在外在工具理性与内在价值理性之间寻求平衡和张力。在高等教育由精英阶段向大众化阶段过渡进程中，高等教育质量的价值取向呈现出工具理性逐渐凸显、价值理性日益式微的不良趋向。工具理性和价值理性是马克斯·韦伯提出的概念，工具理性是指把追求外部利益获得作为目标的行动意向，而价值理性是指把个体内在需求满足作为个体目标的行动意向。在应然状态上，二者是相互依存、和谐统一的，但在实然状态上，二者又迥然有别。最主要的区别在于：工具理性的核心是对效率的追求，价值理性的核心是公平以及对人真、善、美、自由等理念的守护；工具理性关涉理性化，价值理性关涉人性化；工具理性是达成目的的手段，价值理性确定所要实现的目的。归根结底，工具理性是为价值理性服务的，需要

① ［美］约翰·布伦南，特拉·沙赫．高等教育质量管理：一个关于高等院校评估和改革的国际性观点［M］．陆爱华，等译．上海：华东师范大学出版社，2005：2.

通过外部利益的价值内化来达至价值理性。工具理性的过分张扬，价值理性的日渐衰落成为当代人类理性发展状况的写照。呼唤价值理性的回归已成为理性哲学的重要任务之一。

大众化发展阶段高等教育质量观的核心是最大限度地满足各利益主体对高等教育的需求，但是满足的基本原则就是坚守大学本性、遵循高等教育发展规律、为人的自由而全面发展创造条件。大学不是处在时代之外，而是处在时代的社会发展之中，它是时代发展的表征，也对社会的现在和未来发生着深远的影响。在现代社会，专业知识、新发明、高素质人才已成为社会进步和国家发展的关键要素。大学已不再仅仅是学术的真空，还需要为社会服务，满足社会需求。“现代大学是一种‘多元的’机构——在若干意义上的多元：有若干目标而不是一个目标，有若干权力中心而不是一个权力中心，服务于若干群客户而不是一群客户。它不崇敬单一上帝，它不构成单一的、统一的共同体，它没有分别界定的一些客户群。它标志着许多真、善、美的视野，以及达到这些视野的道路；它标志着权力斗争；它标志着服务于许多市场和关注许多公众。”① 大学在传承和探究永恒真理、发展科学、服务社会方面的作用是无与伦比的。然而，大学如果过分取悦社会，其结果是，大学把服务放在育人与学术之上，变成了社会的服务站，走上与“象牙塔”完全相反的途径。“社会要什么，大学就给什么；政府要什么，大学就给什么；市场要什么，大学就给什么。大学不知不觉地社会化了，政治化了，市场化了。”② 正如弗莱克斯纳所指出的：“大学不是风向标，不能什么流行就迎合什么。大学应不断满足社会的需求，而不是它的欲望。”③ 从中世纪到今天，大学在层次、类型、组织形式、结构、专业等方面虽然有很大变化，但是在这些变化背后始终贯穿一条主线，这就是大学精神。“大学理想和理念体现的是大学发展的内部逻辑，是关于大学发展规律的总结和概括；是对大学宗旨和使命的一种理性认识，并对大学发展的实践路径提供精神上的指引，它体现的是大学的一种追求、品位和精神。”④ 大学精神总是随着时代的发展而发展，但是无论怎样变化，大学理念和反映大学本质的精髓不会改变。大学精神、大学理念的形成主要是属于认识论的范畴，即使开始从认识论范式向价值论范式转换，认识论范式下的大学理念仍是大学的核心理念，并在价值论范式中得到进一步张扬。真正的大学精神，不但是科学技术的进

① ［美］克拉克·克尔．大学之用［M］．5版．高铦，等译．北京：北京大学出版社，2008：77.

② 金耀基．大学之理念［M］．北京：生活·读书·新知三联书店，2001：23.

③ ［美］亚伯拉罕·弗莱克斯纳．现代大学论：美英德大学研究［M］．徐辉，陈晓菲，译．杭州：浙江教育出版社，2001：3.

④ 邬大光．大学理想和理念漫谈［J］．高等教育研究，2006（12）.

展和应用，更是人类精神文化的家园。

总之，当今中国高等教育处在大发展和大变革时期，它内在地要求人们从理性的高度来判定中国高等教育发展的历史方位，澄明高等教育发展的价值前提，反思未来发展的可能道路。高等教育在传承知识和发展科学方面对个人和社会的影响是深远的，也是个人成长和社会发展的不竭动力。高等教育质量是一个多层面、多维的复合概念，其标准应是适切性、多样性和发展性的统一。高等教育质量的实现既要求完善质量保障体系，形成多种评价模式，同时也需要在内部形成一种鼓励创新和追求卓越的质量文化。在社会转型期，社会价值观时常处于冲突状态，高等教育质量价值取向也不断进行整合。如何使价值理性和工具理性达到和谐，如何做到高等教育发展的合目的性和合规律性的统一，值得深入研究。

三、协调高等教育工具理性和价值理性：促使中介评价的产生和发展

评价是衡量高等教育办学质量的重要环节，也是许多国家高等教育进入大众化阶段后监测、提高教育质量的主要途径。如何科学地建构多类型、多层次的高等教育质量多元评价体系，不仅对保障高等教育质量有着重要意义，也是当今高等教育发展面临的现实课题。个人往往追求工具理性；社会往往强调价值理性。因此，以自我评价为基础的以第三者评价为核心的多元评价应该是当今高等教育评价的主要发展趋势。在充分肯定教学评估取得成绩的同时，我们必须清醒地认识到，在我国，这样大规模的高校教学评估还是第一次，还是新生事物，实践中还存在许许多多的问题或不足，这些问题需要在发展和改革中不断完善和解决。

现代意义上的高等教育评价是伴随着西方教育测量与评价科学的发展而产生和发展起来的。高等教育评价由来已久，从 19 世纪起美国就开始对高等教育进行评价。进入 20 世纪，其他西方发达国家的高等教育评价也陆续蓬勃开展，评价工作日益专业化。与西方发达国家相比，我国高等教育评价工作起步较晚。但我国的高等教育评价从 20 世纪 80 年代起至今也经过了 20 多年的探索和实践，积累了一定的经验。评价是一种强有力的手段，保障并提升质量才是目的。作为一种手段，高等教育评价要求规范化、科学化、制度化，追求的是工具性价值。作为一种目的，评价主要是保障高等教育质量和促进人的全面发展，追求的是目的性价值。如今，评价正在从工具性价值走向目的性价值的途中。因此评价不能仅限于硬件建设，还要通过评价营造有利于人的全面发展的文化环境，评价不能“见物不见人”，不能片

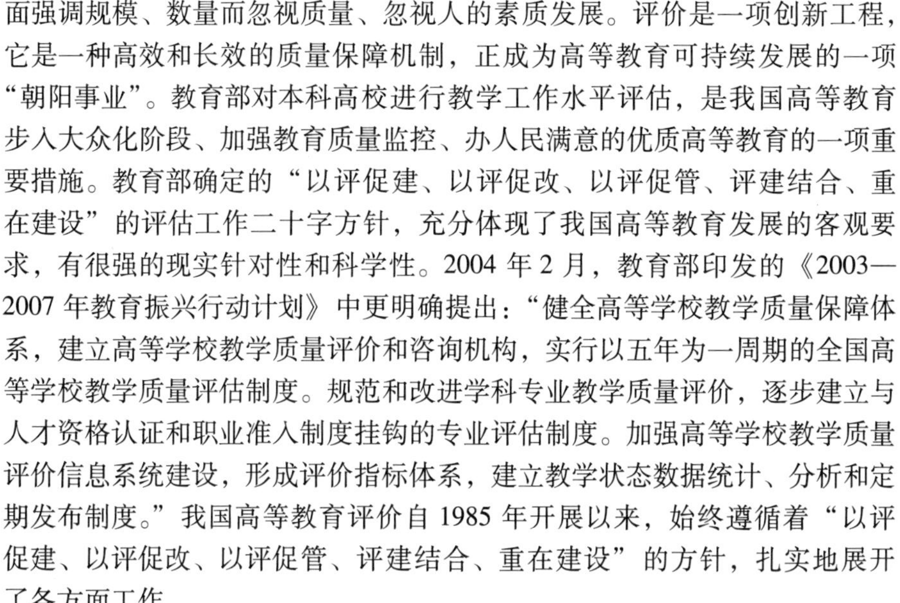

面强调规模、数量而忽视质量、忽视人的素质发展。评价是一项创新工程，它是一种高效和长效的质量保障机制，正成为高等教育可持续发展的一项“朝阳事业”。教育部对本科高校进行教学工作水平评估，是我国高等教育步入大众化阶段、加强教育质量监控、办人民满意的优质高等教育的一项重要措施。教育部确定的“以评促建、以评促改、以评促管、评建结合、重在建设”的评估工作二十字方针，充分体现了我国高等教育发展的客观要求，有很强的现实针对性和科学性。2004 年 2 月，教育部印发的《2003—2007 年教育振兴行动计划》中更明确提出：“健全高等学校教学质量保障体系，建立高等学校教学质量评价和咨询机构，实行以五年为一周期的全国高等学校教学质量评估制度。规范和改进学科专业教学质量评价，逐步建立与人才资格认证和职业准入制度挂钩的专业评估制度。加强高等学校教学质量评价信息系统建设，形成评价指标体系，建立教学状态数据统计、分析和定期发布制度。”我国高等教育评价自 1985 年开展以来，始终遵循着“以评促建、以评促改、以评促管、评建结合、重在建设”的方针，扎实地展开了各方面工作。

但是，在我国高等教育评价的过程中也存在着严重的问题与不足。伴随着高等教育的发展，世界各国都十分重视教育质量保障，采用不同模式开展评价活动，也取得了明显成效和宝贵经验。我们需立足中国现实，合理吸收各国质量保障中的长处来解决我国大众化阶段高等教育质量保障与评价问题。以应用研究、问题分析、实践操作三层面为结构，从实证研究和比较研究的视野发现规律和总结经验教训，以本课题规定的六大子课题研究方向为突破口，建立院校内在的激励机制。重点是建立“主要学术指标监测”“院校自主科学评价”“质量管理配套制度”三者均衡作用的质量保障与评价制度，解决我国院校评价中长期存在的基层积极性不高、特色得不到张扬的状况，取得机制创新的效果。

在新形势下，如何消除传统文化对高等教育评价制度建设的负面影响，高等教育评价又如何适应时代的要求和社会的诉求，从而为高等教育体制改革的成功提供切实保证？关键是要实现高等教育评价思维方式的根本转变，从一直强调“自上而下”的政府评价方式向第三方评价方式转变，将评价的任务交给独立于政府的、专业的中介评价机构。

第二节　柔性多样和刚性统一协调中的博弈

本研究认为随着高等教育大众化纵深发展，高等教育质量管理开始更加

理性和真切地认识自我价值和发展方向。首先，多样化的高等教育质量观与同质化的质量保障机制处于博弈与协调状态。其次，多方利益相关者需求、多样化评价模式并不能影响高等教育质量管理路径的统一方向，高等教育质量管理从国际国内视野都呈现从评价到保障再到改进的螺旋递增发展的方式。最后，高等教育质量管理制度建设从早先的刚性的评分制的评价制度转向目前对质量文化建设的强调。

一、高等教育质量观的多样化和质量保障机制刚性统一的博弈

（一）高等教育发展的多元化要求高等教育质量观多样化

1. 多方利益相关者要求高等教育质量评价主体的多元化

在高等教育评价过程中，评价主体即评价者与评价客体即评价对象构成一种主客体关系，主客体双方通过“双向互动”履行评价职能，完成评价任务，达到评价目的。所谓评价主体多元化，是指从事高等教育评价活动的组织者呈现出多元化特征。概括起来，高等教育评价主体主要有国家教育行政部门、社会中介组织和高等学校自身。《中华人民共和国高等教育法》明确规定：我国高等院校是一个事业性质的单位，实行党委领导下的校长负责制。因此，中国高等教育在办学、管理和投资体制上，政府仍居于中心地位，发挥主导作用，这种宏观管理体制决定了高校评价中政府行为的集权模式。1990 年颁布的《普通高等教育评估暂行规定》明文规定，高等教育评估工作由各级人民政府及其教育行政部门组织实施，并指出各级评估机构不是民间组织，十分强调国家教育行政部门对高等教育评估的组织领导，教育界、知识界、用人部门进行的社会评估只是政府评估工作的依靠力量。1998 年颁布的《中华人民共和国高等教育法》第四章第四十二条明确指出：“高等学校的办学水平、教育质量，接受教育行政部门的监督和由其组织的评估。”2004 年正式成立的我国国家级评价机构——教育部高等教育教学评估中心，是“直属教育部领导，受教育部委托，专门组织实施高等学校教学评估及各项专业评估工作，履行质量监控的行政职能，是一个行政性很强的事业单位”[①]。其实，本科教学自评估的过程，也是一个自身建设的过程。建立相对独立的质量保障组织是中国高等教育保障体系的未来发展方向，这也符合中国政府政事分开的行政改革原则，但它的实际发展则取决于中国政

① 周济. 在教育部高等教育教学评估中心成立新闻分布会上的讲话［EB/OL］. 教育部网，2004 - 10 - 26.

府行政改革的速度。多元参与的主要目的是把其他利益相关者的要求和思考带入质量保障过程，使高校更好地符合社会需求。

2. 院校发展多样化要求质量评价模式的多元化

评价的模式即评价活动的模型和样式，它是在一定教育思想和理念的指导下，对构成评价活动的各要素之间的组织形式的规定，具体规定了评价的目的、基本范围、内容和过程。高等教育评价模式主要有三种方式：认证（accreditation）、审计（audit）和评价（assessment \ evaluation）。三种形式各有其适用范围，只要选用得当，就能够起到质量保障的作用。认证是指由外界机构依照一定标准对高校及其各组成部分进行审查，以判定其是否达到合格要求，确认其是否具有某种资格的过程。[①] 美国是高等教育认证的代表国家，其认证主要分院校认证和专业认证。认证的主要目的是保证高等学校的办学水平达到最低质量标准、获取社会信任。审计起源于英国，是英国高等教育质量保障框架中最重要的一种评价模式。在英国 1991 年发布的白皮书中认为审计“作为一种外部检查其主要目标是确保高校在适当的地方有合适的质量控制机制”[②]。审计不是直接评价高校的教育教学质量，而是对高校在教育教学质量保障方面所采取的措施进行检查和评价，从某种意义上来说有点类似于元评价。审计的主要目的是促进高校自身内部质量保障体系的完善，使高校自身成为自己质量管理的主人。评价是指依据一定的质量标准对高校教育教学质量进行价值判断，其更倾向于定量的指标体系。我国首轮本科教学评估采用的就是这种方式，从某种程度上来说是评价与高校的绩效挂钩，强调绩效问责与选优。在质量管理实践中可以根据不同类型高校的需求来采取不同的评价模式。

3. 院校类型多样化要求评价层次的分类化

无疑，评价是确认高等教育质量、促进效能提高的有效办法。因此应在坚持基本底线的同时，兼顾评价对象的差异与不同，实行分类评价。此外，社会的传统文化对评价也会产生很大影响，长期形成的求同存异的思维模式也影响着高校评价。“吸取国际经验，我国宜尊重不同层次、不同类型院校的办学使命和发展目标，对高校进行分类评估。”[③] 所谓评价层次的分类化，是指高等教育评价工作按照高等学校的不同性质实行与之相适应的评价方案和评价标准，并以此形成多种评价并存的格局。

---

① 史秋衡. 高等教育评估［M］. 贵阳：贵州教育出版社，2004：96.

② Roger Brown. Quality Assurance in Higher Education: The UK Experience Since 1992 ［M］. Routledge Felmer, 2004: 38.

③ 周海涛. 高等教育质量评估向国外借鉴什么［J］. 新华文摘，2009（8）.

综上所述，高等教育在国家发展、社会进步和个人成长中的权重日益彰显，国家、社会和民众对高等教育质量充满期待，同时也对高等教育促进国家发展、社会进步和个人成长寄予极大的期望。这迫切需要中国高等教育研究直面中国实践与现实问题，积极引导各级教育行政部门在指导本地高等学校评建工作、加强教学工作和提高教学质量中发挥作用，适当吸引社会力量参加评价工作，使社会对高等教育加深了解和大力支持，构建起政府、高校和社会协调发展的高等教育质量保障体系和评价长效机制。

（二）高等教育质量保障的刚性统一化发展

1. 评价程序的规范化

开展教学评估是政府依法行使行政职能、加强对高等教育宏观管理的现实需要。早在1985年，《中共中央关于教育体制改革的决定》就提出“教育管理部门要组织教育界、知识界和用人部门定期对高等学校办学水平进行评估”。1990年，原国家教育委员会发布《普通高等学校教育评估暂行规定》，对高等教育评估的目的、意义、原则、评估程序和方法等做了较系统的规定。1995年，《中华人民共和国教育法》第24条明确指出“国家实行教育督导制度和学校及其他教育机构评估制度。”1998年，《中华人民共和国高等教育法》第44条也规定：“高等学校的办学水平、教育质量，接受教育行政部门的监督和由其组织的评估。”在中国，现阶段的高等教育评价价值观在一定程度上还是一种以政府为主导的教育评价价值观。不可否认，这种评价价值观具有一定的历史合理性，但在规范上仍有待加强。因为“高等教育评价是高等教育管理的重要手段，从本质上讲是对培养高级专门人才的综合活动的管理，是对人才培养全过程实行监控以保证人才培养质量，是促使高等教育管理实现科学化、系统化、规范化，是高等教育质量管理现代化的重要标志”①。因此，规范高等教育评价程序，对提高高等教育评价自身的质量有着非常重要的意义。

2. 评价结果的透明化

教育质量是教育发展永恒的主题，教育质量是教育的生命线，以质量求生存、促发展已成为人们的共识。教育评价是提高教育质量的一个重要环节，因此教育评价越来越受到政府和社会各界部门的重视。评价结果的透明化主要包括方案公开、指标公开、数据公开、结果公开。高校评价要自主化，社会评价要专业化，政府评价要权威化。政府评价、社会评价和自我评价的结果要向社会公开，为学生的选择提供可靠的依据，从而在一定程度上

---

① 李志仁. 评估在高等教育改革和发展中的地位与作用［J］. 韶关学院学报，2001（10）.

克服信息不对称带来的选择失误。20 多年来，我国的高等教育评价取得了有目共睹的成就。但毕竟我国的高等教育评价起点低、起步较晚，高等教育评价制度的建设一直处于“摸着石头过河”的阶段，理论思维水平需要更进一步地提升。如何做到评价结果的透明化，实施真正意义上的“阳光评价”，成为我国高等教育评价理论探讨和实践过程中需认真研究的重要问题。

二、高等教育质量管理制度经历刚性评价到柔性制度文化建设的转变

（一）从评价到保障到改进的高等教育质量管理路径是世界高等教育发展的共同选择

我国本科教学工作水平评估的评分制使得大学怨声载道，报纸和广大传媒也是批判之声此起彼伏，但仔细研究国际高等教育质量保障路径选择，我们发现实际上大众化高等教育质量保障机制的路径选择都是源于评分制的评价制度，而且这些制度在实行初期都备受质疑，但经过一段时间的发展，绝对评分的评价制度被不干预的保障制度所取代，是高等教育质量保障制度发展的必然，更是质量保障制度完善的体现，继而从保障走向对高等教育质量发展和改进的强调是大众化阶段质量保障制度纵深发展的重要体现。

“质量评价”强调的是指标和标准体系。评价者为了测量和评价被评者的完成水平，将按照预先设定的与目标息息相关的标准进行评价，这个评价有一定的等级和标准，有分数高低之分。这个阶段一般发生在质量保障制度初期，是为了规范高等院校对自身质量负责的行为，并督促高等院校接受社会监督和问责。严格评分制的行为能够在最短的时间内让高校认识到自己的不足和差距，通过院校间分数高低的比较促进院校竞相改进质量和完善内部质量管理。

“质量保障”强调建立一个持续的、可信赖的、不断满足目标并能够进行周期性审查的体系和程序。质量保障强调目标持续性和可信赖的达成。对于高等教育质量保障而言，外部质量保障着重强调检查和审计高校的质量，以及保证高等学校对自身质量的管理。目前，高等教育质量保障理念 是英国高等教育质量管理的核心概念，事实上，质量保障的核心是指向督促高校更好地进行自我质量管理，其实质在于院校自身的质量监控意识和自我评价。质量保障制度的建立基于院校已经充分认识到质量评价和质量管理的重要性，并已经把质量管理内化为大学内部管理模式的过程。因此没有质量评价阶段对于质量管理规则的硬性评价和测量，就无法把质量管理的意识深入

到大学管理中去，那么依赖于院校自身监控为主的质量保障制度也就无法在真正意义上建立。

“质量改进”既是质量评价和质量保证的原因，又是质量评价和质量保证的结果。从评分等级的质量评价到检查审计的质量保障，最后将归殊到改进质量和进一步调整质量目标。因此，质量强化是质量管理中的最高阶段，它是通过检查当前质量，设定新的质量目标，执行改进措施，尝试新途径重新检查，重构质量理念，以及重设质量目标。经过严格评价程序才能把无序的院校质量管理进行程序化和制度化的规制，经过质量保障制度，检验和强化院校自身质量监控意识，质量保障的目标就将指向质量改进，这是高等教育质量保障制度的终极目标。

（二）从注重管理技术到培育质量文化的转变

在企业质量管理中，对于什么是质量文化，比较典型的观点有三类①：一是认为质量文化是在长期质量管理过程中形成的具有本企业特色的管理思想和精神理念。二是认为质量文化是企业全体员工为实现企业的质量发展目标而自觉遵守的一条共同的价值观和信念。三是认为质量文化既是企业的一种质量经营活动过程，又是调节企业质量活动的一种方式；既是企业质量管理的职能，又是企业质量管理的成果；既是企业发展的内容，又是企业发展的形式。

在高等教育质量管理中，高等教育质量文化主要是指高校所有人员在对质量的认同与保障过程中所形成的一种文化。这种文化包括精神层面、制度层面和物质层面。精神层面的质量文化是与高校的校园文化融合在一起的；质量文化包含在高校的校园文化中；而校园文化在某种程度上反映出该校的质量文化。制度层面的质量文化主要是高校为了保障教育质量而制定的一系列规章制度，起着一定的规范和导向作用，使生活在高校中的所有人对质量负责，为质量的提高做出自己的努力和贡献。物质层面的质量文化主要是为保障教育教学质量提供物质基础，可以说“高等教育质量文化实际上就是把高等教育质量监控的本质以及理念从单纯的、狭义的技术性管理转变为广义的、软硬兼备、偏重于软的管理系统。它对质量监控核心的认识已从‘个体’发展到‘整体’，力图塑造的是全部的工作质量与形象，是以内部为主、兼顾外部的利益系统；已从‘物’发展到‘人’，并从‘个体的’发展到‘整体的人’，从简单、片面、粗浅的人发展到复杂、全面的人的管

① 王建华. 高等教育质量管理的新趋势及我国的选择［J］. 中国高教研究，2008（8）.

理”①。

在我国首轮本科教学工作水平评估中，由于各方面的原因，出现了一些负面的质量文化，在社会上引起了争议。本研究认为从注重管理技术到培育质量文化的转变是我国未来高等教育质量保障与评价的重要任务，并就质量文化的培育提出如下几点建议②：首先，高等教育质量保障与评价的重心从外部“绩效问责”转向内部“质量提升”。在英国高等教育质量审计制度中，QAA 提出“质量提升（quality enhancement）”的概念，其主要目的就是希望“将过去审计重心在于‘绩效问责’（重结果）转为‘质量提升’（重过程）”③。质量的提升，正如潘懋元先生所说，“主要应在教育教学过程中下工夫，通过学生、教师、办学条件、管理等教学过程诸要素的优化来实现”④。因此，质量提升的主要目的是把质量管理的权力交给高校，发挥其在质量保障中的能动性。质量的提升主要依靠高校，依靠老师和学生。在我国以后的高等教育质量保障与评价活动中，需注重质量提升文化的培育，让高校在质量保障上拥有话语权和自主权。其次，高校在高等教育质量保障和评价中实现“要我评价”到“我要评价”的转变。在英国还没出现统一的外部评估机构时，英国高校就主动地通过“荣誉学位制”“校外考试员”等制度来保障自身的质量。即使是质量管理制度的建立也是英国高校主动出击的结果，英国高校从未丧失过自己在评估中的主体地位。因此，对我国高校来说，质量保障与评价活动既是机遇又是挑战。各高校需充分认识到其所具有的促进功能，抓住机遇迎接挑战；认识到自己是质量保障的主体，采取措施不断提升自身的教育质量；认识到“最好是一时的标志，更好才是永恒的追求”⑤。各高校通过自身努力建立起有效的内部质量保障体系，当面对外部评价时，从容不迫地进行“原生态”迎接。最后，评价人员改“我—他”的关系为“我—你”。“我—他”的关系是占有式的关系，而“我—你”是对话关系，是一种合作共进的关系。⑥ 在英国高等教育质量评价中，评价人员与被评价院校之间是一种平等对话的关系，而不是一种占有式的、强制性的关系。对话贯穿在整个评价过程中，对话无处不在。“在对话空间

---

① 韩映雄，梁亦菡．高等教育质量保障体系中的质量文化建设［J］．中国高等教育评估，2006（4）．

② 汪雅霜．英国高等教育质量审计制度研究［D］．河海大学公共管理学院，2010．

③ 姜丽娟．英格兰与苏格兰高等教育外部质量保证制度发展近况：以 QAA 审议为例［J］．比较教育（台湾），2006（61）：摘要．

④ 王连林．潘先生等参加高等教育学专业委员会 2009 年学术年会［EB/OL］．［2009－10－06］．http：//210．34．22．108/news/hqjj/200910690130．htm．

⑤ 陈玉琨，等．高等教育质量保障体系概论［M］．北京：北京师范大学出版社，2004：134．

⑥ 龚孝华．变：学校教育评价观探索之旅［M］．北京：教育科学出版社，2007：154．

里，每一个人都是行动者和参与者，没有表演者和观看者之分，更没有控制者和被控制者之分。对话不是灌输式的说服，也不是试图把自己的意见强加于人的论战，更不是一部分人对另一部分人的控制和支配。”① 第四代评估理论提倡评估中应充分听取不同方面的意见，并把评估看作是一个由评估者不断协调各种价值标准间的分歧，缩短不同意见的距离，最后形成公认的一致看法的过程。因此，在我国以后的质量保障与评价活动中，评价人员需放下“官架子”，增加与被评高校之间的对话，共同构建质量保障与评价过程，确保高校的内部质量保障体系能有效地提升其教育质量。

① ［巴西］保罗·弗莱雷．被压迫者教育学［M］．顾建新，等译．上海：华东师范大学出版社，2001：35．